Sikorski/Preuß · Steuerliche Probleme bei Kraftfahrzeugen

Ihr Doppelnutzen:
Online-Mehrwert inklusive!

Nutzen Sie den Inhalt dieses Produktes
zusätzlich kostenlos online.

Recherchieren Sie bequem und gezielt in **allen** digitalen Inhalten aus dem NWB Verlagsprogramm. Mit nur einer einzigen Abfrage bis in einzelne Dokumente.

Mit dieser Buchstaben-Kombination füllen Sie Ihr digitales Bücherregal:

▶ **Ihr Freischaltcode: JNVUEMYJUGSSJLJH**

Sikorski/P., Steuerliche Probleme bei Kraftfahrzeugen

So einfach geht's:

Rufen Sie **www.nwb.de/go/online-buch** auf.

Geben Sie dort Ihren Freischaltcode ein und folgen Sie dem Anmeldedialog.

www.nwb.de

Steuerliche Probleme bei Kraftfahrzeugen

Ertrag- und Umsatzsteuer bei Fahrzeugen des Anlagevermögens

Von
Diplom-Finanzwirt Ralf Sikorski
und
Diplom-Finanzwirt Guido Preuß

2. Auflage

nwb

Es haben bearbeitet:

G. Preuß: Teile A–D

R. Sikorski: Teil E

ISBN 978-3-482-**55232**-8 (online)
ISBN 978-3-482-**56932**-6 (print)
2. Auflage 2009

Satz: Kleineidam GmbH & Co. KG, Verden

Druck: Medienhaus Plump GmbH, Rheinbreitbach

VORWORT

Das Steuerrecht kommt nicht zur Ruhe. Die Gesetzgebung ist kurzlebig und unübersichtlich, da sie in erster Linie politischen und nicht fiskalischen Zwecken dient. Die Rechtsprechung ist vielfältig (statt vieler: Urteile des Bundesfinanzhofs zu den Anforderungen an ein Fahrtenbuch), die Bedeutung des Bundesverfassungsgerichts oder des Europäischen Gerichtshofs, die Verfehlungen des Gesetzgebers richten oder Massenfälle erledigen müssen, die Verwaltung und Betroffenen mehr Aufwand als Nutzen bringen, nimmt immer mehr zu. Darüber hinaus überflutet die Verwaltung den Rechtsanwender mit zahllosen Anweisungen und nicht selten mit einander widersprechenden Rechtsauslegungen. Der Gesetzgeber entfernt sich immer mehr von der vorhandenen Grundsystematik und verliert sich viel zu häufig im Versuch der Lösung von Einzelfällen.

Da passt auch ein Buch zu einem so eingegrenzten, aber unübersichtlichen Themenbereich grundsätzlich ins Bild, fast 200 Seiten zu einem eher systematischen und einfachen Thema. Die steuerliche Behandlung von Fahrzeugen des Anlagevermögens ist mittlerweile ebenso komplex und vielfältig wie das Steuerrecht selbst und darüber hinaus ein Thema, das die Gemüter deutscher Unternehmer in den letzten Jahren bewegte und erregte. Der Streit um die Einschränkung der Entfernungspauschale aus rein fiskalischen Erwägungen zeigt die politische Sensibilität des Themas. Das Beispiel zeigt zudem, wie unsystematisch und einseitig motiviert der Gesetzgeber mit diesem Themenbereich umgeht.

Die Aktivitäten des Gesetzgebers in diesem im Grunde als überschaubar zu bezeichnenden Themenkomplex sind seit Einführung der sog. 1 %-Regelung bei privater Mitverwendung des Fahrzeugs als Teil der steuerlichen Gewinnermittlung durch das Jahressteuergesetz 1996 eher Reaktionen als gestaltendes Element. So kann man die Aktivitäten des Gesetzgebers als Antwort auf die BFH-Rechtsprechung zu Fahrzeugen des gewillkürten Betriebsvermögens durch das Gesetz zur Eindämmung missbräuchlicher Steuergestaltungen wohl kaum als einen Beitrag zur Steuervereinfachung bezeichnen. Und das Umsatzsteuerrecht war in den letzten Jahren hinsichtlich der Behandlung von „halben" Autos wahrlich kein Ruhmesblatt deutscher Steuergesetzgebung.

Wir haben die steuerliche Behandlung von Fahrzeugen des Anlagevermögens systematisch unter die Lupe genommen, streng getrennt nach Einkommensteuer- und Umsatzsteuerrecht und wiederum nach Anschaffungsvorgang, laufender Verwendung des Fahrzeugs und anschließender Veräußerung oder Entnahme. Fahrzeuge des Unternehmers, die er seinen Mitarbeitern überlässt, werden ebenso abgehandelt wie Fahrzeuge, die vom Unternehmer selbst genutzt werden.

Das Buch richtet sich an alle Angehörigen der steuer- und rechtsberatenden Berufe, aber auch an alle Steuerpflichtigen und Unternehmer, die sich für die steuerliche Behandlung ihres Fahrzeugs bei der Einkommensteuer und Umsatzsteuer interessieren.

Die aktuellen Gesetzesänderungen zu diesem Themenbereich sind eingearbeitet, ebenso aktuelle Verwaltungsanweisungen und Rechtsprechung. Für Anregungen und Hinweise sind wir jederzeit dankbar.

Dorsten, im März 2009

Ralf Sikorski

Guido Preuß

INHALTSVERZEICHNIS

ABKÜRZUNGSVERZEICHNIS

	A
a.a.O.	am angegebenen Ort
Abs.	Absatz
Abschn.	Abschnitt
a.F.	alte Fassung
AfA	Absetzung für Abnutzungen
AO	Abgabenordnung
Az.	Aktenzeichen

	B
BFH	Bundesfinanzhof
BFH/NV	Sammlung amtlich nicht veröffentlichter Entscheidungen des Bundesfinanzhofs (Zeitschrift)
BGB	Bürgerliches Gesetzbuch
BGBl	Bundesgesetzblatt (I und II)
BMF	Bundesminister der Finanzen
BStBl	Bundessteuerblatt (I und II)
BT-Drucks.	Drucksache des Deutschen Bundestages
bzw.	beziehungsweise
d.h.	das heißt
DStR	Deutsches Steuerrecht (Zeitschrift)
DStRE	DStR-Entscheidungsdienst

	E
einschl.	einschließlich
EStDV	Einkommensteuer-Durchführungsverordnung
EStG	Einkommensteuergesetz
EStH	Amtliches Einkommensteuer-Handbuch
EuGH	Europäischer Gerichtshof
evtl.	eventuell

	F
f., ff.	folgend, folgende (Seiten)
FG	Finanzgericht
FR	Finanz-Rundschau (Zeitschrift)

G

ggf.	gegebenenfalls

H

H	Hinweis
HFR	Höchstrichterliche Finanzrechtsprechung
HGB	Handelsgesetzbuch

I

i. d. F.	in der Fassung
i. H. v.	in Höhe von
i. S.	im Sinne
i. V.	in Verbindung

J

JStG	Jahressteuergesetz

K

km	Kilometer
Kfz	Kraftfahrzeug(e, s)

L

LStH	Amtliches Lohnsteuer-Handbuch
LStR	Lohnsteuer-Richtlinien
lt.	laut

N

Nr.	Nummer(n)
NWB	Neue Wirtschafts-Briefe (Zeitschrift)
NZB	Nichtzulassungsbeschwerde

O

OFD	Oberfinanzdirektion
o. g.	oben genannte

	P
Pkw	Personenkraftwagen(s)
	R
R	Richtlinie
Rdn.	Randnummer(n)
Rz.	Randziffern
	S
s.	siehe
S.	Seite
sog.	so genannte
	T
Tz.	Textziffer
	U
u. a.	und anderes/unter anderem
u. E.	unseres Erachtens
UR	Umsatzsteuer-Rundschau (Zeitschrift)
USt	Umsatzsteuer
UStDV	Umsatzsteuer-Durchführungsverordnung
UStG	Umsatzsteuergesetz
UStR	Unsatzsteuer-Richtlinien
u. U.	unter Umständen
	V
vgl.	vergleiche
v. H.	vom Hundert
	Z
z. B.	zum Beispiel
zzgl.	zuzüglich

A. Fahrzeuge bei der Gewinnermittlung

I. Anschaffung

1. Begriff

a) Anschaffung

Wird ein Fahrzeug erworben, stellt sich die Frage, ob es zum Betriebsvermögen 1
gehört. Der Begriff der Anschaffung und die Zuordnung zum Betrieb sind dabei nach den allgemeinen Grundsätzen des Handels- und Steuerrechts zu bestimmen. So gehört ein Wirtschaftsgut zum sog. notwendigen Betriebsvermögen, wenn es ausschließlich und unmittelbar für eigenbetriebliche Zwecke genutzt wird. Sodann stellt sich die Frage, ob das Wirtschaftsgut zum Anlage- oder Umlaufvermögen gehört. Fahrzeuge, die langfristig dem Unternehmen zu dienen bestimmt sind, gehören zum Anlagevermögen. Sie sind dem beweglichen Anlagevermögen zuzuordnen und mit den Anschaffungskosten zu bewerten (§ 253 Abs. 1 HGB i.V. mit § 5 Abs. 1 Satz 1 EStG; § 6 Abs. 1 Nr. 1 EStG). Planmäßige Abschreibungen i.S. des § 253 HGB und § 7 EStG müssen vorgenommen werden, weil diese Wirtschaftsgüter einem Wertverzehr unterliegen.

Alle Aufwendungen, die geleistet werden, um einen Vermögensgegenstand in 2
seinen Besitz zu bringen und ihn in einen betriebsbereiten Zustand zu versetzen, sind Anschaffungskosten, soweit sie dem Vermögensgegenstand einzeln zugeordnet werden können (§ 255 Abs. 1 HGB). Der Begriff der Anschaffungskosten ist insoweit wichtig, als diese die spätere AfA-Bemessungsgrundlage bilden. Hinsichtlich etwaiger Vorsteuerbeträge ist § 9b EStG zu beachten, da die nicht abzugsfähige Vorsteuer zu den Anschaffungskosten gehört. Zu den Anschaffungskosten gehören neben dem Kaufpreis auch die Zuschläge für Sonderausstattungen sowie die Anschaffungsnebenkosten. Anschaffungsnebenkosten sind bei einem Pkw u.a. die Überführungskosten und die Anmeldegebühren.

b) Betriebsvermögen

Nach § 4 Abs. 1 EStG ermittelt sich der Gewinn durch den **Betriebsvermögens-** 3
vergleich. Für Gewerbetreibende, die aufgrund gesetzlicher Vorschriften verpflichtet sind, Bücher zu führen, wird der Gewinn zwar durch dieselbe Formel (§ 4 Abs. 1 EStG) ermittelt, jedoch richtet sich die Bewertung des Betriebsvermögens, durch das Maßgeblichkeitsprinzip (§ 5 Abs. 1 EStG), nach den Vorschriften des Handelsgesetzbuches (HGB).

§ 4 Abs. 3 EStG regelt die Gewinnermittlung durch **Einnahmen-Überschussrech-** 4
nung. Hier erfolgt die Gewinnermittlung durch Gegenüberstellung der Betriebs-

einnahmen mit den Betriebsausgaben (§ 4 Abs. 4 EStG). Für Veranlagungszeiträume, die nach dem 31.12.2004 beginnen, ist diese Gewinnermittlung auf einem amtlich vorgeschriebenen Vordruck zu erstellen (§ 60 Abs. 4 EStDV). Dieser Verpflichtung muss im Rahmen des § 4 Abs. 3 EStG nachgekommen werden, wenn die Betriebseinnahmen den Betrag von 17.500 € übersteigen.

5 Eine spezielle Gewinnermittlungsart ergibt sich aus § 13a EStG. Demnach können Land- und Forstwirte ihren Gewinn nach Durchschnittssätzen ermitteln.

6 Für alle Gewinnermittlungsarten ist jedoch der Begriff des **Betriebsvermögens** zu beachten. Insbesondere bei Wirtschaftsgütern, die sowohl für betriebliche als für private Zwecke genutzt werden können, wie u. a. bei Kraftfahrzeugen, ist das entscheidende Kriterium die betriebliche Nutzung. Was Betriebsvermögen ist, ergibt sich aus R 4.2 Abs. 1 EStR. Die Verwaltungsanweisung stellt hier auf den Umfang der betrieblichen Nutzung ab. Man unterscheidet danach gewillkürtes und notwendiges Betriebsvermögen. Umsatzsteuerlich kennt man nur das Unternehmensvermögen und Privatvermögen. Die Begriffe „Betriebsvermögen" und „Unternehmensvermögen" sind nicht deckungsgleich. So kann ein Kraftfahrzeug durchaus aus umsatzsteuerlicher Sicht zum Unternehmensvermögen gehören, aber aufgrund der Wahlmöglichkeit nach R 4.2 Abs. 1 EStR aus einkommensteuerrechtlicher Sicht nicht zum Betriebsvermögen. Umgekehrt können Fahrzeuge des Betriebsvermögens umsatzsteuerlich durchaus auch zum nichtunternehmerischen Bereich gehören.

7 Bei der Zuordnung eines Kraftfahrzeugs zum Betriebsvermögen ist zu unterscheiden, ob es sich um **Anlagevermögen** oder Umlaufvermögen handelt, denn nach § 266 Abs. 2 HGB gliedert sich das Vermögen eines Kaufmanns in Anlage- und Umlaufvermögen. Der jeweilige Wertansatz ergibt sich dann aus § 253 Abs. 2 und 3 HGB. Zum Anlagevermögen gehört ein Kraftfahrzeug immer dann, wenn es dauerhaft dem Betrieb zu dienen bestimmt ist. Das ist insbesondere dann der Fall, wenn das Fahrzeug auf die besonderen Bedürfnisse eines Betriebes zugeschnitten ist. Aber auch Fahrzeuge, die den Arbeitnehmern zur Verfügung gestellt werden, sind regelmäßig Anlagevermögen. Im Umkehrschluss kann man daher sagen, dass ein Kraftfahrzeug immer dann Umlaufvermögen ist, wenn es eben nicht dazu bestimmt ist, dem Betrieb dauerhaft zu dienen. Der klassische Fall sind hier die Fahrzeuge eines Autohändlers. Fahrzeuge, die dem Betrieb auf Dauer zu dienen bestimmt sind, gehören zum abnutzbaren Anlagevermögen i. S. des § 6 Abs. 1 Nr. 1 EStG. Entsprechendes gilt für Fahrzeuge, die für das Unternehmen angeschafft wurden und Mitarbeitern sowohl für betriebliche als auch für deren private Zwecke überlassen werden.

2. Zuordnung von Fahrzeugen zum Betriebsvermögen

a) Notwendiges Betriebsvermögen bei Gewinnermittlung durch Betriebsvermögensvergleich

Nach R 4.2 Abs. 1 Satz 1 EStR handelt es ich bei Wirtschaftsgütern, die ausschließlich und unmittelbar für die betrieblichen Zwecke genutzt werden, um notwendiges Betriebsvermögen. Dazu gehören regelmäßig Nutzfahrzeuge, aber auch Fahrzeuge, die Mitarbeitern für betriebliche und deren private Fahrten überlassen werden. Ergänzend erläutert R 4.2 Abs. 1 Satz 4 EStR, dass auch Wirtschaftsgüter, deren Nutzung mehr als 50 % beträgt, ebenfalls notwendiges Betriebsvermögen darstellen. Die vorgenannten Regelungen sind auch dann anzuwenden, wenn der Steuerpflichtige das so genutzte Wirtschaftsgut nicht in seiner Buchführung ausweist. Dies bedeutet für einen Pkw, dessen betriebliche Nutzung mehr als 50 % beträgt, dass er zwingend zum notwendigen Betriebsvermögen gehört. Das gilt auch dann, wenn der Steuerpflichtige eigentlich gar nicht vorhatte, eine Zuordnung zum Betriebsvermögen vorzunehmen. Ein Wahlrecht hat der Betriebsinhaber nicht, entscheidend ist allein die Nutzung. Der Nutzungsumfang lässt sich in der Praxis regelmäßig an der Laufleistung eines Pkw feststellen. 8

b) Gewillkürtes Betriebsvermögen bei Gewinnermittlung durch Betriebsvermögensvergleich

Gewillkürtes Betriebsvermögen liegt nach R 4.2 Abs. 1 Satz 4 EStR vor, wenn ein Wirtschaftsgut zu weniger als 50 %, aber zu mehr als 10 % für die betrieblichen Zwecke genutzt wird. Insofern hat der Steuerpflichtige das **Wahlrecht**, einen Pkw dem Betriebsvermögen zuzuordnen. Die Konsequenzen der Zuordnung werden weiter unten ausführlich dargestellt. Ordnet der Betriebsinhaber das Fahrzeug seinem Betriebsvermögen zu, sind alle steuerlichen Folgerungen daraus zu ziehen, das Fahrzeug gehört zum Betriebsvermögen. Ist die Zuordnung erst einmal erfolgt, gibt es keine Unterscheidung mehr zwischen notwendigem und gewillkürtem Betriebsvermögen. 9

c) Notwendiges Betriebsvermögen bei der Gewinnermittlung durch Einnahmen-Überschussrechnung

Bei der Gewinnermittlung nach § 4 Abs. 3 EStG gelten die gleichen Grundsätze wie oben aufgeführt. 10

d) Gewillkürtes Betriebsvermögen bei der Gewinnermittlung durch Einnahmen-Überschussrechnung

11 Mit Urteil v. 2.10.2003[1] hat der BFH entgegen R 13 Abs. 1 Satz 3 EStR 2004 und R 13 Abs. 16 EStR 2004 entschieden, dass es bei einer betrieblichen Nutzung zwischen 10 % und 50 % auch bei der Gewinnermittlung nach § 4 Abs. 3 EStG gewillkürtes Betriebsvermögen gibt. Mit Schreiben v. 17.11.2004[2] hat das Bundesministerium der Finanzen dazu Stellung genommen und die Grundsätze zum gewillkürten Betriebsvermögen im Rahmen der Gewinnermittlung nach § 4 Abs. 3 EStG wie folgt formuliert:

„Der Nachweis der Zuordnung zum gewillkürten Betriebsvermögen ist in unmissverständlicher Weise durch entsprechende zeitnah erstellte Aufzeichnungen zu erbringen. Ein sachverständiger Dritter, z. B. ein Betriebsprüfer, muss daher ohne eine weitere Erklärung des Steuerpflichtigen die Zugehörigkeit des erworbenen oder eingelegten Wirtschaftsguts zum Betriebsvermögen erkennen können. Der Steuerpflichtige trägt für die Zuordnung eines Wirtschaftsguts zum gewillkürten Betriebsvermögen die Beweislast. Er hat die Zuordnung sowie den Zeitpunkt der Zuordnung nachzuweisen. Hierfür hat er entsprechende Beweisvorsorge zu treffen. Zweifel gehen zu seinen Lasten. Eine rückwirkende Zuordnung zum gewillkürten Betriebsvermögen scheidet aus.

Als Nachweis ausreichend ist die zeitnahe Aufnahme in ein laufend zu führendes Bestandsverzeichnis oder vergleichbare Aufzeichnungen. Die Aufzeichnung hat dabei in einer Form zu erfolgen, die Zweifel in Bezug auf die Zuordnung eines Wirtschaftsguts zum gewillkürten Betriebsvermögen sowie deren Zeitpunkt ausschließt. Der Nachweis kann auch in anderer Weise geführt werden, z. B. durch eine zeitnahe schriftliche Erklärung gegenüber dem zuständigen Finanzamt. Der Behandlung von Einnahmen und Ausgaben im Zusammenhang mit dem Wirtschaftsgut als Betriebseinnahmen und Betriebsausgaben kommt bei der Zuordnungsentscheidung Indizwirkung zu.

Die Aufzeichnungen haben zeitnah, spätestens bis zum Ende des Veranlagungszeitraumes zu erfolgen. Bei einer späteren Aufzeichnung, z. B. nach Ablauf des Veranlagungszeitraums im Rahmen der Erstellung der Einnahmen-Überschussrechnung, ist die Zuordnung zum gewillkürten Betriebsvermögen erst zum Zeitpunkt des Eingangs der Einnahmen-Überschussrechnung beim zuständigen Finanzamt anzuerkennen, es sei denn, der Steuerpflichtige kann auf andere Art und Weise einen früheren Zuordnungszeitpunkt nachweisen.

Die Unterlagen, aus denen sich der Nachweis sowie der Zeitpunkt der Zuführung eines Wirtschaftsgutes zum gewillkürten Betriebsvermögen ergeben, sind mit der Einnahmen-Überschussrechnung beim Finanzamt einzureichen.

Werden keine geeigneten Unterlagen zum Nachweis der Zuordnung eines Wirtschaftsguts zum gewillkürten Betriebsvermögen vorgelegt und ist die Zuordnung nicht durch andere Angaben belegt worden, ist die Zuordnung des Wirtschaftsgutes zum gewillkürten Betriebsvermögen erst zum Zeitpunkt des Eingangs der Einnahmen-Überschussrechnung beim zuständigen Finanzamt anzuerkennen.“

1 BStBl 2004 II S. 985.
2 BStBl 2004 I S. 1064.

Diese Grundsätze sind in allen noch nicht bestandskräftigen Fällen anzuwenden. Aus praktischer Erwägung sollte man – um Streitigkeiten zu vermeiden – den sicheren Weg gehen, und dem Finanzamt die Zuordnung eines Pkw zum gewillkürten Betriebsvermögen in einem kurzen gesonderten Schreiben (ggf. als Anlage zur Steuererklärung) mitteilen. 12

In den Einkommensteuer-Richtlinien ist die Wahlmöglichkeit der Zuordnung zum gewillkürten Betriebsvermögen bereits enthalten (R 4.2 Abs. 1 Sätze 3 und 6 EStR). Nicht der Wunsch des Steuerpflichtigen ist entscheidend für die Zuordnung zum Betriebs- oder Privatvermögen, sondern die **tatsächliche Nutzung**. Beträgt die betriebliche Nutzung weniger als 10 %, scheidet eine Zuordnung zum Betriebsvermögen regelmäßig aus und das Kraftfahrzeug ist dem **notwendigen Privatvermögen zuzuordnen**. 13

Weder aus dem Einkommensteuergesetz, der Einkommensteuer-Durchführungsverordnung noch aus den Einkommensteuer-Richtlinien ergibt sich, wie nun konkret der Nachweis der Zugehörigkeit eines Kraftfahrzeugs zum Betriebsvermögen zu erfolgen hat. Dieser Nutzungsumfang kann daher beliebig ermittelt werden. Eine Verpflichtung zur Führung eines Fahrtenbuches – wie im Rahmen des § 6 Abs. 1 Nr. 4 EStG zur Vermeidung der Besteuerung des privaten Nutzungsanteils anhand der sog. 1 %-Regelung – kennt das Gesetz insoweit nicht. 14

Nach § 4 Abs. 3 Satz 3 EStG i. d. F. des Gesetzes zur Eindämmung missbräuchlicher Steuergestaltungen sind auch bei der Gewinnermittlung nach § 4 Abs. 3 EStG die Vorschriften über die Absetzung für Abnutzung oder Substanzverringerung zu befolgen. Hierfür ist es praktikabel und sachgerecht, wie auch bei der Gewinnermittlung nach § 4 Abs. 1 EStG **alle Wirtschaftsgüter** des Anlagevermögens, die der Abnutzung unterliegen, in einem gesonderten Verzeichnis festzuhalten, damit die Höhe der Absetzungen für Abnutzung jederzeit nachvollziehbar ist. Die aufzeichnungspflichtigen Wirtschaftsgüter sind nach § 4 Abs. 3 Satz 5 EStG unter Angabe 15

- des Tages der Anschaffung oder Herstellung und
- der Anschaffungs- und Herstellungskosten oder
- des an deren Stelle tretenden Wertes

in besondere, laufend zu führende Verzeichnisse aufzunehmen.

Hierdurch wird auch vermieden, dass die Zuordnungsentscheidung zum gewillkürten Betriebsvermögen willkürlich und ggf. erst im Rahmen der Erstellung der Jahressteuererklärung getroffen wird. Der Steuerpflichtige hat danach den Akt der erstmaligen Zuordnung eines Wirtschaftsguts zum gewillkürten Betriebs- 16 vermögen (bei erstmaligem Erwerb oder bei Einlage) unmissverständlich in einer solchen Weise zu dokumentieren, dass ein sachverständiger Dritter – z. B. ein Betriebsprüfer – ohne weitere Erklärung des Steuerpflichtigen die Zugehörigkeit des erworbenen oder eingelegten Wirtschaftsguts zum Betriebsvermögen erkennen kann. Gemäß § 52 Abs. 10 EStG ist § 4 Abs. 3 Satz 5 EStG erstmalig für Wirtschaftsgüter anzuwenden, die nach dem 31. 12. 2005 angeschafft, hergestellt oder in das Betriebsvermögen eingebracht werden.

Besonderheit: Mit Urteil vom 29. 4. 2008 hat der BFH entschieden, dass die Zuordnung eines **geleasten Pkw** ebenso unmissverständlich erfolgen muss. So hat der BFH in seiner Urteilsbegründung ausgeführt, dass der Abzug der Leasingrate als Betriebsausgabe keine eindeutige Zuordnung darstellt.

3. Anschaffungskosten als Betriebsausgaben

17 Unabhängig davon, ob es sich bei dem angeschafften Kraftfahrzeug um notwendiges oder gewillkürtes Betriebsvermögen handelt, ist für die Frage der Abzugsfähigkeit der Aufwendungen als Betriebsausgaben entscheidend, ob es sich um Anlagevermögen oder Umlaufvermögen handelt. Stellt das angeschaffte Kraftfahrzeug Anlagevermögen dar, sind nicht die Anschaffungskosten als Betriebsausgaben zu berücksichtigen, sondern nur die Absetzungen für Abnutzung (§ 253 HGB, § 7 EStG).

18 Bemessungsgrundlage für die Abschreibung (AfA) sind die Anschaffungskosten zuzüglich der Anschaffungsnebenkosten (§ 255 Abs. 1 HGB) oder der an deren Stelle tretende Wert. Nach R 7.4 Abs. 1 Satz 1 EStR ist die AfA ab dem Zeitpunkt der Anschaffung vorzunehmen. Ein Fahrzeug ist im Zeitpunkt seiner Lieferung angeschafft. Nicht entscheidend für die Gewährung der AfA ist der Zeitpunkt der Zahlung.

4. Einlage eines Fahrzeugs aus dem Privatvermögen in das Betriebsvermögen

19 Wird ein Kraftfahrzeug, das bisher privat genutzt worden ist, vom Privatvermögen in das Betriebsvermögen überführt, erfolgt die Bewertung der **Einlage** gemäß § 6 Abs. 1 Nr. 5 EStG unabhängig von der Gewinnermittlungsart mit dem **Teilwert** im Zeitpunkt der Zuführung zum Betriebsvermögen.

20 Wurde das Kraftfahrzeug innerhalb der letzten drei Jahre vor dem Zeitpunkt der Einlage angeschafft, bemisst sich der Einlagewert gemäß § 6 Abs. 1 Nr. 5a EStG ebenfalls nach dem Teilwert, **höchstens** jedoch mit den fortgeführten Anschaffungskosten. Teilwert ist gemäß § 6 Abs. 1 Nr. 1 Satz 3 EStG der Betrag, den ein Erwerber des ganzen Betriebs im Rahmen des Gesamtkaufpreises für das

einzelne Wirtschaftsgut ansetzen würde, unter der Voraussetzung, dass von einer Betriebsfortführung auszugehen ist. Im Falle einer **Betriebseröffnung** entspricht der Teilwert dem gemeinen Wert (§ 9 Abs. 2 BewG).

Erfolgt die Einlage außerhalb des Zeitraums von drei Jahren aus dem Privatvermögen in das Betriebsvermögen, wurde der Pkw jedoch zur Erzielung von Einnahmen i. S. des § 2 Abs. 1 Nr. 4 bis 7 EStG genutzt, erfolgt die Einlage zwar mit dem Teilwert nach § 6 Abs. 1 Nr. 5 EStG, die AfA ist aber nur von den fortgeführten Anschaffungskosten zu ermitteln (§ 7 Abs. 1 Satz 5 EStG). 21

Wird ein Kraftfahrzeug zunächst aus einem Betriebsvermögen in das Privatvermögen entnommen, bemisst sich der Entnahmewert nach § 6 Abs. 1 Nr. 4 EStG. Nach § 6 Abs. 1 Nr. 4 Satz 1 EStG ist dies ebenfalls der Teilwert. Erfolgt zu einem späteren Zeitpunkt wiederum die Einlage dieses Fahrzeugs in ein Betriebsvermögen desselben Steuerpflichtigen, darf als Einlagewert maximal der (frühere) Entnahmewert abzüglich der AfA angesetzt werden (§ 6 Abs. 1 Nr. 5 Satz 3 EStG). 22

5. Leasing

a) Begriff

Die gewaltige Ausweitung des Leasings als Alternative zur Finanzierung von Fahrzeugen ergibt sich aus dem Umdenken der Nutzer. In der Vergangenheit stand eher der Erwerb eines Kraftfahrzeugs im Vordergrund. Jetzt hingegen orientieren sich die Fahrzeugnutzer aus Kosten- und Liquiditätsgründen daran, das Fahrzeug bezogen auf eine jeweils vertraglich abgesprochene Nutzungsdauer zu nutzen. Dieser Gedanke ist auch der Autoindustrie nicht verborgen geblieben, so dass diese durch intensives Marketing in den letzten Jahren auch verstärkt private Kunden für das Leasing hat gewinnen können. Nach statistischen Erhebungen schließen allerdings nur ca. 20 % aller privaten Kunden wieder einen Folge-Leasingvertrag ab, wobei die Quote von Folge-Leasingverträgen bei gewerblichen Kunden wesentlich höher ist. Dies spiegelt die Tatsache wider, dass ein wichtiger Grund, sich für ein Leasingfahrzeug zu entscheiden, die erhöhte Liquidität ist. Darüber hinaus gibt es aber auch interessante steuerliche Vorteile sowie die recht einfache Möglichkeit, zeitnah auf neue Fahrzeugmodelle umzusteigen. Nicht zuletzt die damit im Zusammenhang stehende Zuverlässigkeit eines Neufahrzeugs ist gerade für viele Unternehmer sehr wichtig. 23

Der Begriff **„Leasing“** kommt aus dem Amerikanischen. „Leasing“ wird in der Praxis grundsätzlich mit Miete oder Pacht übersetzt, ist jedoch mit den zivilrechtlichen Begriffen des Bürgerlichen Gesetzbuchs nicht identisch. Im Gegensatz zu den doch recht starren Grenzen des Bürgerlichen Gesetzbuchs ist das 24

Leasing die mittelfristige Gebrauchsüberlassung einer mobilen oder immobilen Sache, die in sehr unterschiedlichen Vertragsvereinbarungen erfolgen kann. Das Leasing kommt hinsichtlich der Gebrauchsüberlassung der Miete sehr nahe. Daher ist es auch aus steuerrechtlicher Sicht wichtig, die verschiedenen Arten der Gebrauchsüberlassung voneinander zu trennen.

BEISPIEL 1: Der Leasinggeber A überlässt dem Leasingnehmer B einen geleasten Pkw auf einen vertraglich festgelegten Zeitraum von 48 Monaten zur Nutzung. Aus sämtlichen Leasingverträgen ist ersichtlich, dass der Leasingzeitraum immer ganz konkret festgelegt ist.

BEISPIEL 2: Der Vermieter A überlässt dem Mieter B ein Einfamilienhaus zur Nutzung. Regelmäßig wird es so sein, dass der Mietvertrag nicht auf einen festen Zeitraum begrenzt ist. Beide Vertragsparteien können den Mietvertrag unter Einhaltung entsprechender Fristen kündigen.

25 Natürlich bietet die Praxis auch Mietverträge auf Zeit, die ggf. durch nachträgliche Vereinbarungen der Vertragsparteien verlängert werden können oder sich bei Nichtkündigung automatisch verlängern. Eine solche Vertragsgestaltung ist im Rahmen eines Leasingvertrages nicht möglich. Bei einem Leasingvertrag ist es von vornherein, also schon beim Abschluss des Vertrages, erforderlich, dass er mit einer entsprechenden Option, der Verlängerungsmöglichkeit, versehen ist. Während der Laufzeit eines Leasingvertrages ist selbst bei Absprache beider Leasingparteien eine Vertragsverlängerung nicht möglich, da sie rechtlich nicht zulässig ist. Im Gegensatz zu Leasingverträgen ist bei Mietverträgen eine stillschweigende Verlängerung möglich. Sofern der Mieter durch sein tatsächliches Handeln, indem er zum einen nicht kündigt und zum anderen durch Weiterzahlung der Miete über das befristete Mietende hinaus zu erkennen gibt, die zur Nutzung überlassene Sache weiter nutzen zu wollen, kann aus einem befristeten Mietvertrag ein unbefristeter werden. Eine solche Vorgehensweise ist bei einem Leasingvertrag nicht denkbar. Dies geschieht in der Regel jedoch schon aus rein praktischen Erwägungen nicht. Damit würde sich der Leasingnehmer ja u. a. die Möglichkeit nehmen, entsprechend regelmäßig ein neues Fahrzeug zu nutzen.

26 Des Weiteren unterscheiden sich der Miet- und Leasingvertrag durch das Sachrisiko.

BEISPIEL: Bei einem geleasten Fahrzeug trägt der Leasingnehmer das Risiko einer Beschädigung des Fahrzeugs. Dieses Risiko kann der Leasingnehmer durch den Abschluss einer Versicherung abdecken, die jedoch zu seinen Lasten geht.

Schließt der Steuerpflichtige hingegen einen Vertrag über einen Mietwagen (= Mietvertrag) ab, so befindet sich das Sachrisiko beim Vermieter. Der Mieter ist zwar verpflichtet, den Mietgegenstand ordentlich zu behandeln, im Schadensfall ist jedoch zunächst erst einmal der Vermieter für die Beseitigung des Schadens verantwortlich. Dies geschieht in der Regel durch eine vom Vermieter auf dessen Namen abgeschlossene Versicherung.

b) Leasingverträge aus steuerrechtlicher Sicht

Die Leasingraten stellen grundsätzlich Betriebsausgaben dar und sind aufgrund der festgelegten Leasinglaufzeit und der festen Höhe exakt zu kalkulieren, was dem Unternehmer eine sichere Liquidität verschafft. Da bei einem Fahrzeugleasing der Leasingnehmer regelmäßig nicht wirtschaftlicher Eigentümer (§ 39 Abs. 2 Nr. 1 AO) wird, entfällt ein Ausweis in der Bilanz über zusätzliches Fremdkapital. 27

Ein weiterer steuerlicher Aspekt ergibt sich aus der Gewerbesteuer. Ist der Leasinggeber ein inländisches Unternehmen, entfällt nach § 8 Nr. 7 Satz 2 GewStG eine Hinzurechnung der Leasinggebühren auf den Gewerbeertrag nach § 7 GewStG. 28

Aus umsatzsteuerrechtlicher Sicht ist zu beachten, dass die in den Leasingraten enthaltene Umsatzsteuer als Vorsteuern berücksichtigungsfähig sind, was jedoch eine ordnungsgemäße Rechnung voraussetzt (§ 15 Abs. 1 Satz 1 Nr. 1 i.V. mit § 14 Abs. 4 UStG). 29

c) Der Leasing-Erlass

Wird ein Kraftfahrzeug durch einen entsprechenden Vertrag geleast, geht es steuerrechtlich regelmäßig um die Frage, wem das geleaste Fahrzeug zuzurechnen ist (§ 39 AO). Sowohl aus praktischen als auch aus steuerlichen Erwägungen sind die Leasingverträge regelmäßig so gestaltet, dass das Wirtschaftsgut dem Leasinggeber zuzurechnen ist. In besonders gelagerten Ausnahmefällen ist aber ggf. der Leasingnehmer am wirtschaftlichen Eigentum interessiert. Dies kann aus steuerlicher Sicht die Inanspruchnahme einer Investitionszulage oder Sonderabschreibung sein. In diesen Fällen ist darauf zu achten, dass sich das wirtschaftliche Eigentum des Leasingnehmers aus dem Leasingvertrag ergibt. Die sich für die Abschreibung beim Leasinggeber notwendigen Tatbestandsmerkmale ergeben sich aus zwei „Leasing-Erlassen". Es handelt sich hierbei um die BMF-Schreiben vom 30

- 19.4.1971[1] und
- 22.12.1975.[2]

1 BStBl 1971 I S. 264.
2 IV B 2 – S 2170 – 161/75.

31 Mit dem Begriff des wirtschaftlichen Eigentums steht und fällt die Gestaltung eines Leasinggeschäftes. Die mit einem Leasingvertrag im Zusammenhang stehenden Steuervorteile für Leasingnehmer und Leasinggeber können nur erzielt werden, wenn das wirtschaftliche Eigentum des Leasinggegenstandes beim Leasinggeber liegt. Erfolgt die Zurechnung des wirtschaftlichen Eigentums des Leasingfahrzeugs beim Leasingnehmer, ist er aus steuerlicher Sicht wie ein Käufer zu behandeln. Demnach würde das Fahrzeug seinem Betriebsvermögen (R 4.2 Abs. 1 EStR) zugeordnet, was zur Folge hätte, dass das Fahrzeug in der Bilanz oder dem Anlagenverzeichnis auszuweisen ist.

32 Der Begriff des wirtschaftlichen Eigentums ergibt sich nicht aus dem Bürgerlichen Gesetzbuch, sondern wurde durch die Rechtsprechung des Bundesfinanzhofs im Jahre 1970 geprägt. Die Entscheidung des Bundesfinanzhofs aus dem Jahre 1970 hatte zur Folge, dass die Finanzverwaltung die verbindlichen Hinweise für die Zurechnung des wirtschaftlichen Eigentums von Leasingobjekten in den beiden zuvor aufgeführten „Leasing-Erlassen" aufgeführt hat. Unter Beachtung dieser Kriterien erfolgt die Zurechnung des wirtschaftlichen Eigentums beim Leasinggeber, wenn die Grundmietzeit bei mindestens 40 % und höchstens 90 % der betriebsgewöhnlichen Nutzungsdauer liegt. Insofern ist die neue AfA-Tabelle wichtig, die seit dem Jahre 2001 Gültigkeit hat. Demnach ist ein Kraftfahrzeug grundsätzlich über sechs Jahre abzuschreiben. Die Mindestnutzungsdauer beträgt damit insoweit 29 Monate (= 40 % von 72 Monaten), die im Leasingvertrag zu vereinbarende Höchstnutzungsdauer 64 Monate (= 90 % von 72 Monaten).

d) Verträge i. S. der Leasing-Erlass-Vorgaben

aa) Überblick

33 Nicht alle in der Praxis vorkommenden Leasing-Varianten entsprechen von vornherein den Vorgaben im Sinne der Leasing-Erlasse. Die am häufigsten anzutreffenden fünf Varianten sind:

1. **Finanzierungs-Leasing:** Der Leasinggeber ist zivilrechtlicher Eigentümer und räumt dem Leasingnehmer für eine feste Grundmietzeit gegen ein regelmäßiges Entgelt in bestimmter Höhe ein mittel- bis langfristiges schuldrechtliches Nutzungsrecht ein. Der Leasingvertrag ist während der Grundmietzeit unkündbar. Die objektbezogenen Risiken (Gefahrtragung, Gewährleistung) trägt der Leasingnehmer.
2. **Operating-Leasing:** Der Leasinggeber vermietet das Leasinggut kurz- bis mittelfristig an den Leasingnehmer. Die objektbezogenen Risiken trägt der Leasinggeber. Der Vertrag kann jederzeit (wie bei einem Mietvertrag) gekündigt

werden. Der Leasinggeber hat das Leasinggut zu aktivieren. Die Leasingraten sind erfolgswirksam zu behandeln.

3. **Hersteller-Leasing:** Vermietung von Gütern (im Wege von Finanzierungs- oder Operating-Leasing) durch den Hersteller.
4. **Sale and lease back:** Verkauf von Gütern an Leasing-Unternehmen und anschließende Anmietung dieser Güter durch den Verkäufer im Wege des Finanzierungsleasing.
5. **Spezial-Leasing:** Das Leasinggut ist speziell auf die Bedürfnisse des Leasingnehmers zugeschnitten. Es kann nach Ablauf der Mietzeit nur durch den Leasingnehmer weitergenutzt werden. Das Leasinggut ist damit von vornherein dem Leasingnehmer zuzuordnen.

Für das Kraftfahrzeugleasing ist aber allein das Finanzierungsleasing von Bedeutung. Dabei wird zwischen sog.

- Vollamortisationsverträgen und
- Teilamortisationsverträgen

unterschieden.

bb) Vollamortisationsverträge

Beim Vollamortisationsleasing („Full-pay-out-Leasing") ist das gesamte Leasing- 34
entgelt, bestehend aus den Leasingraten und einer möglichen Sonderzahlung, so berechnet, dass sie innerhalb der Vertragszeit sämtliche Aufwendungen des Leasinggebers einschließlich des Gewinns abdecken. Der Restwert spielt daher in diesem Fall nur noch eine untergeordnete Rolle. In der Praxis werden solche Vollamortisationsverträge eher bei Nutzfahrzeugen als bei Kraftfahrzeugen zu finden sein.

cc) Teilamortisationsverträge

Beim Teilamortisationsleasing („Non-pay-out-Leasing") werden die Aufwendun- 35
gen und der Gewinn des Leasinggebers im Laufe der unkündbaren Vertragszeit nur teilweise durch das Leasingentgelt gedeckt. Die restliche Kostendeckung wird durch die sich anschließende Realisierung des berechneten Restwertes bei der Veräußerung des Fahrzeugs erzielt. Lässt sich der berechnete Restwert nach Ablauf der Leasingdauer nicht erzielen, muss der Leasingnehmer die Differenz durch eine entsprechende Zuzahlung ausgleichen. Die Zuzahlung stellt dann ebenfalls Betriebsausgaben dar.

dd) Risiko der Kostenabdeckung

Bei Teilamortisationsverträgen hängt die Zurechnung des wirtschaftlichen 36
Eigentums nicht nur von der Dauer der unkündbaren Vertragszeit ab (zwischen

40 % und 90 % der betriebsgewöhnlichen Nutzungsdauer), sondern auch und vor allem von der vertraglichen Ausgestaltung des Abrechnungsverhältnisses zum Ende der Vertragslaufzeit.

Der Leasinggeber behält sich zur **Abdeckung des Kostenrisikos** das Recht vor, dem Leasingnehmer das Fahrzeug am Vertragsende anzudienen. Es handelt sich um einen sog. „Leasingvertrag mit Andienungsrecht". Wird dieses Recht ausgeübt, muss der Leasingnehmer das Fahrzeug kaufen. Der Andienungspreis wird bereits bei Vertragsabschluss festgelegt. Er ist Berechnungsgrundlage für die Gesamtkosten des Leasingvertrages, so dass der Kaufpreis dem berechneten Restwert entspricht. Wie bei jedem Vertrag sind die verschiedenen Interessen der Vertragparteien zu beachten. Regelmäßig wird der Leasinggeber dann vom Andienungsrecht Gebrauch machen, wenn der tatsächliche Wert des Fahrzeugs am Vertragsende unter dem berechneten Wert liegt und er insoweit nicht mit einem höheren Verwertungspreis rechnen kann. Umgekehrt wird der Leasinggeber das Fahrzeug zurücknehmen, wenn er einen über dem Restwert liegenden Weiterveräußerungspreis erzielen kann.

37 Aus steuerlichen Gründen darf der Leasinggeber dem Leasingnehmer bei Vertragsabschluss keine Kaufoption einräumen. Wird eine Absprache erst bei Vertragsende über den Ankauf des Fahrzeugs getroffen, so hat dies keine nachteiligen steuerlichen Auswirkungen auf den Leasingvertrag.

Zurechnung des Leasinggegenstandes beim Finanzierungs-Leasing

38

<table>
<tr><th>Grundmietzeit</th><th>mit Kaufoption</th><th>mit Mietverlängerungsoption</th><th>ohne Kauf- oder Mietverlängerungsoption</th></tr>
<tr><td></td><td colspan="3">Der Leasinggegenstand ist regelmäßig zuzurechnen dem ...</td></tr>
<tr><td>mehr als 90 % der betriebsgewöhnlichen Nutzungsdauer</td><td>Leasingnehmer</td><td>Leasingnehmer</td><td>Leasingnehmer</td></tr>
<tr><td>weniger als 40 % der betriebsgewöhnlichen Nutzungsdauer</td><td>Leasingnehmer</td><td>Leasingnehmer</td><td>Leasingnehmer</td></tr>
<tr><td rowspan="2">Zwischen 40 % und 90 % der betriebsgewöhnlichen Nutzungsdauer</td><td>Leasingnehmer,
wenn restlicher Kaufpreis niedriger als Buchwert oder gemeiner Wert zum Zeitpunkt der möglichen Verlängerung</td><td>Leasingnehmer,
wenn Anschlussmiete geringer als Buchwert oder gemeiner Wert, bezogen jeweils auf ein Jahr der Restnutzungsdauer des Leasinggegenstandes</td><td rowspan="2">Leasinggeber</td></tr>
<tr><td>Leasinggeber,
wenn restlicher Kaufpreis mindestens so hoch wie Buchwert oder gemeiner Wert zum Zeitpunkt der möglichen Veräußerung</td><td>Leasinggeber,
wenn Anschlussmiete mindestens so hoch wie Buchwert oder gemeiner Wert, bezogen auf ein Jahr der Restnutzungsdauer des Leasinggegenstandes</td></tr>
<tr><td></td><td colspan="2">Der Buchwert errechnet sich wie folgt:
Listenpreis des Leasinggegenstands
./. lineare AfA nach amtlicher AfA-Tabelle bis zum Zeitpunkt der Option
= Buchwert zum Zeitpunkt der möglichen Option (Veräußerung oder Mietverlängerung)</td><td></td></tr>
<tr><td>ohne Bedeutung</td><td colspan="3">Spezial-Leasing ist regelmäßig dem Leasingnehmer zuzurechnen</td></tr>
</table>

e) Von den Erlass-Vorgaben abweichende Verträge

39 In der Regel ergeben sich aus steuerlicher Sicht unerwünschte Folgen, wenn entweder ein Leasingvertrag nicht konsequent zu Ende geführt wird oder der Vertragsinhalt und seine Handhabung tatsächlich nicht miteinander übereinstimmen.

aa) Kauf nach Miete

40 Wird ein Fahrzeug nach Ablauf eines Mietvertrages gekauft, haben die bisherigen Mietzahlungen keine Auswirkung auf den Kaufpreis. Erwirbt der Mieter das Fahrzeug, ergeben sich daraus die nachfolgend dargestellten steuerlichen Rechtsfolgen:

während der Mietzeit	
beim Vermieter: • Miete = Betriebseinnahme § 8 Abs. 1 EStG analog • AfA-Berechtigung, die AfA stellt Betriebsausgaben gemäß § 4 Abs. 4 EStG dar	beim Mieter: • Miete = Betriebsausgabe § 4 Abs. 4 EStG
im Fall der Veräußerung	
beim bisherigen Vermieter: • regelmäßig laufender Gewinn oder Verlust • evtl. Veräußerungsgewinn oder Verlust gemäß § 16 EStG, wenn wesentliche Betriebsgrundlage	beim bisherigen Mieter: • Anschaffungsvorgang (§ 255 HGB) • Aktivierung der Anschaffungskosten • AfA-Berechtigung; die AfA stellt Betriebsausgaben gemäß § 4 Abs. 4 EStG dar

bb) Mietkaufverträge

41 Bei Mietkaufverträgen wird dem Mieter des Fahrzeugs vertraglich das Recht eingeräumt, den gemieteten Gegenstand zu erwerben. Dies erfolgt jedoch unter Anrechnung der gezahlten Miete auf den Kaufpreis. Daher ist zwischen sog. „echten Mietkäufen“ und „unechten Mietkäufen“ zu unterscheiden:

echter Mietkauf	unechter Mietkauf
Abschluss eines Mietvertrags, da die beiden Vertragsparteien zunächst lediglich ein Mietverhältnis für das Kraftfahrzeug beabsichtigten.	Abschluss eines als „Mietvertrag“ bezeichneten Vertrags, obwohl die Vertragsparteien bereits von Beginn an die Veräußerung des Kraftfahrzeugs beabsichtigten.
Dem Mieter wird das Recht eingeräumt, das Kraftfahrzeug jederzeit zu erwerben.	Die „Mietdauer“ wird so bemessen, dass bei Ablauf des Zeitraums das Kraftfahrzeug wirtschaftlich verbraucht ist und der „Mieter“ daher praktisch keine Möglichkeit mehr hat, dem „Vermieter“ das Kraftfahrzeug zurückzugeben.
Die vereinbarte Miete ist angemessen.	Die vereinbarte „Miete“ ist bei wirtschaftlicher Betrachtung sowohl hinsichtlich Höhe, Dauer und Fälligkeit ungewöhnlich und entspricht daher eher einer Kaufpreisrate.
Anrechnung der bis zur Veräußerung gezahlten Mietbeträge auf den Kaufpreis (Listenpreis); häufig wird der Kaufpreis erst bei Abschluss des Kaufvertrags in Höhe des Zeitwerts festgelegt.	Der Kaufpreis entspricht dem bei Abschluss des „Mietvertrags“ geltenden Listenpreis, wobei die überhöhten „Mietbeträge“ auf den Kaufpreis angerechnet werden; hierbei ergibt sich ein Restkaufpreis, der regelmäßig erheblich unter dem Teilwert des Kraftfahrzeugs liegt.

f) Bilanzierungsfolgen

Je nachdem, wie der Leasingvertrag ausgestaltet ist, ergeben sich verschiedene 42
bilanzrechtliche Konsequenzen. Aus diesem Grund ist es wichtig festzustellen, wer wirtschaftlicher Eigentümer nach § 39 AO des geleasten Fahrzeugs ist.

aa) Zurechnung des Fahrzeugs beim Leasinggeber

Im Bilanzsteuerrecht wird regelmäßig vom zivilrechtlichen Eigentum (§§ 903 ff. 43
BGB) ausgegangen. Wie bereits zuvor ausgeführt, hat der Bundesfinanzhof im Jahr 1970 entschieden, dass für die Zurechnung von Wirtschaftsgütern das

wirtschaftliche Eigentum maßgebend ist. Grundsatz hierfür ist die bilanzsteuerrechtliche Aussage, dass sich aus den Grundsätzen der ordnungsgemäßen Buchführung (GoB) der Kaufmann nicht „ärmer oder reicher machen darf" als er eigentlich ist.

44 Erfolgt die bilanzielle Zurechnung des geleasten Fahrzeugs beim Leasinggeber, hat der Leasingnehmer das Leasingverhältnis in seinem handelsrechtlichen Jahresabschluss und im Rahmen der steuerlichen Gewinnermittlung als schwebendes Rechtsgeschäft zu behandeln. Zu beachten ist allerdings, dass Vorleistungen, die der Leasingnehmer erbringt, als aktiver Rechnungsabgrenzungsposten (aRAP) zu bilanzieren sind. Umgekehrt besteht die Notwendigkeit der Bildung einer (steuerlich nicht anerkannten) Rückstellung für drohende Verluste aus schwebenden Geschäften (§ 249 Abs. 1 Satz 1 HGB) unter der Voraussetzung, dass der Barwert der künftigen Leasingraten höher ist als der zu erwartende Nutzen aus dem Leasingfahrzeug. Dieser Fall tritt ein, wenn der Leasinggeber die fest vereinbarten Leasingraten zahlen muss, dass Fahrzeug aber nicht mehr bestimmungsgemäß (z. B. nach einem Unfall) genutzt werden kann. Forderungen aus einer Haftpflicht- oder Vollkaskoversicherung sind nach den GoB zu bilanzieren.

bb) Zurechnung des Fahrzeugs beim Leasingnehmer

45 Ist das Leasingfahrzeug dem Leasingnehmer zuzurechnen, so hat er das Fahrzeug im Sachanlagevermögen mit seinen Anschaffungskosten (§ 255 HGB), vermindert um planmäßige und ggf. außerplanmäßige Abschreibungen, zu erfassen.

46 Die Anschaffungskosten sind anhand der vertraglichen Leasingraten zu ermitteln. Enthält der Leasingvertrag einen Andienungspreis, ist dieser ebenfalls bei der Ermittlung der Anschaffungskosten zu ermitteln. Anzusetzen ist insgesamt damit nur der Barwert der Leasingraten, da diese laufzeitbezogen ja auch einen Zinsanteil enthalten. Zur Barwertermittlung sollte grundsätzlich der Kalkulationszinssatz, der dem Leasingverhältnis zu Grunde gelegt worden ist, herangezogen werden. Ist dieser nicht vorhanden bzw. aus dem Leasingvertrag nicht zu entnehmen, kann ggf. auch der Zinssatz eines vergleichbaren Leasingverhältnisses angewandt werden. Wie auch bei einem reinen Kauf gehören die Kosten für die Überführung und Zulassung zu den Anschaffungskosten des Kraftfahrzeugs.

47 Werden die Leasingraten nicht pünktlich entrichtet, so sind die daraus resultierenden Verbindlichkeiten des Leasingnehmers zu passivieren. Die Verbindlichkeit ergibt sich in Höhe des Barwerts der Leasingraten. Die Verbindlichkeiten

gegenüber dem Leasinggeber vermindern sich im Zeitablauf um den Tilgungsanteil der geleisteten Leasingraten. Einmalige Sonderzahlungen sind als Aufgeld zu berücksichtigen und daher vom Leasingnehmer zu aktivieren. Sie werden auf die Grundmietzeit verteilt.

(Einstweilen frei) 48–59

II. Laufende Nutzung eines Fahrzeugs

1. Laufende Kosten

Neben der Abschreibung entstehen bei einem Kraftfahrzeug laufende Kosten, 60
die sog. Betriebskosten. Diese Betriebskosten stellen Betriebsausgaben gemäß § 4 Abs. 4 EStG dar und sind je nach Gewinnermittlungsart entweder

- im **Zeitpunkt der Zahlung** bei der Gewinnermittlung nach § 4 Abs. 3 EStG unter Beachtung des § 11 EStG oder
- im **Zeitpunkt der Entstehung** bei der Gewinnermittlung nach § 4 Abs. 1 EStG und § 5 Abs. 1 EStG (Realisationsprinzip)

zu berücksichtigen. Die häufigsten in der Praxis zu berücksichtigenden Kosten sind Aufwendungen für Versicherungen, Steuern, Kraftstoff, Reparaturen und Wartungen. Auch die Kosten für die Reinigung der betrieblichen Kraftfahrzeuge sind betrieblich veranlasst und stellen daher Betriebsausgaben dar. Bei der Berücksichtigung von Darlehenszinsen bei Fahrzeugen, die fremdfinanziert wurden, ist ggf. § 4 Abs. 4a EStG zu beachten (vgl. Rdn. 80 ff.).

2. Nicht abzugsfähige Betriebsausgaben

a) Allgemeines

Obwohl Aufwendungen Betriebsausgaben darstellen, hat der Gesetzgeber 61
bei einigen Ausgaben den steuerlichen Abzug dieser Ausgaben eingeschränkt (§ 4 Abs. 5 EStG). Es ist wichtig, im Rahmen der jeweiligen Gewinnermittlung zu dokumentieren, dass es sich um Betriebsausgaben i. S. des § 4 Abs. 4 EStG handelt, diese jedoch nach § 4 Abs. 5 EStG nicht abzugsfähig sind. Es handelt sich bei diesen Aufwendungen nicht um die nicht abzugsfähigen Kosten der privaten Lebensführung i. S. des § 12 EStG. Aus diesem Grund fordert § 4 Abs. 7 EStG, dass die nicht abzugsfähigen Betriebsausgaben nach § 4 Abs. 5 EStG gesondert von den sonstigen Betriebsausgaben aufzuzeichnen sind. Insbesondere im Rahmen von Betriebsprüfungen werden diese Aufzeichnungen überprüft. Gelangt der Prüfer zu dem Ergebnis, dass eine gesonderte Aufzeichnung nicht vorliegt, sind

die Aufwendungen bereits wegen dieses formellen Fehlers nicht als abzugsfähige Betriebsausgaben zu berücksichtigen.

62 Zu beachten ist, dass das Handelsrecht eine Unterscheidung zwischen Aufwendungen und nicht abzugsfähigen Aufwendungen nicht kennt. Daher erfolgt eine Korrektur eines nach § 5 Abs. 1 EStG i.V. mit den Vorschriften des Handelsgesetzbuchs ermittelten Gewinns außerhalb der Handelsbilanz.

63 Eine Prüfung der Aufwendungen kann in der Praxis nach dem folgenden Schaubild erfolgen:

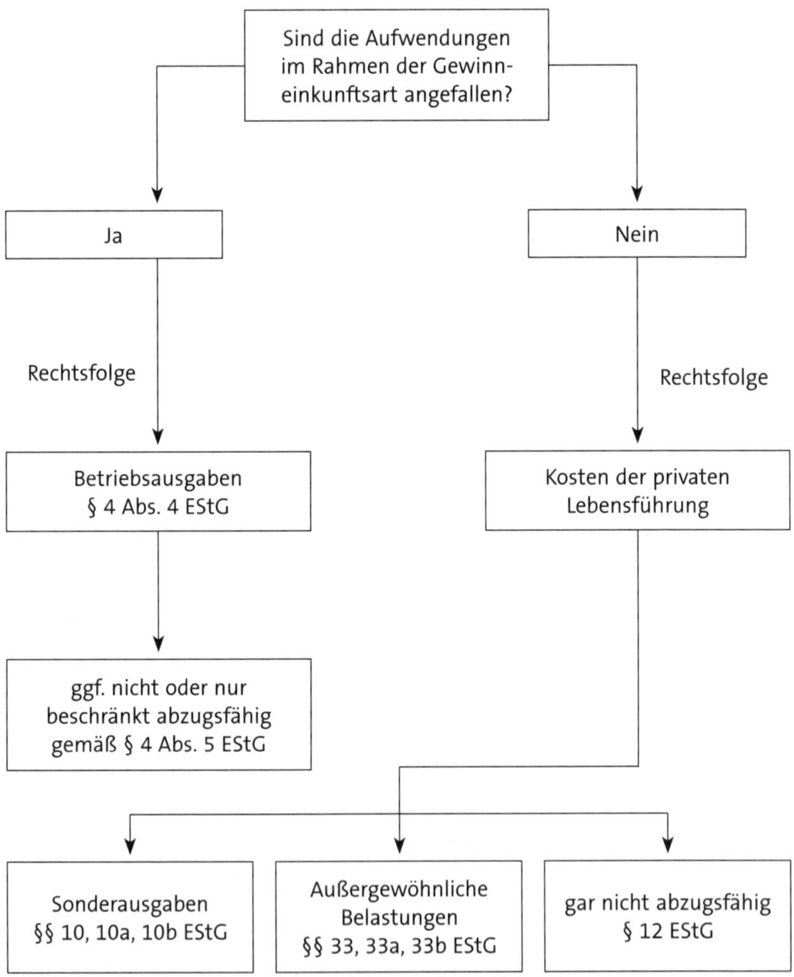

b) Fahrten zwischen Wohnung und Betriebsstätte

Vorbemerkung:

Mit dem Urteil des BVerfG vom 9.12.2008[1] wurde für die Veranlagungszeiträume 2007 und 2008 hinsichtlich der Fahrten Wohnung und Betrieb die Rechtslage hergestellt, welche bis zum 31.12.2006 Gültigkeit hatte. Nach dem Urteil kommt es nun nicht mehr zu einer Kürzung für die ersten 20 km. Um diese Änderung systematisch darzustellen, sind die Vorschriften des § 4 Abs. 5 Nr. 6 EStG und des § 9 Abs. 1 Satz 3 Nr. 4 EStG in der für den Veranlagungszeitraum 2006 gültigen Fassung auch in den Veranlagungszeiträumen nach 2006 zu beachten. Die seinerzeit neu eingeführten Vorschriften des § 4 Abs. 5a EStG und § 9 Abs. 2 EStG sind ersatzlos entfallen. 64

aa) Grundsätze

Entstehen Aufwendungen für die Nutzung für Fahrten zwischen Wohnung und Betriebsstätte, handelt es sich um Betriebsausgaben nach § 4 Abs. 4 EStG, da diese Aufwendungen durch den Betrieb veranlasst sind. In einem zweiten Prüfungsschritt erfolgt nun die Feststellung, inwieweit diese Aufwendungen unter das Abzugsverbot des § 4 Abs. 5 Nr. 6 EStG fallen. Entstehen die Aufwendungen dagegen für private Fahrten (z. B. Urlaubsfahrt), handelt es sich bereits um Kosten der privaten Lebensführung nach § 12 EStG. Sie dürfen aus diesem Grunde weder den Gesamtbetrag der Einkünfte noch die Einkünfte mindern. Insofern ist eine Differenzierung vorzunehmen, ob Aufwendungen im Rahmen von Fahrten zwischen Wohnung und Betrieb oder im Rahmen einer Familienheimfahrt entstanden sind. 65

Bei der Benutzung eines zum Betriebsvermögen gehörenden Kraftfahrzeugs dürfen folgende Aufwendungen den Gewinn nicht mindern: 66

- Aufwendungen für Fahrten zwischen Wohnung und Betriebsstätte in Höhe des positiven Unterschiedsbetrags zwischen **0,03 % des inländischen Listenpreises** i. S. des § 6 Abs. 1 Nr. 4 Satz 2 EStG je Kalendermonat für jeden Entfernungskilometer und der nach § 9 Abs. 1 Satz 3 Nr. 4 oder Abs. 2 EStG anzusetzenden **Entfernungspauschale** bzw. den **tatsächlichen Kosten** (bei Behinderten);
- Aufwendungen für Familienheimfahrten in Höhe des positiven Unterschiedsbetrags zwischen **0,002 % des inländischen Listenpreises** i. S. des § 6 Abs. 1 Nr. 4 Satz 2 EStG für jeden Entfernungskilometer und der nach

1 2 BvL 1/07, 2 BvL 2/07, 2 BvL 1/08, 2 BvL 2/08.

§ 9 Abs. 1 Satz 3 Nr. 5 Sätze 4 bis 6 EStG oder Abs. 2 EStG anzusetzenden **Entfernungspauschale** bzw. den **tatsächlichen Kosten** (bei Behinderten).

67 Um die betrieblichen Aufwendungen für die Fahrten zwischen Wohnung und Arbeitsstätte zu ermitteln, hat der Steuerpflichtige zwei Möglichkeiten:

- Ermittlung der tatsächlich auf diese Strecken entfallenden Aufwendungen unter Aufführung sämtlicher Kosten und Nachweis durch ein ordnungsgemäßes Fahrtenbuch. Hinsichtlich der Anforderungen an ein ordnungsgemäßes Fahrtenbuch ist insbesondere das BMF-Schreiben v. 21.1.2002[1] zu beachten.

Für die Praxis ist allerdings das Urteil des BFH vom 10.4.2008[2] insoweit interessant, als dass erstmalig in der Rechtsprechung deutlich wurde, dass ein Fahrtenbuch auch anzuerkennen sei, wenn es kleinere Mängel beinhalte. In dem entschiedenen Fall kam es im September des Veranlagungszeitraums zu einem Fahrzeugwechsel. In den Aufzeichnungen bis zum Jahresende wurde dann festgestellt, dass eine am 30.12. vorgenommene Fahrt zu einer Tankstelle nicht aufgezeichnet wurde. Der Urteilsbegründung nach handelt es sich hier um einen kleineren Mangel, welcher nicht zur Verwerfung des Fahrtenbuches führt. Ebenso führten die Richter in der Urteilsbegründung aus, dass wenn die Kilometerangaben auf den Inspektionsrechnungen nicht mit den Daten im Fahrtenbuch übereinstimmen, ebenfalls nur ein kleinerer Mangel vorliegt. Allerdings dürften sich die Streitigkeiten der täglichen Praxis damit nicht gelöst haben. Sie werden nunmehr auf der Ebene liegen, hinsichtlich der Frage, wann denn nun ein kleiner oder ein großer Mangel vorliegt.

- Liegt kein ordnungsgemäßes Fahrtenbuch vor, ist der nach § 4 Abs. 5 Nr. 6 EStG nicht abzugsfähige Teil der Betriebsausgaben anhand der pauschalen Regelungen (0,03 %- bzw. 0,002 %-Regel) zu ermitteln.

BEISPIEL: Der Gewerbetreibende A nutzt einen am 2.1.2008 erworbenen, dem Betriebsvermögen zugeordneten Kraftwagen im Jahre 2008 an 200 Tagen für Fahrten zwischen Wohnung und Betriebsstätte. Die einfache Entfernung zwischen Wohnung und Betriebsstätte beträgt 35 km. Ein Fahrtenbuch liegt nicht vor. Der maßgebende Bruttolistenpreis beträgt 23.848 €.

A kann zunächst alle mit dem Kraftfahrzeug im Zusammenhang stehenden Aufwendungen (Treibstoff, Wartung, AfA usw.) als Betriebsausgaben gemäß § 4 Abs. 4 EStG berücksichtigen. Da ein ordnungsgemäßes Fahrtenbuch dem Sachverhalt nach nicht vorliegt, sind die nicht abzugsfähigen Betriebsausgaben für die Fahrten zwischen Wohnung und Betrieb wie folgt zu ermitteln:

1 BStBl 2002 I S. 148, Tz. 16 ff.
2 BStBl 2008 II S. 768.

abgerundeter Bruttolistenpreis (BMF-Schreiben v. 21.1.2002, BStBl 2002 I S. 148)		23.800,00 €
23.800 € × 0,03 % × 35 km × 12 Monate =		2.998,80 €
Entfernungspauschale nach § 9 Abs. 1 Satz 3 Nr. 4 EStG: 200 Tage × 0,30 € × 35 km	2.100,00 €	– 2.100,00 €
nicht abzugsfähige Betriebsausgabe gemäß § 4 Abs. 5 Nr. 6 EStG:		**898,80 €**

Ob es sich bei dem Kraftfahrzeug um gewillkürtes oder notwendiges Betriebs- 68
vermögen handelt, ist für die Anwendung des § 4 Abs. 5 Nr. 6 EStG unerheblich. Die Einschränkung des § 6 Abs. 1 Nr. 4 EStG (Anwendung der 1 %-Regelung nur für Fahrzeuge des notwendigen Betriebsvermögens) ist auf § 4 Abs. 5 Nr. 6 EStG nicht übertragbar. Dies ist auch nicht erforderlich, weil durch die 0,03 %-Regelung lediglich eine Relation zwischen Listenpreis und Kraftfahrzeugkosten je Kilometer hergestellt wird, auf die der Umfang der privaten Nutzung des Kraftfahrzeugs keinen Einfluss hat. Handelt es sich um gewillkürtes Betriebsvermögen, ist lediglich darauf zu achten, dass eine zweifelsfreie Zuordnung zum Betriebsvermögen gewährleistet ist.[1]

bb) Negativer Unterschiedsbetrag

Bis zum Veranlagungszeitraum 2001 galt die sog. Kilometerpauschale des § 9 69
Abs. 1 Nr. 4 EStG. Insofern war es für die Berücksichtigung von Betriebsausgaben bzw. nicht abzugsfähigen Betriebsausgaben i. S. des § 4 Abs. 5 Nr. 6 EStG u. a. entscheidend, mit welchem Verkehrsmittel (Pkw, Motorrad, Fahrrad) der Steuerpflichtige die Entfernung zwischen Wohnung und Betrieb zurückgelegt hat. In diesen Veranlagungszeiträumen war es aufgrund der Rechtsprechung nicht möglich, einen negativen Unterschiedsbetrag nach § 4 Abs. 5 Nr. 6 EStG als zusätzliche Betriebsausgaben geltend zu machen.[2] Da dieses Urteil jedoch zur Kilometerpauschale, nicht aber zu der ab dem Veranlagungszeitraum 2002 gültigen Entfernungspauschale ergangen ist, wurde es nicht für die Veranlagungszeiträume ab 2002 angewandt. Nach R 23 Abs. 1 Satz 3 EStR 2003 wurde ausdrücklich die Berücksichtigung eines negativen Differenzbetrages als zusätzliche Betriebsausgaben zugelassen. Die Berücksichtigung des negativen Unterschiedsbetrages als zusätzliche Betriebsausgabe ergibt sich nun aus R 4.12 Satz 2 EStR.

BEISPIEL: Der Gewerbetreibende A nutzt einen am 2.1.2008 erworbenen, dem Betriebsvermögen zugeordneten Kraftwagen im Jahre 2008 an 200 Tagen für Fahrten zwischen Wohnung und Betriebsstätte. Die einfache Entfernung zwischen Wohnung und Betriebsstätte beträgt 35 km. Ein Fahrtenbuch liegt nicht vor. Der maßgebende Bruttolistenpreis beträgt 13.848 €.

1 BMF v. 17.11.2004, BStBl 2004 I S. 1064.
2 BFH v. 12.6.2002, BStBl 2002 II S. 751.

A kann zunächst alle mit dem Kraftfahrzeug im Zusammenhang stehenden Aufwendungen (Treibstoff, Wartung, AfA usw.) als Betriebsausgaben gemäß § 4 Abs. 4 EStG geltend machen. Da ein ordnungsgemäßes Fahrtenbuch dem Sachverhalt nach nicht vorliegt, sind die nicht abzugsfähigen Betriebsausgaben für die Fahrten zwischen Wohnung und Betrieb wie folgt zu ermitteln:

abgerundeter Bruttolistenpreis		13.800,00 €
13.800,00 € × 0,03 % × 35 km × 12 Monate =		1.738,80 €
Entfernungspauschale nach § 9 Abs. 1 Satz 3 Nr. 4 EStG:		
200 Tage × 0,30 € × 35 km	2.100,00 €	– 2.100,00 €
negativer Differenzbetrag		**361,20 €**

A kann hier neben den bereits im laufenden Jahr berücksichtigten Betriebsausgaben wie Treibstoff, Wartung, AfA usw. nach Maßgabe der R 4.12 Satz 2 EStR zusätzlich einen Betrag i. H. v. 361,20 € als Betriebsausgaben gemäß § 4 Abs. 4 EStG geltend machen.

Bei der Ermittlung der nicht abzugsfähigen Betriebsausgaben nach der 0,03 %-Regelung ist Voraussetzung, dass kein ordnungsgemäßes Fahrtenbuch vorliegt. Insofern sind auch die Kosten der privaten Nutzungsmöglichkeit pauschal nach der 1 %-Regelung zu ermitteln. Handelt es sich bei dem Kraftfahrzeug um notwendiges Betriebsvermögen, stellt sich die Ermittlung wie folgt dar:

Kosten der privaten Lebensführung gemäß § 12 Nr. 1 EStG:	
13.800,00 € × 12 Monate × 1 % =	1.656,00 €
negativer Differenzbetrag (siehe oben)	– 361,20 €
Gewinnerhöhung	**1.294,80 €**

70 Handelt es sich bei dem Kraftfahrzeug hingegen um gewillkürtes Betriebsvermögen, dann ist hinsichtlich der nicht abzugsfähigen Kosten der privaten Lebensführung nach § 12 Nr. 1 EStG seit dem 1. 1. 2006 die Änderung des § 6 Abs. 1 Nr. 4 Satz 2 EStG zu beachten. Der auf die Kosten der privaten Lebensführung entfallende Anteil der Kraftfahrzeugkosten ist anhand geeigneter Unterlagen zu ermitteln. Eine pauschale Ermittlung nach der 1 %-Regelung ist für diese Fahrzeuge nicht mehr zulässig.

BEISPIEL: Wie vor, jedoch führt A ein ordnungsgemäßes Fahrtenbuch und hat sämtliche mit dem Kraftwagen im Zusammenhang stehenden Kosten aufgezeichnet. Aus den vorliegenden Unterlagen ergibt sich, dass die Aufwendungen pro gefahrenen Kilometer 0,35 € betragen.

Da A hier seine Kosten nach § 6 Abs. 1 Nr. 4 Satz 3 EStG ermittelt, erfolgt die Berechnung der nicht abzugsfähigen Betriebsausgaben nach § 4 Abs. 5 Nr. 6 Satz 3 letzter Halbsatz EStG wie nachfolgend dargestellt:

200 Tage × 35 km × 2 × 0,35 € =		4.900,00 €
Entfernungspauschale nach § 9 Abs. 1 Satz 3 Nr. 4 EStG:		
200 Tage × 0,30 € × 35 km =	2.100,00 €	– 2.100,00 €
nicht abzugsfähige Betriebsausgabe gemäß § 4 Abs. 5 Nr. 6 EStG		**2.800,00 €**

Da R 4.12 Satz 2 EStR sich lediglich auf die Anwendung des § 4 Abs. 5 Nr. 6 EStG bezieht (darin enthalten ist sowohl die Ermittlung nach der 0,03 %-Regelung als auch nach der Fahrtenbuchmethode), ist auch bei der Anwendung eines ordnungsgemäßen Fahrtenbuches zu überprüfen, ob und inwieweit sich ein negativer Differenzbetrag für die Fahrten zwischen Wohnung und Arbeitsstätte und der nach § 9 Abs. 1 Satz 3 Nr. 4 EStG Entfernungspauschale ergibt. 71

BEISPIEL: Wie vor, jedoch führt A ein ordnungsgemäßes Fahrtenbuch und hat sämtliche mit dem Kraftwagen im Zusammenhang stehenden Kosten aufgezeichnet. Aus den vorliegenden Unterlagen ergibt sich, dass die Aufwendungen pro gefahrenen Kilometer 0,10 € betragen.

Da A hier seine Kosten nach § 6 Abs. 1 Nr. 4 Satz 3 EStG ermittelt, erfolgt die Berechnung der nicht abzugsfähigen Betriebsausgaben nach § 4 Abs. 5 Nr. 6 Satz 3 letzter Halbsatz EStG wie nachfolgend dargestellt:

200 Tage × 35 km × 2 × 0,10 € =		1.400,00 €
Entfernungspauschale nach § 9 Abs. 1 Satz 3 Nr. 4 EStG:		
200 Tage × 0,30 € × 35 km =	2.100,00 €	– 2.100,00 €
negativer Differenzbetrag		**700,00 €**

Der negative Differenzbetrag i. H. v. 700,00 € kann hier zusätzlich als Betriebsausgabe geltend gemacht werden oder von den nicht abzugsfähigen Kosten der privaten Lebensführung nach § 12 Nr. 1 EStG in Abzug gebracht werden. Die Gewinnauswirkung ist in beiden Fällen identisch.

cc) Berücksichtigung der nicht abzugsfähigen Betriebsausgabe bei einem behinderten Steuerpflichtigen

Nach § 4 Abs. 5 Nr. 6 Satz 2 EStG ist für die Ermittlung der nicht abzugsfähigen Betriebsausgaben auch § 9 Abs. 2 EStG zu beachten. Hat ein Land- und Forstwirt, ein Gewerbetreibender oder ein selbständig Tätiger 72

- eine Minderung der Erwerbstätigkeit i. H. v. 70 % oder
- eine Minderung der Erwerbstätigkeit von weniger als 70 %, aber mindestens 50 % und ist in seiner Bewegungsfreiheit im Straßenverkehr erheblich beeinträchtigt (in der Praxis am Merkzeichen „G“ im Behindertenausweis zu erkennen),

dann kann er bei der Ermittlung des positiven Unterschiedsbetrages anstelle der Entfernungspauschale nach § 9 Abs. 1 Nr. 4 EStG die tatsächlichen Kosten ansetzen.

Voraussetzungen dafür sind, dass 73

- die Minderung der Erwerbsfähigkeit durch amtliche Unterlagen (Bescheid vom Versorgungsamt, Behindertenausweis) nachgewiesen wird,

- die jeweiligen Fahrten in einem ordnungsgemäßen Fahrtenbuch aufgezeichnet werden,
- die angefallenen Kosten für das Kraftfahrzeug belegmäßig nachgewiesen werden.

74 Ermittelt der Steuerpflichtige die Aufwendungen für die private Verwendung eines zum Betriebsvermögen gehörigen Kraftfahrzeugs nach der Fahrtenbuchmethode, verbleiben unter Anwendung des § 9 Abs. 2 EStG keine nicht abzugsfähigen Betriebsausgaben.

c) Kraftfahrzeuge, die unangemessen teuer sind

75 Für die Frage, ob und wann ein Kraftfahrzeug unangemessen teuer ist, gibt es weder im Einkommensteuergesetz selbst noch in den Verwaltungsanweisungen entsprechende Regelungen. § 4 Abs. 5 Nr. 7 EStG sagt lediglich aus, dass die Kosten jedenfalls dann zu den nicht abzugsfähigen Betriebsausgaben gehören, wenn die Aufwendungen nach allgemeiner Verkehrsauffassung unangemessen sind. Nach R 4.10 Abs. 12 Nr. 3 EStR sind als die Lebensführung berührenden Aufwendungen, die auf ihre Angemessenheit zu überprüfen sind, auch Aufwendungen für die Unterhaltung von Kraftfahrzeugen anzusehen. H 4.10 Abs. 12 „Kraftfahrzeug" EStH konkretisiert die zuvor getroffenen Aussagen insoweit, als dass die Anschaffungskosten eines als unangemessen zu beurteilenden Kraftfahrzeugs nicht unmittelbar unter das Abzugsverbot des § 4 Abs. 5 Nr. 7 EStG fallen.

76 Auch wenn ein Kraftfahrzeug als unangemessen einzustufen ist, ist anhand der tatsächlichen Nutzung zu überprüfen, ob es sich um gewillkürtes oder notwendiges Betriebsvermögen (R 4.2 Abs. 1 EStR) handelt. Bei der Gewinnermittlung nach § 4 Abs. 1 EStG oder § 5 Abs. 1 EStG ist das Kraftfahrzeug mit seinen tatsächlichen Anschaffungskosten (§ 255 HGB) zu aktivieren. Bei der Gewinnermittlung nach § 4 Abs. 3 EStG ist das Fahrzeug in das Anlagenverzeichnis aufzunehmen (§ 4 Abs. 3 Satz 5 EStG, vgl. auch § 52 Abs. 10 EStG).

77 Lediglich die Abschreibung, die auf den unangemessenen Teil der Anschaffungskosten entfällt, ist nach § 4 Abs. 5 Nr. 7 EStG als nicht abzugsfähige Betriebsausgabe zu behandeln. Die laufenden Kosten des als unangemessen einzustufenden Kraftfahrzeugs **fallen** nicht unter das Abzugsverbot des § 4 Abs. 5 Nr. 7 EStG. Mit Urteil v. 8.10.1987[1] hat der BFH entschieden, dass die laufenden Kraftfahrzeugkosten (z.B. Kraftfahrzeugsteuer, Versicherungen, Betriebskosten, Wartungskosten, Pflegekosten, Instandsetzungskosten) regel-

1 BStBl 1987 II S. 853.

mäßig nicht unangemessen sind, da diese Aufwendungen auch für ein angemessenes Kraftfahrzeug angefallen wären.

BEISPIEL: Der Lebensmitteleinzelhändler O ermittelt seinen Gewinn durch Betriebsvermögensvergleich. Er erwirbt im Juni 2008 eine Serienlimousine der Luxusklasse für 60.000 € zuzüglich 11.400 € Umsatzsteuer. O bilanziert das Fahrzeug mit 60.000 € und legt bei der Bemessung der AfA eine zutreffende Nutzungsdauer von fünf Jahren zugrunde. Er schreibt das Kraftfahrzeug nach § 7 Abs. 1 EStG linear ab. Die in Rechnung gestellte Umsatzsteuer i. H. v. 11.400 € machte er als Vorsteuer geltend. O erzielt durchschnittlich einen Jahresgewinn i. H. v. 11.000 €. Die Gesamtfahrleistung des Pkw betrug im Jahr 2008 insgesamt 25.000 km, davon entfielen 15.000 km (60 %) auf betriebliche Fahrten. Die laufenden Pkw-Kosten betrugen im Jahr 2008 insgesamt 5.000 € (netto).

Aufgrund der betrieblichen Nutzung zu 60 % gehört das Kraftfahrzeug zum notwendigen Betriebsvermögen gemäß R 4.2 Abs. 1 EStR und wurde zutreffend bilanziert. Die Bewertung auf den 31.12.2008 erfolgt gemäß § 6 Abs. 1 Nr. 1 EStG mit den fortgeführten Anschaffungskosten. Die Anschaffungskosten überschreiten jedoch die Grenze des Angemessenen erheblich. O ist zwar aufgrund seines durchschnittlichen Gewinns finanziell zur Anschaffung in der Lage, gegen die betriebliche Notwendigkeit für die Anschaffung eines derart teuren Fahrzeugs sprechen jedoch

- geringe berufliche Fahrleistung, die die Anschaffung eines besonders komfortablen und schnellen Fahrzeugs nicht erforderlich macht,[1]
- Fehlen eines besonderen betrieblichen Repräsentationsbedürfnisses, denn die Kunden werden sich beim Lebensmitteleinkauf nicht von dem Fahrzeug leiten lassen.[2]

Bei unterstellter Angemessenheit der Abschreibung auf der Grundlage eines Kaufpreises i. H. v. 40.000 € zzgl. 6.400 € USt (in der Praxis soll eine großzügige Auslegung erfolgen) ergeben sich für 2008 folgende Auswirkungen. Die teilweise Unangemessenheit ergibt sich nur hinsichtlich der Abschreibung, nicht auch hinsichtlich der laufenden Pkw-Kosten. Der unangemessene Teil der Abschreibung ist außerhalb der Bilanz wieder hinzuzurechnen.

Anschaffungskosten gesamt: netto (§ 9b Abs. 1 EStG) =	60.000 €	
AfA: 20 % =	12.000 €	
zeitanteilig: $^7/_{12}$ von 12.000 €		7.000 €
angemessen: =	40.000 €	
AfA: 20 % =	8.000 €	
zeitanteilig: $^7/_{12}$ von 8.000 €		4.667 €
unangemessener Teil der AfA		2.333 €

Hinsichtlich des unangemessenen Teils des Kaufpreises (über die Abschreibung nicht abzugsfähige Betriebsausgabe) ist gemäß § 15 Abs. 1a Nr. 1 UStG kein Vorsteuerabzug zulässig:

19 % von (60.000 € – 40.000 € =) 20.000 € =	3.800 €

1 Anders z. B. bei einem Handelsvertreter, der jährlich 75.000–80.000 km beruflich zurücklegt; BFH v. 8.10.1987, BStBl 1987 II S. 853.

2 Anders bei einem Unternehmensberater, vgl. BFH v. 20.8.1986, BStBl 1986 II S. 905.

Der hierdurch entstehende Aufwand ist nach § 12 Nr. 3 EStG nicht abzugsfähig. Gemäß § 6 Abs. 1 Nr. 3 EStG ist die Umsatzsteuerverbindlichkeit innerhalb der Bilanz zu erhöhen:

(§ 15 Abs. 1a Nr. 1 UStG)	+ 3.800 €
Außerbilanzmäßige Hinzurechnung	
unangemessener Teil der AfA (siehe oben)	+ 2.333 €
nicht abziehbare Vorsteuer	
(§ 12 Nr. 3 EStG, § 15 Abs. 1a Nr. 1 UStG)	+ 3.800 €

Hinsichtlich der Unangemessenheit der Aufwendungen zur Anschaffung eines Pkw hat das FG Nürnberg am 22.4.2008 die gleiche Argumentation angebracht, wie sie sich bereits aus der vergangen Rechtsprechung des BFH ergeben haben. Beachtlich ist allerdings, dass in dem Urteil des FG Nürnberg eine Wertgrenze zu finden ist. Demnach ist die Anschaffung eines Pkw unangemessen, wenn der Wert 36 % des Umsatzes überschreitet. Ob diese Wertgrenze in der Praxis eine Hilfestellung leisten kann, wird erst die Zukunft zeigen.

78 Wird ein als unangemessen anzusehendes Kraftfahrzeug fremdfinanziert, gilt u. E. hinsichtlich der Schuldzinsen die Regelung zur Abschreibung entsprechend. Insoweit können nur die Schuldzinsen als Betriebsausgaben geltend gemacht werden, die auf den angemessenen Teil der Anschaffungskosten entfallen.

79 Die Einschränkung des Vorsteuerabzugs aus § 4 Abs. 5 Nr. 7 EStG i.V. mit § 15 Abs. 1a Nr. 1 UStG dürfte dagegen u. E. im Hinblick auf die sonstige Rechtsprechung zu § 15 Abs. 1a UStG wohl nicht EU-konform sein.[1]

d) Schuldzinsen

aa) Schuldzinsenabzug allgemein

80 Ist das betriebliche Kraftfahrzeug mit Fremdkapital angeschafft worden, so gehören auch die daraus resultierenden Schuldzinsen zu den Betriebsausgaben (§ 4 Abs. 4 EStG). Hinsichtlich der Schuldzinsen ist allerdings § 4 Abs. 4a EStG zu beachten, wonach betrieblich veranlasste Schuldzinsen u. U. eingeschränkt werden. § 4 Abs. 4a EStG war erstmals für die Wirtschaftsjahre 1999 bzw. 1998/1999 anzuwenden. Die Prüfung der Abzugsfähigkeit der Schuldzinsen erfolgt auf zwei Stufen:

- Welche Schuldzinsen sind betrieblich veranlasst (§ 4 Abs. 4 EStG)?

1 Vgl. BFH-Urteil v. 23.11.2000, BStBl 2001 II S. 266, zum Abzug von Vorsteuerbeträgen aus Übernachtungskosten; BFH-Urteil v. 12.8.2004, BStBl 2004 II S. 1090, zum Vorsteuerabzug von Bewirtungskosten trotz unterlassener Aufzeichnungen; BFH-Urteil v. 10.2.2005, DStR 2005 S. 598, zum Vorsteuerabzug aus Bewirtungskosten.

► In welcher Höhe sind diese betrieblich veranlassten Schuldzinsen wegen Überentnahmen nicht als Betriebsausgaben abzugsfähig (§ 4 Abs. 4a EStG)?

Zunächst ist zu klären, ob der betreffende Kredit nach den von der Rechtsprechung schon vor Jahren aufgestellten Grundsätzen zum Mehrkontenmodell eine betriebliche oder private Schuld ist. Entfallen die Schuldzinsen auf einen privat veranlassten Kredit, scheidet der Betriebsausgabenabzug aus.[1] Ergibt die Prüfung, dass der Kredit betrieblich veranlasst war, ist in einem weiteren Schritt zu prüfen, ob die betrieblich veranlassten Schuldzinsen auf Überentnahmen beruhen. Ist dies der Fall, sind die nicht durch einen Investitionskredit verursachten betrieblichen Schuldzinsen ggf. bis auf einen Sockelbetrag von 2.050 € nicht als Betriebsausgaben abziehbar. 81

Bereits bei der Entscheidung, ob und inwieweit ein Betriebsfahrzeug mit Fremdkapital finanziert werden soll, ist darauf zu achten, dass die Finanzierung über einen gesonderten Darlehensvertrag erfolgt. Nach § 4 Abs. 4a Satz 5 EStG bleiben die Schuldzinsen für die Anschaffung von beweglichen Wirtschaftsgütern des Anlagevermögens bei dieser Berechnung unberührt. 82

bb) Betrieblicher Schuldzinsenabzug nach § 4 Abs. 4a EStG

Wegen der doch erheblichen praktischen Bedeutung und der Tatsache, dass ein überwiegender Teil der Kraftfahrzeuge fremdfinanziert wird, werden nachfolgend die wichtigsten Grundsätze zur Anwendung des § 4 Abs. 4a EStG dargestellt. 83

Wenn die Entnahmen höher sind als die Summe aus Gewinn und Einlagen, liegen Überentnahmen vor. Wird weniger entnommen, liegen Unterentnahmen vor. 84

	Gewinn des Wirtschaftsjahrs
+	Einlagen
–	Entnahmen (gekürzt um Entnahmen der 1. Prüfungsstufe)
=	**Über-/Unterentnahmen**

Für die Begriffe Gewinn, Entnahme und Einlage gelten die Bestimmungen des § 4 Abs. 1 EStG. Maßgebend ist der steuerliche Gewinn unter Berücksichtigung außerbilanzieller Hinzurechnungen vor Anwendung des § 4 Abs. 4a EStG. 85

► **Hinweis:** Eine Entnahme i. S. des § 4 Abs. 4a Satz 2 EStG liegt erst in dem Zeitpunkt vor, in dem der privat veranlasste Teil des Schuldsaldos durch eingehende Betriebseinnahmen getilgt wird, weil insoweit betriebliche Mittel zur

1 BFH v. 21. 9. 2005 – X R 46/04, DStR 2005 S. 2155.

Tilgung einer privaten Schuld verwendet werden. Aus Vereinfachungsgründen ist es jedoch nicht zu beanstanden, wenn der Steuerpflichtige schon die Erhöhung des Schuldsaldos aus privaten Gründen als Entnahme bucht und bei der Tilgung des privat veranlassten Schuldsaldos keine Entnahmebuchung mehr vornimmt.

Entsprechendes gilt, wenn der Steuerpflichtige zwei Konten unterhält und die privat veranlasste Erhöhung des Schuldsaldos durch betriebliche Zahlungseingänge oder durch Umbuchung vom Betriebseinnahmenkonto tilgt.

86 Zum Gewinn gehört auch der Gewinn aus der Veräußerung oder Aufgabe eines Betriebes. Verbleibt nach der Betriebsaufgabe oder Betriebsveräußerung im Ganzen noch eine Überentnahme, sind Schuldzinsen nur unter den Voraussetzungen des § 4 Abs. 4a EStG als nachträgliche Betriebsausgaben zu berücksichtigen. Der unentgeltliche Übergang eines Betriebs oder eines Mitunternehmeranteils führt beim bisherigen Betriebsinhaber (Mitunternehmer) nicht zu Entnahmen i. S. des § 4 Abs. 4a EStG und beim Rechtsnachfolger nicht zu Einlagen. Die beim bisherigen Betriebsinhaber entstandenen Über- oder Unterentnahmen sowie verbliebene Verluste gehen auf den Rechtsnachfolger über.

87 Der Anfangsbestand zu Beginn des Wirtschaftsjahres 1.1.1999 ist nach Auffassung der Finanzverwaltung **null**[1]. Diese von der Rechtsprechung kritisierte Regelung[2] ist durch das Steueränderungsgesetz 2001 gesetzlich normiert worden, gilt aber erst für Veranlagungszeiträume ab 2001. Bei der Ermittlung der nicht abziehbaren Schuldzinsen nach § 4 Abs. 4a Satz 4 EStG sind in den Veranlagungszeiträumen 1999 und 2000 auch Unterentnahmen aus Wirtschaftsjahren, die vor dem 1.1.1999 geendet haben, zu berücksichtigen. Hat der Steuerpflichtige in der Schlussbilanz zum 31.12.1998 ein positives Kapitalkonto, können entsprechende Gewinne oder Einlagen vom Steuerpflichtigen entnommen werden, ohne dass dies seinen betrieblichen Schuldzinsenabzug negativ beeinflusst.

▶ **Hinweis:** Mit dem vorliegenden Urteil hat der Bundesfinanzhof dem BMF-Schreiben v. 22.5.2000[3] widersprochen. Zu beachten ist, dass der Bundesfinanzhof den umgekehrten Fall, wie bei einem am 1.1.1999/31.12.1998 vorhandenen negativen Buchkapital zu verfahren ist, nicht entschieden hat. Ob dieser negative Saldo aus Vereinfachungsgründen entfallen kann, dürfte nach diesem Urteil jedoch ernsthaft bezweifelt werden. Die Finanzverwal-

1 BMF-Schreiben v. 22.5.2000, BStBl 2000 I S. 588, Tz. 36.
2 BFH v. 21.9.2005 – X R 47/04, DStR 2005 S. 2155.
3 BStBl 2000 I S. 588.

tung hält jedoch an ihrer Rechtsauffassung fest,[1] was in diesem Falle vorteilhaft für den Betroffenen ist. Weitere Einzelheiten ergeben sich aus dem BMF-Schreiben v. 12.6.2006.[2]

Zu den im Wirtschaftsjahr angefallenen Schuldzinsen gehören alle Aufwendun- 88
gen zur Erlangung wie Sicherung eines Darlehens einschließlich der Nebenkosten der Darlehensaufnahme und der Geldbeschaffungskosten. Nachzahlungs-, Aussetzungs- und Stundungszinsen i.S. der Abgabenordnung sind ebenfalls in die nach § 4 Abs. 4a EStG zu kürzenden Zinsen einzubeziehen.

Eine Überentnahme liegt auch vor, wenn sie sich lediglich aus Überentnahmen 89
vorangegangener Wirtschaftsjahre ergibt. Überentnahmen und Unterentnahmen sind nicht nur zur Ermittlung der Berechnungsgrundlage für die hinzuzurechnenden Schuldzinsen, sondern auch zur Fortführung in den Folgejahren zu saldieren.

cc) Schuldzinsen aus Investitionsdarlehen

Hierzu ist es grundsätzlich erforderlich, dass zur Finanzierung von Anlagever- 90
mögen ein gesondertes Darlehen aufgenommen wird. Die Finanzierung von Wirtschaftsgütern des Anlagevermögens durch Belastung des Kontokorrentkontos reicht nicht aus, um die Abzugsfähigkeit der Schuldzinsen von der Überentnahmeregelung auszunehmen.[3]

Werden Darlehensmittel zunächst auf ein betriebliches Kontokorrentkonto 91
überwiesen, von dem sodann die Anlagegüter bezahlt werden, oder wird zunächst das Kontokorrentkonto belastet und anschließend eine Umschuldung in ein langfristiges Darlehen vorgenommen, kann ein Finanzierungszusammenhang zur Anschaffung oder Herstellung von Wirtschaftsgütern des Anlagevermögens dann noch angenommen werden, wenn ein enger zeitlicher und betragsmäßiger Zusammenhang zwischen der Belastung auf dem Kontokorrentkonto und der Darlehensaufnahme besteht. Ein enger zeitlicher Zusammenhang ist nur dann anzunehmen, wenn zwischen der Überweisung der Darlehensmittel auf das Konto und der Abbuchung zur Bezahlung der Anschaffungs- und Herstellungskosten ein Zeitraum von nicht mehr als 30 Tagen liegt.[4] Der Nachweis ist hierfür vom Steuerpflichtigen zu erbringen. Im Falle der Umschuldung in ein langfristiges Darlehen unterliegen die vor der

1 BMF-Schreiben v. 17.11.2005, BStBl 2005 I S. 1019.
2 BStBl 2006 I S. 416.
3 BMF-Schreiben v. 17.11.2005, BStBl 2005 I S. 1019.
4 BMF-Schreiben v. 17.11.2005, BStBl 2005 I S. 1019, Tz. 27.

Umschuldung entstandenen Kontokorrentzinsen nicht der Regelung des § 4 Abs. 4a Satz 6 EStG.

dd) Berechnung der abziehbaren Schuldzinsen

92 Die abziehbaren Schuldzinsen i. S. des § 4 Abs. 4a EStG berechnen sich wie folgt:

6 % der Überentnahmen, höchstens jedoch die gesamten betrieblich veranlassten Schuldzinsen
- Schuldzinsen für Investitionsdarlehen
- Sockelbetrag von 2.050 € Schuldzinsen

93 Bei Abgabe der Steuererklärung sind auf der Anlage G die Zeilen 45 und 46 und auf der Anlage S die Zeilen 32 und 33 auszufüllen. Bei der Gewinnermittlung durch Einnahmen-Überschussrechnung ist in der Anlage EÜR entsprechend zu verfahren (Zeilen 81 und 82).

3. Absetzung für Abnutzung

a) Bemessungsgrundlage für die AfA

94 Bemessungsgrundlage für die AfA sind die Anschaffungskosten zuzüglich der Anschaffungsnebenkosten (§ 255 Abs. 1 HGB) oder der an deren Stelle tretende Wert (z. B. Teilwert nach einer Einlage).

95 Nach R 7.4 Abs. 1 Satz 1 EStR ist die AfA ab dem Zeitpunkt der Anschaffung vorzunehmen. Ein Fahrzeug ist im Zeitpunkt seiner Lieferung angeschafft. Gemäß § 7 Abs. 1 Satz 4 EStG i. V. mit R 7.4 Abs. 2 EStR ist die AfA nur zeitanteilig für jeden vollen Monat der Nutzung anzusetzen. Die Vereinfachung nach R 44 Abs. 2 Satz 3 EStR 2004 wurde durch das Haushaltsbegleitgesetz 2004 für Wirtschaftsgüter, die nach dem 31. 12. 2003 angeschafft wurden, abgeschafft. Nicht entscheidend für die Gewährung der AfA ist der Zeitpunkt der Zahlung.

BEISPIEL: A ist Gewerbetreibender (regelbesteuerter Unternehmer) und erwirbt am 14. 3. 2008 einen Pkw für seine betrieblichen Zwecke. Der betriebliche Nutzungsumfang beträgt 100 %. Der Pkw wird am 18. 4. 2008 geliefert. Die Zahlung erfolgt am 18. 4. 2008 per Bank. Die Rechnung stellt sich wie folgt dar:

Pkw	20.000,00 €
Sonderausstattung	5.555,00 €
Überführungskosten	850,00 €
Anmeldegebühren	25,50 €
Gesamt netto	26.430,50 €
USt 19 %	5.021,80 €
Gesamtrechnungsbetrag	31.452,30 €

Da der Pkw zu 100% betrieblichen Zwecken dient, handelt es sich um notwendiges Betriebsvermögen. Da er dauerhaft dem Betrieb zu dienen bestimmt ist, handelt es sich um Anlagevermögen. Aufgrund der unternehmerischen Nutzung handelt es sich um Unternehmensvermögen.

Die in Rechnung gestellte Umsatzsteuer gehört nach § 9b EStG nicht zu den Anschaffungskosten.

Die Anschaffungskosten (§ 255 Abs. 1 HGB) für den Pkw betragen 26.430,50 €. Die AfA ist nach § 7 Abs. 1 Satz 4 EStG i.V. mit R 7.4 Abs. 1 EStR für neun Monate zu gewähren.

Wird ein Kraftfahrzeug vom Privatvermögen in das Betriebsvermögen über- 96
führt, erfolgt die Bewertung der Einlage mit dem Teilwert im Zeitpunkt der Zuführung zum Betriebsvermögen (§ 6 Abs. 1 Nr. 5 EStG). Wurde das Fahrzeug innerhalb der letzten drei Jahre vor dem Zeitpunkt der Einlage angeschafft, ist der Einlagewert auf die fortgeführten Anschaffungskosten begrenzt (§ 6 Abs. 1 Nr. 5 Buchst. a EStG). Erfolgt die Einlage außerhalb des Zeitraums von drei Jahren aus dem Privatvermögen in das Betriebsvermögen, wurde der Pkw jedoch zur Erzielung von Einnahmen i. S. des § 2 Abs. 1 Nr. 4 bis 7 EStG genutzt, erfolgt die Einlage zwar mit dem Teilwert nach § 6 Abs. 1 Nr. 5 EStG, die AfA ist aber nur von den fortgeführten Anschaffungskosten zu ermitteln (§ 7 Abs. 1 Satz 5 EStG).

Teilwert ist gemäß § 6 Abs. 1 Nr. 1 Satz 3 EStG der Betrag, den ein Erwerber 97
des ganzen Betriebs im Rahmen des Gesamtkaufpreises für das einzelne Wirtschaftsgut ansetzen würde, unter der Voraussetzung, dass von einer Betriebsfortführung auszugehen ist. Im Falle einer Betriebseröffnung entspricht der Teilwert dem gemeinen Wert (§ 9 Abs. 2 BewG).

Wird ein Kraftfahrzeug aus einem Betriebsvermögen in das Privatvermögen ent- 98
nommen, ist die Entnahme mit dem Teilwert anzusetzen (§ 6 Abs. 1 Nr. 4 EStG). Erfolgt zu einem späteren Zeitpunkt wiederum die Einlage dieses Fahrzeugs in ein Betriebsvermögen desselben Steuerpflichtigen, darf als Einlagewert maximal der (frühere) Entnahmewert abzüglich der AfA angesetzt werden (§ 6 Abs. 1 Nr. 5 Satz 3 EStG).

b) Nutzungsdauer und Abschreibung

Ein häufiger Streitpunkt in der Praxis ist die Nutzungsdauer eines Fahrzeugs 99
und damit die Abschreibungsdauer. Die Nutzungsdauer ergibt sich aus den von der Finanzverwaltung herausgegebenen amtlichen AfA-Tabellen, die zum 1. 1. 2001 völlig überarbeitet wurden. Sie sind in dieser Fassung erstmals auf Kraftfahrzeuge anzuwenden, die nach dem 31. 12. 2000 angeschafft worden sind.

100 Für die in der Praxis am häufigsten vorkommenden Fahrzeuge folgt ein Auszug aus der amtlichen AfA-Tabelle:

Fahrzeugart Straßenfahrzeuge	alte ND Jahre	neue ND Jahre
► Personenkraftwagen und Kombiwagen	5	6
► Motorräder, Motorroller, Fahrräder u. Ä.	5	7
► Lastkraftwagen, Sattelschlepper, Kipper	7	9
► Traktoren und Schlepper	8	12
► Kleintraktoren	5	8
► Anhänger, Auflieger, Wechselaufbauten	8	11
► Omnibusse	6	9
Sonderfahrzeuge		
Wohnmobile, Wohnwagen	6	6

101 Beim Erwerb eines gebrauchten Kraftfahrzeugs ist die Restnutzungsdauer zu schätzen, wobei Alter, Beschaffenheit, vorgesehener Einsatz und der Kaufpreis zu berücksichtigen sind. Eine mit wirtschaftlicher Abnutzung begründete kürzere Nutzungsdauer soll nur dann akzeptiert werden, wenn das Wirtschaftsgut vor Ablauf der technischen Nutzbarkeit objektiv wirtschaftlich verbraucht ist. Ein wirtschaftlicher Verbrauch soll nur anzunehmen sein, wenn die Möglichkeit einer wirtschaftlich sinnvollen (anderweitigen) Nutzung oder Verwertung endgültig entfallen ist.

102 Nach R 7.1 Abs. 1 Nr. 1 EStR ist für bewegliche Wirtschaftsgüter AfA nach den Vorschriften des § 7 Abs. 1 und Abs. 2 EStG vorzunehmen. Damit gelten auch für die Kraftfahrzeuge die allgemeinen Abschreibungsarten.

103 Die lineare AfA gemäß § 7 Abs. 1 EStG verteilt die Anschaffungskosten bei neuen Kraftfahrzeugen auf die Nutzungsdauer, bei gebrauchten Fahrzeugen auf die Restnutzungsdauer in gleich bleibenden Jahresbeträgen. Die degressive AfA beträgt das Doppelte der linearen AfA, sie ist jedoch höchstens mit 20 % zu berücksichtigen (§ 7 Abs. 2 EStG a. F.).[1] Für Fahrzeuge, die in der Zeit vom 1. 1. 2006 bis zum 31. 12. 2007 angeschafft wurden, betrug die AfA nach § 7 Abs. 2 EStG a. F. das Dreifache der linearen AfA, maximal 30 %. Damit trat für die Veranlagungszeiträume 2006 und 2007 dieselbe Rechtslage in Kraft, die schon für die Veranlagungszeiträume vor 2001 Gültigkeit hatte (§ 52 Abs. 21a EStG).

Durch das sog. Konjunkturpaket wurde die degressive AfA für die Zeit vom 1. 1. 2009 bis zum 31. 12. 2010 mit dem Zweieinhalbfachen der linearen AfA, max. 25 %, wieder eingeführt.

1 Absatz 2 wurde durch das Unternehmensteuerreformgesetz 2008 aufgehoben.

BEISPIEL: A ist Gewerbetreibender (regelbesteuerter Unternehmer) und erwirbt am 14.3.2009 einen Pkw für seine betrieblichen Zwecke. Der betriebliche Nutzungsumfang beträgt 100 %. Der Pkw wird am 18.4.2009 geliefert und am gleichen Tag per Bank bezahlt. Die Rechnung stellt sich wie folgt dar:

Pkw	20.000,00 €
Sonderausstattung	5.555,00 €
Überführungskosten	850,00 €
Anmeldegebühren	25,50 €
Gesamt netto	26.430,50 €
USt 19 %	5.021,80 €
Gesamtrechnungsbetrag	31.452,30 €

Da der Pkw zu 100 % betrieblichen Zwecken dient, handelt es sich um notwendiges Betriebsvermögen. Da er dauerhaft dem Betrieb zu dienen bestimmt ist, handelt es sich am Anlagevermögen. Aufgrund der unternehmerischen Nutzung handelt es sich um Unternehmensvermögen.

Die in Rechnung gestellte Umsatzsteuer gehört nach § 9b EStG nicht zu den Anschaffungskosten.

Die Anschaffungskosten (§ 255 Abs. 1 HGB) für den Pkw betragen 26.430,50 €. Die AfA ist nach § 7 Abs. 1 Satz 4 EStG i.V. mit R 7.4 Abs. 1 EStR für neun Monate zu gewähren. Nach der amtlichen AfA-Tabelle hat der Pkw eine betriebsgewöhnliche Nutzungsdauer von sechs Jahren. Die AfA-Ermittlung stellt sich wie folgt dar:

	Lineare AfA 16,67 %	degressiv 25 %
Anschaffungskosten	26.430,50 €	26.430,50 €
AfA 09 zu 9/12	3.304,47 €	4.955,72 €
Restwert 31.12.09	**23.126,03 €**	**21.474,78 €**
AfA 10	4.405,96 €	5.368,70 €
Restwert 31.12.10	**18.720,07 €**	**16.106,08 €**
AfA 11	4.405,96 €	4.027,02 €
Restwert 31.12.11	**14.314,11 €**	**12.081,06 €**
AfA 12	4.405,96 €	3.020,27 €
Restwert 31.12.12	**9.908,15 €**	**9.060,79 €**
AfA 13	4.405,96 €	2.265,20 €
Restwert 31.12.13	**5.502,19 €**	**6.795,59 €**
AfA 14	4.405,96 €	1.698,90 €
Restwert 31.12.14	**1.096,23 €**	**5.096,69 €**
AfA 15 zu 3/12	1.096,23 €	

Die degressive AfA würde die Nutzungsdauer unendlich ausdehnen, da stets vom Restwert abgeschrieben wird. Daher lässt § 7 Abs. 3 EStG den Wechsel von der degressiven zur linearen AfA jederzeit zu.

(Einstweilen frei) 104–107

c) Abgrenzung der laufenden Kosten von den nachträglichen Herstellungskosten

108 Für die zutreffende Gewinnermittlung ist es erforderlich, die laufenden Kraftfahrzeugkosten von den nachträglichen Herstellungskosten zu trennen. Die nachträglichen Herstellungskosten sind nur über eine Erhöhung der AfA-Bemessungsgrundlage und der daraus resultierenden höheren Abschreibung als Betriebsausgaben zu berücksichtigen (R 7.3 Abs. 5 EStR). Gemäß R 7. 4 Abs. 9 Satz 3 EStR sind nachträgliche Herstellungskosten aus Vereinfachungsgründen stets so zu berücksichtigen, als wären sie bereits zu Beginn des Jahres entstanden. Werden einem Kraftfahrzeug neue, bisher nicht vorhandene Teile hinzugefügt, wie z. B. der erstmalige Einbau einer Klimaanlage, handelt es sich aufgrund der Systematik des Gesetzes um nachträgliche Herstellungskosten. Die Aufwendungen erhöhen die Anschaffungskosten und damit die AfA-Bemessungsgrundlage.

109 Problematischer ist der Fall, wenn an einem Kraftfahrzeug wesentliche Bestandteile ersetzt werden müssen, z. B. ein Austauschmotor. Erfolgt der Motoraustausch durch einen gleich starken Motor, sind diese Aufwendungen als Erhaltungsaufwendungen zu behandeln und führen folglich zu sofort abzugsfähigen Betriebsausgaben. Durch den Austausch des Motors hat sich die Wesensart des Fahrzeugs nicht verändert. Erfolgt allerdings der Austausch durch einen wesentlich stärkeren Motor, der regelmäßig auch mit Änderungen der Bremsanlage einhergeht, muss überlegt werden, ob sich insoweit die Wesensart des Fahrzeugs verändert hat.

110 Die gleiche Frage stellt sich auch bei größeren Reparaturen. In Zweifelsfällen wird man nicht von Herstellungskosten, sondern von sofort abzugsfähigen Erhaltungsaufwendungen ausgehen können.

111 Der Bundesfinanzhof neigt dazu, auch nachträglich eingebaute **Autoradios und Funkgeräte** als selbständig bewertbare Wirtschaftsgüter zu beurteilen. Erfolgt der Einbau aber vor der erstmaligen Inbetriebnahme des Kraftfahrzeugs, so ist insgesamt von einem einzigen Anschaffungs- und Investitionsvorgang auszugehen.

4. Private Nutzung eines betrieblichen Fahrzeugs

a) Ermittlung des Privatanteils

112 Bei zum Betriebsvermögen gehörenden Kraftfahrzeugen, die vom Betriebsinhaber oder seinen Angehörigen auch privat genutzt werden, darf der auf die Privatnutzung entfallende Anteil den Gewinn nicht mindern, da es sich hier

um Kosten der privaten Lebensführung handelt. Aus diesem Grund ist eine Nutzungsentnahme zu ermitteln (§ 4 Abs. 1 Satz 2 EStG). Die Bewertung der Nutzungsentnahme erfolgt nicht mit dem Teilwert, sondern mit dem nach § 6 Abs. 1 Nr. 4 Sätze 2 und 3 EStG zu ermittelnden Wert. Es handelt sich insoweit um eine „Spezialvorschrift", die der allgemeinen Regelung des § 6 Abs. 1 Nr. 4 Satz 1 EStG vorangeht. Nach § 6 Abs. 1 Nr. 4 Satz 2 EStG ist der private Nutzungsanteil nach der sog. 1 %-Regelung zu ermitteln. Führt der Steuerpflichtige jedoch ein Fahrtenbuch, so ist nach § 6 Abs. 1 Nr. 4 Satz 3 EStG der tatsächliche Nutzungsanteil maßgebend.

Da § 6 Abs. 1 Nr. 4 Satz 2 EStG sich ausdrücklich auf Kraftfahrzeuge bezieht, ist 113
der Nutzungswert auch nur für Kraftfahrzeuge zu ermitteln. Nutzt der Steuerpflichtige z. B. einen zum Betriebsvermögen gehörigen Lkw (Lastkraftwagen), kann der Nutzungswert eben nicht nach § 6 Abs. 1 Nr. 4 Satz 2 EStG ermittelt werden. Insoweit ist der Teilwert nach § 6 Abs. 1 Nr. 4 Satz 1 EStG zu ermitteln.

Grundsätzlich richtet sich das Steuerrecht bei der Frage, was ein Kraftwagen 114
ist, nach der Straßenverkehrszulassungsordnung. In der Vergangenheit wurde immer wieder darauf abgestellt, welche Bezeichnung in den entsprechenden Fahrzeugpapieren stand. Die Rechtsprechung hat jedoch auf sog. „gewichtsbesteuerte" Fahrzeuge reagiert, die straßenverkehrstechnisch als Lastkraftfahrzeuge zugelassen wurden. So sind nach dem Urteil des BFH v. 6. 11. 2001[1] auch Campingfahrzeuge Kraftfahrzeuge i. S. des Einkommensteuergesetzes. Gleiches gilt für die sog. „Kombinationsfahrzeuge", z. B. Geländewagen.[2] Kraftfahrzeuge i. S. des Ertragsteuerrechts sind daher alle Fahrzeuge, bei denen die Beförderung von Menschen im Vordergrund steht, unabhängig von ihrer straßenverkehrstechnischen Zulassung.

b) Bruttolistenpreis als Berechnungsgrundlage bei der 1 %-Regelung

Während die Erläuterungen zum maßgebenden Bruttolistenpreis sich 115
für Arbeitnehmer aus R 8.1 Abs. 9 Nr. 1 Satz 6 LStR ergeben, erfolgt die korrespondierende Bestimmung für die Unternehmer aus dem BMF-Schreiben v. 21. 2. 2002.[3] Maßgebend ist der Bruttolistenpreis im Zeitpunkt seiner Erstzulassung zzgl. der Kosten für Sonderausstattungen einschließlich der Umsatzsteuer. Das gilt auch für reimportierte Fahrzeuge. Soweit das reimportierte Fahrzeug mit zusätzlichen Sonderausstattungen versehen ist, die sich im inlän-

1 BStBl 2002 II S. 370.
2 BFH v. 13. 2. 2003, BStBl 2003 II S. 472.
3 BStBl 2002 I S. 148.

dischen Listenpreis nicht niedergeschlagen haben, ist der Wert der Sonderausstattungen zusätzlich zu berücksichtigen. Ist das reimportierte Fahrzeug geringwertiger ausgestattet, ist der Wert der „Minderausstattung" anhand des inländischen Listenpreises eines vergleichbaren inländischen Fahrzeugs angemessen zu berücksichtigen. Kosten für nur betrieblich nutzbare Sonderausstattungen, wie z. B. der zweite Pedalsatz eines Fahrschulfahrzeugs, sind nicht anzusetzen. Für Fahrzeuge, für die der inländische Listenneupreis nicht ermittelt werden kann, ist dieser zu schätzen.

116 Der Zeitpunkt der Erstzulassung ist der Tag, an dem das individuelle Fahrzeug erstmals zum Straßenverkehr zugelassen worden ist. Das gilt auch für gebraucht erworbene Kraftfahrzeuge. Auch insoweit ist für die Ermittlung der Bemessungsgrundlage der Bruttolistenneupreis des Fahrzeugs anzusetzen. Der Bruttolistenpreis ist auf volle 100 € abzurunden.

► **Hinweis:** Nach § 6 Abs. 1 Nr. 4 EStG i. d. F. des Gesetzes zur Eindämmung missbräuchlicher Steuergestaltungen ist seit dem 1. 1. 2006 die Anwendung der 1 %-Regelung nur noch bei Fahrzeugen des notwendigen Betriebsvermögens möglich.

Durch die auch für Gewinnermittler i. S. des § 4 Abs. 3 EStG bestehende Möglichkeit, gewillkürtes Betriebsvermögen zu bilden, ergeben sich zahlreiche, vom Gesetzgeber bislang nicht erkannte Fallgestaltungen, bei denen die 1 %-Regelung i. S. des § 6 Abs. 1 Nr. 4 Satz 2 EStG zu einem ungerechtfertigten Vorteil für den Steuerpflichtigen führt, wenn das Fahrzeug trotz seiner Zugehörigkeit zum Betriebsvermögen überwiegend privat genutzt wird. Die Neuregelung erfasst sowohl Gewinnermittler nach § 4 Abs. 3 EStG als auch nach § 4 Abs. 1 EStG.

Damit wird in Zukunft im Rahmen von Betriebsprüfungen wieder über den Umfang der betrieblichen Nutzung gestritten werden, also ob das Fahrzeug notwendiges oder gewillkürtes Betriebsvermögen ist, insbesondere bei Freiberuflern. Dabei trifft den Steuerpflichtigen die Feststellungslast, inwieweit das Fahrzeug betrieblich genutzt wird. Diesen Beweis kann der Steuerpflichtige durch die Vorlage eines Fahrtenbuches erbringen; zu dessen Führung ist er aber nicht verpflichtet. Es wird genügen, wenn der Steuerpflichtige für einen repräsentativen Zeitraum (drei Monate) die betriebliche und private Nutzung anhand nachprüfbarer Aufzeichnungen belegen kann. Nach dem BMF-Schreiben v. 7. 7. 2006[1] reicht es aus, wenn der Steuerpflichtige den betrieblichen Nutzungsumfang einmal nachgewiesen hat. Auch für die folgenden Veranlagungszeiträume ist von diesem Nutzungsumfang auszugehen, wenn sich keine wesentlichen Änderun-

1 DStR 2006 S. 1280.

gen in Art oder Umfang der Tätigkeit ergeben. Ein Wechsel der Fahrzeugklasse kann jedoch Anlass für eine Überprüfung des Nutzungsumfangs sein.

Befindet sich ein Fahrzeug im gewillkürten Betriebsvermögen, ist der Leistungsentnahmewert nach § 6 Abs. 1 Nr. 4 Satz 1 EStG zu ermitteln und mit den auf die geschätzte private Nutzung entfallenden Kosten anzusetzen. Der private Nutzungsanteil ist dem Finanzamt gegenüber glaubhaft zu machen; auch insoweit können die Aufzeichnungen über einen repräsentativen Zeitraum von drei Monaten genügen. So hat der BFH in seinem Urteil v. 6.3.1980[1] entschieden, dass bei einem Zahnarzt, der Patienten so gut wie nicht oder gar nicht aufsucht und bei dem Fahrten zwischen Wohnung und Praxis ausfallen, den beruflich bedingten Anteil der Kfz-Kosten nur mit 10 % ansetzen kann.

Es ist abzuwägen, ob Fahrzeuge, die wegen einer privaten Nutzung von unter 50 % gewillkürtes Betriebsvermögen sein können, nicht im Privatvermögen belassen werden und der betriebliche Anteil der Nutzung des Wirtschaftsgutes des Privatvermögens im Rahmen einer „Nutzungseinlage“ mit den tatsächlichen Kosten (insbes. inkl. AfA) bewertet wird. Gerade bei älteren, bereits abgeschriebenen Fahrzeugen kann es sinnvoll sein, diese im Privatvermögen zu belassen und dann die Kosten jedes betrieblich veranlassten Kilometers nicht konkret zu berechnen, sondern mit 0,30 €, entsprechend den Reisekostengrundsätzen, zu schätzen (R 4.12 Abs. 2 EStR).

Gemäß § 52 Abs. 16 Satz 15 EStG ist § 6 Abs. 1 Nr. 4 Satz 2 EStG auf Wirtschaftsjahre anzuwenden, die nach dem 31.12.2005 beginnen. Damit unterliegen der Neuregelung sowohl Neu- als auch Altfahrzeuge.

BEISPIEL: Ein Einzelunternehmer erwirbt am 2.1.2008 einen Pkw für 30.000 € zzgl. 5.700 € USt. Der Pkw wird nachweislich (Fahrtenbuch) zu 30 % betrieblich genutzt. Die betriebgewöhnliche Nutzungsdauer beträgt sechs Jahre. Folgende Kosten sind angefallen:

laufende Kosten (zzgl. 19 % USt)	5.700 €
Kfz-Steuer, Versicherung	1.000 €
Der Bruttolistenneupreis beträgt 35.000 €.	

Bei Anwendung der **Fahrtenbuchregelung** ergibt sich folgende Be- bzw. Entlastung 2008:

Vorsteuerabzug aus Anschaffungskosten	5.700 €
Vorsteuerabzug aus laufenden Kosten	855 €
USt auf unentgeltliche Wertabgabe (nur vorsteuerbehaftete Kosten inkl. AfA umsatzsteuerliche Nutzungsdauer fünf Jahre) = 19 % von 70 % von 10.500 €	1.396,50 €
Vorsteuerabzug 2008	5.158,50 €

1 BFH/NV 1999 S. 916.

Betriebsausgaben einschl. AfA (ertragsteuerliche Nutzungsdauer sechs Jahre)	10.500,00 €
Betriebseinnahmen 70 % Nutzungsanteil von 10.500 €	7.350,00 €
Gewinnauswirkung 2008	– 3.150,00 €
Bei Anwendung der **1 %-Regelung** ergäbe sich folgende Be- bzw. Entlastung 2008:	
Vorsteuerabzug aus Anschaffungskosten	5.700,00 €
Vorsteuerabzug aus laufenden Kosten	855,00 €
USt auf unentgeltliche Wertabgabe (16 % von 12 % von 35.000 €, davon 80 %)	638,40 €
Vorsteuerabzug 2006	5.916,60 €
Betriebsausgaben einschl. AfA (ertragsteuerliche Nutzungsdauer sechs Jahre)	10.500,00 €
Betriebseinnahmen 12 % von 35.000 €	4.200,00 €
Gewinnauswirkung 2006	– 6.300,00 €

► **Hinweis:** Wenn ein betrieblicher Pkw sowohl betrieblich als auch privat genutzt wird, kommt grundsätzlich die 1%-Regelung zur Anwendung. Werden mit diesem Fahrzeug Fahrten im Zusammenhang mit einer weiteren Einkunftsart unternommen, ist neben der 1%-Regelung keine weitere Privatentnahme zu erfassen, da die gesamte außerbetriebliche Nutzung des Fahrzeugs mit der Pauschalregelung abgegolten ist.[1] In seinem Urteil vom 26. 4. 2006 vertritt der BFH die Auffassung, dass die Nutzung des Fahrzeugs im Zusammenhang mit anderen Einkunftsarten nicht durch die 1 %-Regel abgegolten ist. Ab 2007 ist für diese Fahrten ein zusätzlicher Nutzungswert zu ermitteln.

c) Ansatz der anteiligen tatsächlichen Aufwendungen

117 Neben der Abschreibung sind die laufenden Betriebskosten, Beiträge zur Kfz-Versicherung, die Kfz-Steuer, die Garagenmiete, Aufwendungen für Reparaturen und Ersatzteile sowie etwaige im Zusammenhang mit der Anschaffung des Kfz stehende Zinsen anzusetzen. Anzusetzen ist nur die lineare oder degressive Abschreibung, Sonderabschreibungen (z. B. nach § 7g EStG) dürfen hier nicht einbezogen werden.

BEISPIEL: ► Der Unternehmer A nutzt einen im Januar 2006 erworbenen Pkw auch für private Zwecke. Die Nettoanschaffungskosten des Pkw belaufen sich auf 36.000 €. Der Bruttolistenneupreis des Fahrzeugs beträgt 42.000 €. Auf die Privatnutzung entfallen 5.000 km und auf die geschäftliche Nutzung einschließlich der Fahrten zwischen Wohnung und Betriebsstätte 20.000 km. An Betriebsausgaben fallen in 2006 für das Kraftfahrzeug 10.800 € AfA (30 % degressiv) und 2.000 € sonstige Pkw-Kosten an.

1 Niedersächsisches FG v. 27. 9. 2005, DStRE 2006 S. 907, Rev. eingelegt, Az. des BFH: X R 35/05.

Falls A kein Fahrtenbuch führt, sind als gewinnerhöhende Nettoentnahme nach § 6 Abs. 1 Nr. 4 Satz 2 EStG für die Privatnutzung 420 € (1 % von 42.000 €) pro Monat, also (netto) 5.040 € im Jahr anzusetzen. Der Bruttolistenneupreis als Ausgangswert zur Ermittlung der fiktiven Nettokosten des Fahrzeugs ist eine zulässige Größe.[1]

Abwandlung: Wie vor, A hat jedoch ein ordnungsgemäßes Fahrtenbuch geführt.

Die mit dem Pkw zusammenhängenden Kosten belaufen sich einschließlich AfA auf 12.800 €. Davon entfallen 20 % auf die Privatnutzung. Als Privatentnahme gemäß § 6 Abs. 1 Nr. 4 Satz 3 EStG sind somit (netto) 2.560 € (20 % von 12.800 €) anzusetzen.

d) Unfall auf einer Privatfahrt

Besonderheiten gelten für Reparaturkosten und andere Unfallbeseitigungs- 118
kosten, die im Zusammenhang mit einem Unfall auf einer Privatfahrt anfallen. Nach ständiger Rechtsprechung und herrschender Lehre stellen die Reparaturkosten im Falle eines auf einer Privatfahrt eingetretenen Unfalls keine Betriebsausgaben dar. Sie sind deshalb nicht in die Nutzungswertberechnung einzubeziehen, sondern sofort als **Entnahme** zu erfassen.

Die **Restwertabschreibung** im Falle eines Totalschadens als Folge eines Unfalls 119
auf einer Privatfahrt gehört ebenso zu den Betriebsausgaben wie die laufende AfA. Die durch den Unfall veranlassten Vermögensverluste dürfen nach ständiger Rechtsprechung des Bundesfinanzhofs im Ergebnis den Betriebsgewinn aber nicht mindern, so dass der insoweit entstandene Aufwand zu neutralisieren ist.

Die Finanzverwaltung vertritt in R 4.7 Abs. 1 EStR die Auffassung, dass die Nut- 120
zungsentnahme mit dem Restbuchwert zu bewerten ist. Bezüglich der stillen Reserven, die sich bis zur Zerstörung gebildet haben, tritt keine Gewinnrealisierung ein. Eine Schadenersatzforderung für das während der privaten Nutzung zerstörte Wirtschaftsgut ist nach Verwaltungsauffassung jedoch als Betriebseinnahme zu erfassen, wenn und soweit sie über den Restbuchwert hinausgeht. Nach R 4.7 Abs. 1 Satz 6 EStR ist die Leistung aus einer Kaskoversicherung wegen Diebstahls eines zum Betriebsvermögen gehörenden Kraftfahrzeug unabhängig von einer Nutzung zu privaten Zwecken in vollem Umfang eine Betriebseinnahme.

e) Begrenzung der pauschalen Nutzungswerte

Im Einzelfall kann der im Rahmen der 1 %-Regelung ermittelte pauschale Nut- 121
zungswert für die Privatnutzung zzgl. des ebenfalls pauschal ermittelten Werts der nichtabziehbaren Betriebsausgaben für Fahrten zwischen Wohnung und Betriebsstätte sowie für Familienheimfahrten im Rahmen einer doppelten Haushaltsführung dazu führen, dass diese Hinzurechnungsbeträge höher sind

1 BFH v. 6.3.2003, BStBl 2003 II S. 704.

als die mit dem Kraftfahrzeug insgesamt zusammenhängenden Kosten. Dieses Ergebnis tritt insbesondere dann ein, wenn es sich um ein Kraftfahrzeug mit einem hohen Bruttolistenneupreis handelt, das bereits voll abgeschrieben ist. Das Problem hat bereits im Vorfeld der Einführung der gesetzlichen Regelung zu heftiger Kritik geführt. Dieser Kritik hat die Finanzverwaltung im Rahmen des BMF-Schreibens v. 21. 2. 2002[1] durch die Einführung der sog. **Kostendeckelungsregelung** Rechnung getragen.

122 Kann der Steuerpflichtige nachweisen, dass der pauschale Nutzungswert für die Privatnutzung und der pauschal ermittelte Wert für die nicht abziehbaren Betriebsausgaben die tatsächlich angefallenen Kfz-Kosten übersteigen, erfolgt eine Deckelung auf die **tatsächlich angefallenen Gesamtkosten**. Bei mehreren privat genutzten Kfz können die zusammengefassten pauschal ermittelten Wertansätze auf die nachgewiesenen tatsächlichen Gesamtaufwendungen dieser Kfz begrenzt werden. Dabei ist aber auch eine fahrzeugbezogene Kostendeckelung zulässig.

Hat ein Steuerpflichtiger mehrere Einkunftsarten (z. B. Einkünfte gemäß § 15 EStG und § 19 EStG), stellt sich die Frage, ob die Billigskeitsregelung der Rdn. 9 des BMF-Schreibens v. 21. 1. 2002[2] angewandt werden kann.

Der Sachverhalt stellt sich wie folgt dar: Der Steuerpflichtige ist Arbeitnehmer und bekommt von seinem Arbeitgeber einen Dienstwagen zur Verfügung gestellt, für den mangels eines Fahrtenbuches der geldwerte Vorteil gemäß § 8 Abs. 2 Satz 2 EStG nach der 1 %-Regelung ermittelt wird. Darüber hinaus hat der Steuerpflichtige im Betriebsvermögen seines Einzelunternehmens (§ 15 EStG) ein weiteres Fahrzeug, das er ebenfalls für private Zwecke nutzen kann. Auch für dieses Fahrzeug wird kein Fahrtenbuch geführt.

Eine Nutzung durch andere Personen, die zum Haushalt des Steuerpflichtigen gehören, ist ausgeschlossen.

Zu dieser Problematik hat die OFD Koblenz am 15. 12. 2005[3] Stellung genommen und die Anwendung der Billigskeitsregelung verneint.

Selbst wenn das Fahrzeug, das vom Arbeitgeber zur Verfügung gestellt wird, einen höheren Bruttolistenpreis hat, wird es dennoch als Fahrzeug des Privatvermögens gewertet.[4]

BEISPIEL: ► Unternehmer A nutzt einen bereits abgeschriebenen Pkw auch für private Zwecke. Der Bruttolistenneupreis des Pkw beträgt 42.000 €. Auf die Privatnutzung

1 BStBl 2002 I S. 148, Rdn. 14.
2 BStBl 2002 I S. 148.
3 S 2177 A.
4 Vgl. Urteil des FG München v. 7. 12. 2004, EFG 2005 S. 685.

entfallen 5.000 km und auf die geschäftliche Nutzung 20.000 km. An Betriebsausgaben fallen in 2006 für das Kraftfahrzeug 2.000 € an.

Falls A kein Fahrtenbuch führt, wären als gewinnerhöhende Entnahme nach § 6 Abs. 1 Nr. 4 Satz 2 EStG für die Privatnutzung 420 € (1 % von 42.000 €) pro Monat, also 5.040 € (netto) im Jahr als Entnahme anzusetzen. Da die Gesamtkosten niedriger sind, findet die Kostendeckelung Anwendung. Die Gewinnerhöhung wegen Privatnutzung wird auf 2.000 € begrenzt. Im Ergebnis laufen die Kfz-Kosten ertragsteuerlich ins Leere.

Die Tatsache, dass die pauschale Ermittlung des Privatanteils im Einzelfall dazu 123
führt, dass sich die mit dem Fahrzeug zusammenhängenden Betriebsausgaben im Ergebnis nicht mehr steuerlich auswirken, führt nicht zur Verfassungswidrigkeit der Regelung.

f) Sonderfälle

aa) Kfz-Wechsel

Wird das auch privat genutzte Kraftfahrzeug im laufenden Wirtschaftsjahr aus- 124
gewechselt, z. B. bei Veräußerung des bisher genutzten und Erwerb eines neuen Kraftfahrzeugs, so ist nach dem BMF-Schreiben v. 21. 2. 2002[1] bei der Ermittlung der Nutzungswerte im Monat des Fahrzeugwechsels der inländische Listenpreis des Fahrzeugs zu Grunde zu legen, das der Steuerpflichtige nach der Anzahl der Tage **überwiegend** genutzt hat.

Konkret bedeutet das, dass bei einem Erwerb bis zum 15. des Monats der Brut- 125
tolistenneupreis des neuen Kraftfahrzeugs maßgeblich ist und bei Erwerb ab dem 16. eines Kalendermonats der Bruttolistenneupreis des alten Fahrzeugs maßgebend ist. Hierbei handelt es sich um eine **Vereinfachungsregelung**, so dass im Einzelfall die Aufteilung auch nach Tagen erfolgen könnte.

bb) Mehrere auch privat genutzte Kfz

Gehören gleichzeitig mehrere Kraftfahrzeuge zum Betriebsvermögen, so ist 126
der pauschale Nutzungswert dem Grunde nach für jedes Fahrzeug anzusetzen, das vom Unternehmer oder einer zu seiner Privatsphäre gehörenden Person für Privatfahrten genutzt wird.[2] Nur wenn glaubhaft gemacht werden kann, dass die betrieblichen Kraftfahrzeuge durch Personen, die zur Privatsphäre gehören, nicht genutzt werden, ist die pauschale Nutzungswertermittlung nur für ein Kraftfahrzeug zu Grunde zu legen. Dabei wird das Kraftfahrzeug mit dem

1 BStBl 2002 I S. 148.
2 BMF v. 21. 2. 2002, BStBl 2002 I S. 148, Rdn. 9.

höchsten Listenpreis angesetzt. Zur Privatsphäre gehören insbesondere die Personen, mit denen der Steuerpflichtige einen gemeinsamen Haushalt führt.

Vor diesem Hintergrund ist das Urteil des FG Münster[1] vom 29.04.2008 beachtlich. Das FG Münster hat sich nicht an die Verwaltungsanweisung gebunden und entschieden, dass die 1%-Regel zur Ermittlung der Privatnutzung für jedes im Betriebsvermögen befindliche Kraftfahrzeug anzuwenden ist.

127–130 *(Einstweilen frei)*

III. Veräußerung und Entnahme eines Fahrzeugs

1. Überführung eines Kraftfahrzeugs vom Betriebsvermögen in das Privatvermögen

131 Nach R 4.3 Abs. 3 EStR erfordert die Entnahme eine eindeutige Entnahmehandlung des Unternehmers. Demnach bleiben auch die Kraftfahrzeuge, wenn sie einmal dem Betriebsvermögen zugeordnet waren, so lange Betriebsvermögen, bis sie durch eine eindeutige, unmissverständliche Entnahmehandlung in das Privatvermögen überführt werden.

132 Ist eine Überführung des Kraftfahrzeugs aus dem Betriebsvermögen in das Privatvermögen aufgrund einer eindeutigen Willensentscheidung des Unternehmers erfolgt, ist die Entnahme nach § 6 Abs. 1 Nr. 4 EStG mit dem Teilwert zu bewerten. Die Bewertung mit dem Teilwert erfolgt unabhängig von der gewählten Gewinnermittlungsart.

133 Da das Kraftfahrzeug zum beweglichen abnutzbaren Anlagevermögen gehört, ist die Abschreibung bis zum Entnahmezeitpunkt zeitanteilig vorzunehmen.

134 Die Differenz zwischen dem Buchwert – bzw. dem Restwert bei der Gewinnermittlung nach § 4 Abs. 3 EStG – und dem Teilwert ist dann als laufender Gewinn oder Verlust bei der entsprechenden Gewinneinkunftsart zu berücksichtigen.

2. Veräußerung eines zum Betriebsvermögen gehörenden Kraftfahrzeugs

135 Wird ein zum Betriebsvermögen gehörendes Kraftfahrzeug veräußert, so sind der jeweilige Veräußerungsgewinn oder Veräußerungsverlust Teil der Gewinnermittlung. Für Fahrzeuge, für die eine Sonderabschreibung nach § 7g Abs. 1 EStG in Anspruch genommen wurde, ist jedoch darauf zu achten, dass die Veräußerung wegen der Behaltensfrist erst nach Ablauf eines Jahres erfolgen

1 Az. 6 KK 2405/07.

sollte. Hinsichtlich der Berechnung der Jahresfrist ist darauf zu achten, dass es sich hier um eine sog. Ereignisfrist handelt. Die gesetzlichen Grundlagen für die Berechnung der Frist ergeben sich aus § 108 Abs. 1 AO i.V. mit §§ 187, 188 BGB.

BEISPIEL: Der Unternehmer A (die Voraussetzungen für die Bildung einer Ansparrücklage nach § 7g EStG waren gegeben) erwirbt am 2.1.2006 ein neues Kraftfahrzeug für 40.000 € zzgl. der gesetzlichen Umsatzsteuer. Er nimmt im Jahr 2006 zulässigerweise die Sonderabschreibung nach § 7g EStG in Anspruch.

Möchte Unternehmer A den vorgenannten Pkw nun veräußern, muss er darauf achten, dass das Kraftfahrzeug mindestens ein Jahr lang zu seinem inländischen Betriebsvermögen gehört, um die Sonderabschreibung nicht zu gefährden. Die Jahresfrist beginnt am 3.1.2006 um 0.00 Uhr und endet mit Ablauf des 2.1.2007 um 24 Uhr. Daraus folgt, dass eine für die Anwendung des § 7g EStG steuerunschädliche Veräußerung frühestens am 3.1.2007 erfolgen kann.

3. Veräußerung eines Fahrzeugs im Rahmen einer Geschäftsveräußerung

Beendet der Gewerbetreibende seine Tätigkeit insgesamt, kann er dies u.a. 136
durch eine

- Betriebsveräußerung im Ganzen (§ 16 Abs. 1 Nr. 1 EStG) oder
- Betriebsaufgabe (§ 16 Abs. 3 EStG)

erreichen. Über § 18 Abs. 3 Satz 2 EStG gelten die nachfolgenden Ausführungen auch für nach § 18 EStG selbständig Tätige, die ihre Tätigkeit einstellen.

Der wesentliche Unterschied zwischen der Klassifizierung als Betriebsveräu- 137
ßerung oder Betriebsaufgabe besteht darin, ob die wesentlichen Betriebsgrundlagen an einen Erwerber übergehen oder ob der Betrieb zerschlagen wird. Zerschlagung bedeutet, dass die wesentlichen Betriebsgrundlagen nicht zusammen bleiben. Dies kann entweder durch die Veräußerung an verschiedene Erwerber erfolgen oder aber auch durch die Kombination von Veräußerung und Entnahme in das Privatvermögen. Auch die Entnahme sämtlicher wesentlicher Betriebsgrundlagen führt zu einer Betriebsaufgabe nach § 16 Abs. 3 EStG, da es insoweit an dem Tatbestandsmerkmal der „Veräußerung" mangelt. Wichtig ist weiterhin, dass der bisherige Betriebsinhaber die mit dem veräußerten Betrieb im Zusammenhang stehende Tätigkeit aufgibt.[1]

Die Gewinnermittlung erfolgt aber unabhängig davon, ob es sich um eine 138
Betriebsveräußerung im Ganzen oder eine Betriebsaufgabe handelt, in beiden Fällen nach Maßgabe des § 16 Abs. 2 EStG.

1 BFH v. 12.6.1996, BStBl 1996 II S. 527.

139 Die Betriebsveräußerung und Aufgabe i. S. des § 16 EStG bezieht sich auf die Veräußerung bzw. Aufgabe des ganzen Betriebes. Nach R 16 EStR bedeutet **ganzer Gewerbebetrieb,** dass der Betrieb mit seinen wesentlichen Betriebsgrundlagen veräußert wird. Der Begriff der **wesentlichen** Betriebsgrundlage ist im Zusammenhang mit § 16 EStG (also sowohl Betriebsveräußerung nach § 16 Abs. 1 EStG als auch Betriebsaufgabe nach § 16 Abs. 3 EStG) anders auszulegen, als zum Beispiel bei der Betriebsaufspaltung oder Betriebsverpachtung im Ganzen. Während sowohl die Betriebsaufspaltung als auch die Betriebsverpachtung eine wesentliche Betriebsgrundlage nur aus funktionaler Sicht betrachten, ist im Rahmen des § 16 EStG auch die quantitative Betrachtungsweise entscheidend (H 16 Abs. 8 „Begriff der wesentlichen Betriebsgrundlage" EStH). Quantitative Betrachtungsweise bedeutet letztendlich, dass in der wesentlichen Betriebsgrundlage erhebliche stille Reserven enthalten sein müssen. Allerdings geben weder das Einkommensteuergesetz noch die Richtlinien eine Größenordnung vor, ab wann denn stille Reserven „erheblich" sind. Insoweit kommt es also auf den Einzelfall an.

140 Im Hinblick auf das Kraftfahrzeug ist im Rahmen der Betriebsaufgabe/Betriebsveräußerung entscheidend, wie das Kraftfahrzeug zu seinem Anschaffungszeitpunkt behandelt wurde. Handelt es sich um Anlagevermögen, kommt es darauf an, ob das Kraftfahrzeug eine wesentliche Betriebsgrundlage darstellt. In der Regel wird es sich hier nicht um eine wesentliche Betriebsgrundlage aus quantitativer Sicht handeln. Ob ein Kraftfahrzeug aus funktionaler Sicht eine wesentliche Betriebsgrundlage darstellt, ist immer vom Betrieb abhängig. So wird ein Kraftfahrzeug bei einem produzierenden Unternehmen eher weniger eine wesentliche Grundlage darstellen als bei einem Taxiunternehmen mit nur einem Fahrzeug.

BEISPIEL: A ist 58 Jahre alt und betreibt in München als selbständiger Taxifahrer mit einem Fahrzeug seinen Gewerbebetrieb. Bei dem Kraftfahrzeug handelt es sich um ein am 2.1.2005 für 20.000 € (netto) angeschafftes Fahrzeug. Der Buchwert des Kraftfahrzeugs beträgt zum 31.12.2007 10.000 €. Mit Wirkung vom 31.12.2007 veräußert A das Kraftfahrzeug an B für 17.850 €. Am 2.1.2008 erwirbt er ein neues Taxi für 28.000 € (netto) und führt sein Unternehmen fort.

Obwohl das Taxi aus funktionaler Sicht eine wesentliche Betriebsgrundlage darstellt, handelt es sich nicht um eine Betriebsveräußerung im Ganzen nach § 16 Abs. 1 Nr. 1 EStG, da A seine gewerbliche Tätigkeit als Taxiunternehmer nicht einstellt. Die Differenz zwischen dem Buchwert und dem Veräußerungserlös stellt einen laufenden Gewinn gemäß § 15 Abs. 1 Nr. 1 EStG dar und unterliegt als Gewerbeertrag nach § 7 GewStG der Gewerbesteuer. Die Lieferung des Fahrzeugs ist als sog. Hilfsgeschäft der Umsatzsteuer zu unterwerfen (§ 1 Abs. 1 Nr. 1 UStG).

Abwandlung: Wie vor, am 31.12.2007 veräußert A das Kraftfahrzeug an B für 15.000 € (netto) und stellt seine gewerbliche Tätigkeit mit Wirkung zum 31.12.2007 ein.

Da nun alle wesentlichen Betriebsgrundlagen an einen Erwerber veräußert wurden und A seine gewerbliche Tätigkeit eingestellt hat, handelt es sich um eine Betriebsveräußerung im Ganzen nach § 16 Abs. 1 Nr. 1 EStG. Da es sich um eine Geschäftsveräußerung im Ganzen handelt, unterliegt dieser Umsatz gemäß § 1 Abs. 1a UStG nicht der Umsatzsteuer.

Der Gewinn ermittelt sich nach Maßgabe des § 16 Abs. 2 EStG wie folgt:

Veräußerungserlös:	15.000 €
Wert des Betriebsvermögens:	10.000 €
Veräußerungsgewinn vor Freibetrag	5.000 €
Freibetrag gemäß § 16 Abs. 4 EStG	5.000 €
Veräußerungsgewinn:	0 €

Ist der Veräußerungsgewinn nach Abzug des Freibetrages nach § 16 Abs. 4 EStG größer als 0 €, unterliegt der Gewinn der ermäßigten Besteuerung nach § 34 Abs. 1 oder Abs. 3 EStG. Gewerbesteuer wird auf diesen Gewinn nicht erhoben (R 39 Abs. 1 Nr. 1 GewStR).

Die Zuordnung zum laufenden Gewinn nach § 15 EStG oder zum Veräußerungsgewinn nach § 16 Abs. 1 Nr. 1 EStG hat nicht nur Auswirkungen auf die Gewährung eines Freibetrages und eine ermäßigte Besteuerung, sondern auch auf die Gewerbesteuer und die Umsatzsteuer. 141

Ob die Entnahme oder Veräußerung im Rahmen des § 16 EStG erfolgt, ist vom zeitlichen Moment abhängig. Erfolgt die Entnahme oder Veräußerung nachweislich nicht im Zusammenhang mit einer Betriebsveräußerung im Ganzen oder einer Betriebsaufgabe, handelt es sich insoweit um laufenden Gewinn. 142

BEISPIEL: A war bisher als Einzelunternehmer im produzierenden Gewerbe tätig. Da er bereits das sechzigste Lebensjahr vollendet hat, veräußert er sein gesamtes Unternehmen mit Wirkung zum 1.7.2008 an den Erwerber B. Die Schlussbilanz auf den 30.6.2008 sieht wie folgt aus:

Aktiva/€		stille Reserven/€		**Passiva/€**
Grund und Boden	150.000	55.000	Kapital 1.1.08	240.000
			Privatentnahmen	./. 20.000
			Neueinlagen	+ 15.000
			Gewinn	+ 40.000
			Kapital 30.6.08	275.000
Gebäude	120.000	85.000		
Maschinen	40.000	16.000		
Einrichtung	20.000	6.500		
Pkw	5.000	4.000		
Forderungen	10.000			
Bank	5.000		Verbindlichkeiten	75.000
	350.000			350.000

Der Erwerber zahlt einen Kaufpreis i. H. v. 441.500 €.

Es handelt sich um eine Betriebsveräußerung im Ganzen, da alle wesentlichen Betriebsgrundlagen an einen Erwerber veräußert werden. Auch das Kraftfahrzeug ist in die Berechnung des Veräußerungsgewinnes mit einzubeziehen, da A einen einheitlichen Entschluss gefasst hat, den Gewerbebetrieb zu veräußern. Nach Maßgabe des § 16 Abs. 2 EStG ermittelt sich der Veräußerungsgewinn wie folgt:

Verkaufspreis	441.500 €
gemeiner Wert der entnommenen Wirtschaftsgüter	+ 0 €
Veräußerungskosten:	⁒ 0 €
Wert des Betriebsvermögens	⁒ 275.000 €
Veräußerungsgewinn = 166.500 €	
Freibetrag gemäß § 16 Abs. 4 EStG:	
166.500 € ⁒ 136.000 € = 30.500 €	
45.000 € ⁒ 30.500 €	⁒ 14.500 €
steuerpflichtiger Veräußerungsgewinn	152.000 €

Der Veräußerungsgewinn i. H. v. 152.000 € unterliegt einer ermäßigten Besteuerung nach § 34 Abs. 1 und Abs. 3 EStG. Nach R 39 Abs. 1 Nr. 1 GewStR unterliegt der Gewinn nicht der Gewerbesteuer. Aus umsatzsteuerrechtlicher Sicht handelt es sich um einen nicht steuerbaren Vorgang gemäß § 1 Abs. 1a UStG.

Abwandlung: A war bisher als Einzelunternehmer im produzierenden Gewerbe tätig. Am 30. 4. 2008 veräußert A den einzigen zum Betriebsvermögen gehörenden Pkw für 10.710 € (brutto) an C. Da er im Mai 2008 das sechzigste Lebensjahr vollendet, veräußert er sein gesamtes Unternehmen mit Wirkung zum 1. 7. 2008 an den Erwerber D. Der am 30. 4. 2008 veräußerte Pkw befindet sich fehlerhaft noch in der o. g. Schlussbilanz auf den 30. 6. 2008.

Hinsichtlich der Veräußerung des Kraftfahrzeugs handelt es sich um einen „normalen" Vorgang des laufenden Geschäftsbetriebs. Da der Pkw keine wesentliche Betriebsgrundlage darstellt, kann auch keine Betriebsaufgabe i. S. des § 16 Abs. 3 EStG angenommen werden. Insoweit ist der Buchgewinn i. H. v. 4.000 € (10.710 € – USt – Buchwert) dem laufenden Gewinn zuzurechnen. Der bisherige Gewinn i. H. v. 40.000 € ist auf 44.000 € zu korrigieren. Der Vorgang unterliegt als Hilfsgeschäft der Umsatzsteuer.

Damit einhergehend ist eine Korrektur des Kapitalkontos vorzunehmen. Das richtige Kapital auf den 30. 6. 2008 beträgt demnach 270.000 €.

Auf den 30. 6. 2008 erfolgt nun eine Betriebsveräußerung im Ganzen, da alle wesentlichen Betriebsgrundlagen an einen Erwerber veräußert werden. Das Kraftfahrzeug ist in die Berechnung des Veräußerungsgewinnes nicht mit einzubeziehen, da A hier zwei Entschlüsse gefasst hat, die Wirtschaftsgüter seines Gewerbebetrieb zu veräußern. Nach Maßgabe des § 16 Abs. 2 EStG ermittelt sich der Veräußerungsgewinn wie folgt:

Verkaufspreis	441.500 €
gemeiner Wert der entnommenen Wirtschaftsgüter	+ 0 €
Veräußerungskosten:	⁒ 0 €
Wert des Betriebsvermögens	⁒ 270.000 €

Veräußerungsgewinn =	171.500 €
Freibetrag gemäß § 16 Abs. 4 EStG:	
171.500 € – 136.000 € = 35.500 €	
45.000 € – 35.500 €	⁒ 9.500 €
steuerpflichtiger Veräußerungsgewinn	162.000 €

Der Veräußerungsgewinn i. H. v. 162.000 € unterliegt einer ermäßigten Besteuerung nach § 34 Abs. 1 und Abs. 3 EStG. Nach R 39 Abs. 1 Nr. 1 GewStR unterliegt der Gewinn nicht der Gewerbesteuer. Aus umsatzsteuerrechtlicher Sicht handelt es sich um einen nicht steuerbaren Vorgang gemäß § 1 Abs. 1a UStG.

Wird ein Kraftfahrzeug im Rahmen des § 16 EStG nicht veräußert (unabhängig davon, ob es sich um eine wesentliche Betriebsgrundlage handelt oder nicht), sondern in das Privatvermögen überführt, ist nach § 16 Abs. 3 Satz 7 EStG der gemeine Wert anzusetzen. Der gemeine Wert ist nach § 9 BewG der Wert, der im allgemeinen Geschäftsverkehr zu erzielen wäre. Daraus lässt sich ableiten, dass der gemeine Wert grundsätzlich einen Bruttowert darstellt, also inklusive der gesetzlichen Umsatzsteuer. Eine Ausnahme gilt insoweit, als es sich um einen steuerfreien Umsatz i. S. des § 4 UStG handelt. 143

BEISPIEL: A war bisher als Einzelunternehmer im produzierenden Gewerbe tätig. Da er bereits das sechzigste Lebensjahr vollendet hat, veräußert er sein gesamtes Unternehmen mit Wirkung zum 1. 7. 2008 an den Erwerber B. Den Pkw will A weiterhin für private Zwecke verwenden, er entnimmt diesen und stellt folgende Schlussbilanz auf den 30. 6. 2008 auf:

Aktiva/€		stille Reserven/€		**Passiva/€**
Grund und Boden	150.000	55.000	Kapital 1. 1. 08	240.000
			Privatentnahmen	⁒ 20.000
			Neueinlagen	+ 15.000
			Gewinn	+ 40.000
			Kapital 30. 6. 08	275.000
Gebäude	120.000	85.000		
Maschinen	40.000	16.000		
Einrichtung	20.000	6.500		
Pkw	5.000	4.000		
Forderungen	10.000			
Bank	5.000		Verbindlichkeiten	75.000
	350.000			350.000

Der Erwerber zahlt einen Kaufpreis i. H. v. 441.500 €.

Es handelt sich um eine Betriebsveräußerung im Ganzen, da alle wesentlichen Betriebsgrundlagen an einen Erwerber veräußert werden. Die Entnahme des Pkw in das Privatvermögen ist dieser Entscheidung nicht abträglich, da es sich nicht um eine wesentliche Betriebsgrundlage handelt. Jedoch ist auch das Kraftfahrzeug in die Berechnung des Veräußerungsgewinnes mit einzubeziehen, da A einen einheitlichen Entschluss gefasst hat, den Gewerbebetrieb zu veräußern. Nach Maßgabe des § 16 Abs. 2 EStG ermittelt sich der Veräußerungsgewinn wie folgt:

Verkaufspreis	441.500 €
gemeiner Wert der entnommenen Wirtschaftsgüter	+ 10.710 €
Veräußerungskosten:	⁒ 1.710 €
Wert des Betriebsvermögens	⁒ 275.000 €
Veräußerungsgewinn = 175.500 €	
Freibetrag gemäß § 16 Abs. 4 EStG:	
175.500 € ⁒ 136.000 € = 39.500 €	
45.000 € ⁒ 39.500 €	⁒ 5.500 €
steuerpflichtiger Veräußerungsgewinn	170.000 €

Der Veräußerungsgewinn i. H. v. 170.000 € unterliegt einer ermäßigten Besteuerung nach § 34 Abs. 1 und Abs. 3 EStG. Nach R 39 Abs. 1 Nr. 1 GewStR unterliegt der Gewinn nicht der Gewerbesteuer.

Aus umsatzsteuerrechtlicher Sicht erfolgen hier zwei Rechtsgeschäfte. Die Veräußerung des Betriebes an B stellt einen nicht steuerbaren Vorgang gemäß § 1 Abs. 1a UStG dar, da es sich trotz der Entnahme des Pkw um eine Geschäftsveräußerung im Ganzen handelt. Die Entnahme des Pkw stellt eine einer Lieferung gleichgestellte Leistung gemäß § 3 Abs. 1b UStG dar. Diese ist steuerbar (§ 1 Abs. 1 Nr. 1 UStG) und steuerpflichtig. Um die Ertragsneutralität hinsichtlich der „Entnahmeumsatzsteuer" zu erreichen, ist diese im Rahmen der Ermittlung des Veräußerungsgewinns als „Veräußerungskosten" abzuziehen (H 16.12 „Veräußerungskosten" EStH). § 12 Nr. 3 EStG ist hier hinsichtlich dieser Umsatzsteuer nicht anzuwenden, da § 16 Abs. 2 Satz 1 EStG i. V. mit H 16.12 „Veräußerungskosten" EStH eine Spezialvorschrift darstellt, die der allgemeinen Anwendung des § 12 Nr. 3 EStG vorgeht.

Abwandlung: A war bisher als Einzelunternehmer im produzierenden Gewerbe tätig. Am 30. 4. 2008 entnimmt A den einzigen zum Betriebsvermögen gehörenden Pkw für private Zwecke. Der Teilwert des Pkw beträgt zum Entnahmezeitpunkt 9.000 €. Da er im Mai 2008 das sechzigste Lebensjahr vollendet, veräußert er sein gesamtes Unternehmen mit Wirkung zum 1. 7. 2008 an den Erwerber D. Der entnommene Pkw befindet sich fehlerhaft noch in der Schlussbilanz (s. o.). Der Erwerber zahlt einen Kaufpreis i. H. v. 441.500 €.

Hinsichtlich der Entnahme des Kraftfahrzeugs handelt es sich um einen „normalen" Vorgang des laufenden Geschäftsbetriebs. Da der Pkw keine wesentliche Betriebsgrundlage darstellt, kann auch keine Betriebsaufgabe i. S. des § 16 Abs. 3 EStG angenommen werden. Aus ertragsteuerlicher Sicht erfolgt hier die Entnahme nicht zum gemeinen Wert, sondern zum Teilwert gemäß § 6 Abs. 1 Nr. 4 Satz 1 EStG i. V. mit § 6 Abs. 1 Nr. 1 Satz 3 EStG. Daher ist ein Betrag i. H. v. 4.000 € (9.000 € – Buchwert 5.000 €) dem laufenden Gewinn zuzurechnen. Der bisherige Gewinn i. H. v. 40.000 € ist auf 44.000 € zu korrigieren. Damit einhergehend ist eine Korrektur des Kapitalkontos vorzunehmen. Das richtige Kapital auf den 30. 6. 2008 beträgt demnach 270.000 €. Die Entnahme unterliegt als unentgeltliche Wertabgabe nach § 3 Abs. 1b Nr. 1 UStG i. H. v. 9.000 € (§ 10 Abs. 1 UStG) der Umsatzsteuer. Diese beträgt somit (19 % von 9.000 € =) 1.710 €, sie ist Teil der Entnahme (§ 12 Nr. 3 EStG) und nicht als Betriebsausgabe abzugsfähig.

Auf den 30.6.2008 erfolgt nun eine Betriebsveräußerung im Ganzen, da alle wesentlichen Betriebsgrundlagen an einen Erwerber veräußert werden. Das Kraftfahrzeug ist in die Berechnung des Veräußerungsgewinnes nicht mit einzubeziehen, da A hier zwei Entschlüsse gefasst hat. Nach Maßgabe des § 16 Abs. 2 EStG ermittelt sich der Veräußerungsgewinn wie folgt:

Verkaufspreis	441.500 €
gemeiner Wert der entnommenen Wirtschaftsgüter	+ 0 €
Veräußerungskosten:	⁒ 0 €
Wert des Betriebsvermögens	⁒ 270.000 €
Veräußerungsgewinn =	171.500 €
Freibetrag gemäß § 16 Abs. 4 EStG:	
171.500 € ⁒ 136.000 € = 35.500 €	
45.000 € ⁒ 35.500 €	⁒ 9.500 €
steuerpflichtiger Veräußerungsgewinn	162.000 €

Der Veräußerungsgewinn i.H.v. 162.000 € unterliegt einer ermäßigten Besteuerung nach § 34 Abs. 1 und Abs. 3 EStG. Nach R 39 Abs. 1 Nr. 1 GewStR unterliegt der Gewinn nicht der Gewerbesteuer. Aus umsatzsteuerrechtlicher Sicht handelt es sich um einen nicht steuerbaren Vorgang gemäß § 1 Abs. 1a UStG.

(Einstweilen frei) 144–145

B. Fahrzeuge bei den Überschusseinkünften

I. Kfz-Kosten eines Arbeitnehmers

Anmerkung:

Soweit nachfolgend der § 9 Abs. 2 EStG erwähnt wird, handelt es sich um die Fassung, welche für den Veranlagungszeitraum 2006 Gültigkeit hatte. Wie bereits unter Punkt A ausgeführt, ist durch das Urteil des BVerfG v. 9.12.2008 die Rechtslage des Veranlagungszeitraums 2006 auch für die Veranlagungszeiträume von 2007 an wiederhergestellt worden.

1. Anschaffung

146 Die Anschaffung eines Kraftfahrzeugs durch einen Arbeitnehmer vollzieht sich auf dessen privater Vermögensebene. Es handelt sich um Kosten der privaten Lebensführung i.S. des § 12 EStG und somit um einen privaten Vermögensgegenstand. Da der Arbeitnehmer nicht vorsteuerabzugsberechtigt ist, gehört die im Kaufpreis enthaltene Umsatzsteuer nach § 9b EStG zu den Anschaffungskosten nach § 255 HGB. Diese Feststellung ist u.a. von Bedeutung, sofern der Arbeitnehmer die Voraussetzungen des § 9 Abs. 2 EStG erfüllt und er abweichend von § 9 Abs. 1 Satz 3 Nr. 4 EStG die tatsächlichen Kosten für die Fahrten zwischen Wohnung und Arbeitsstätte geltend machen möchte. Insoweit ist die Abschreibung dann vom Kaufpreis inklusive der Umsatzsteuer vorzunehmen, was sich auf die Gesamtkosten entsprechend auswirkt.

147 Zu beachten ist, dass der Arbeitnehmer im Gegensatz zum Land- und Forstwirt, Gewerbetreibenden und selbständig Tätigen nur die lineare Abschreibung nach § 7 Abs. 1 EStG geltend machen kann. Da ein Fahrzeug des Privatvermögens kein bewegliches **Anlagevermögen** darstellen kann, ist die degressive Abschreibung nach § 7 Abs. 2 EStG nicht möglich. Aus dem gleichen Grunde ist es einem Arbeitnehmer auch nicht erlaubt, einen Investitionsabzugsbetrag und eine Abschreibung nach § 7g EStG vorzunehmen.

2. Laufende Kraftfahrzeugnutzung

a) Fahrten zwischen Wohnung und Arbeitsstätte

148 Durch § 9 Abs. 1 Satz 3 Nr. 4 EStG erfolgt eine typisierende Betrachtungsweise für die Aufwendungen eines Arbeitnehmers für die Fahrten zwischen Wohnung und Arbeitsstätte. Unabhängig von den tatsächlichen Kosten des Arbeitnehmers für ein eigenes oder eines ihm zur Nutzung überlassenes Kraftfahrzeug

kann der Arbeitnehmer eine **Entfernungspauschale** i. H. v. 0,30 € je Entfernungskilometer als Werbungskosten geltend machen. Dabei ist im Gegensatz zur alten Kilometerpauschale bei Entfernungen über den vollen Kilometer hinaus die Entfernung abzurunden. Dies ergibt sich aus dem Wortlaut des § 9 Abs. 1 Satz 3 Nr. 4 EStG („... für jeden vollen Kilometer der Entfernung ..."). Mit der Entfernungspauschale sind grundsätzlich sämtliche mit dem Kraftfahrzeug im Zusammenhang stehende Aufwendungen eines Arbeitnehmers abgegolten.

Eine Ausnahme davon bilden **Unfallschäden**. Neben der Entfernungspauschale 149
können zusätzlich die Kosten für die Beseitigung von Unfallschäden berücksichtigt werden, wenn

- der Unfall auf der Fahrt zwischen Wohnung und Arbeitsstätte erfolgt ist,[1]
- der Unfall auf einer Umwegfahrt zum Tanken während einer Fahrt zwischen Wohnung und Arbeitsstätte erfolgt ist,[2]
- der Unfall auf einer Umwegstrecke zur Abholung der Mitfahrer einer Fahrgemeinschaft bei einer Fahrt zwischen Wohnung und Arbeitsstätte erfolgt ist.[3]

Aufwendungen für die Beseitigung von Unfallschäden sind nicht berücksichti- 150
gungsfähig sind, wenn

- die Fahrt unter Alkoholeinfluss durchgeführt wurde,[4]
- der Unfall sich auf einer Probefahrt ereignet hat,[5]
- der Unfall sich auf einer Umwegstrecke ereignet hat, die aus privaten Gründen benutzt wurde.[6] Private Gründe können hier eine Einkaufsfahrt, eine Fahrt zum Kindergarten oder Schule oder Ähnliches sein.

Die sich aus einem Unfall ergebenden Folgen hinsichtlich der Versicherung 151
(regelmäßig Erhöhung des Beitragssatzes zur Kraftfahrzeugversicherung) können ebenso wenig als Unfallkosten geltend gemacht werden[7] wie die Finanzierungskosten für ein neues Fahrzeug.[8] Die Schuldzinsen für die Finanzierungskosten können selbst dann nicht geltend gemacht werden, wenn der Unfall sich auf einer Fahrt zwischen Wohnung und Arbeitsstätte ereignet hat.

1 BFH v. 23.6.1978, BStBl 1978 II S. 457 und v. 14.7.1978, BStBl 1978 II S. 595.
2 BFH v. 11.10.1984, BStBl 1985 II S. 10.
3 BFH v. 11.2.1993, BStBl 1993 II S. 518.
4 BFH v. 6.4.1984, BStBl 1984 II S. 434.
5 BFH v. 23.6.1978, BStBl 1978 II S. 457.
6 BFH v. 13.3.1996, BStBl 1996 II S. 375.
7 BFH v. 11.7.1986, BStBl 1986 II S. 866.
8 BFH v. 1.10.1982, BStBl 1983 II S. 17.

- **Hinweis:** Verursacht der Arbeitnehmer mit einem vom Arbeitgeber zur Verfügung gestellten Kraftfahrzeug einen Unfall und verzichtet der Arbeitgeber auf die Erstattung des nicht durch eine Versicherung übernommenen Schadens, führt der Verzicht des Arbeitgebers zu einem geldwerten Vorteil beim Arbeitnehmer, der als Arbeitslohn zu versteuern ist.[1]

b) Erhöhte Entfernungspauschale für behinderte Arbeitnehmer

152 Arbeitnehmer i.S. des § 9 Abs. 2 EStG können für die Fahrten zwischen Wohnung und Arbeitsstätte mit den tatsächlichen Kosten geltend machen. Die Voraussetzungen hierfür sind:

- Eine Minderung der Erwerbsfähigkeit von mindestens 70 % oder eine Minderung der Erwerbsfähigkeit von weniger als 70 %, aber mindestens 50 % und dem Merkzeichen „G" im Behindertenausweis (bzw. im Bescheid des Versorgungsamtes),
- Nachweis der tatsächlichen Kosten.

153 Ohne Einzelnachweis kann der Arbeitnehmer abweichend von § 9 Abs. 1 Satz 3 Nr. 4 EStG für die Fahrten zwischen Wohnung und Arbeitsstätte für jeden gefahrenen Kilometer 0,30 € als Werbungskosten geltend machen (R 9.10 Abs. 3 LStR i.V. mit R 9.5 Abs. 1 LStR i.V. mit H 9.5 „Pauschale Kilometersätze" LStH). Wird ein behinderter Arbeitnehmer im eigenen oder ihm zur Nutzung überlassenen Fahrzeug arbeitstäglich von einem Dritten (z.B. dem Ehegatten) zu seiner Arbeitsstätte gefahren und wieder abgeholt, können auch die Kraftfahrzeugkosten, die durch die Ab- und Anfahrten des Fahrers (Leerfahrten) entstehen, in tatsächlicher Höhe oder in sinngemäßer Anwendung von R 9.5 Abs. 1 LStR als Werbungskosten abgezogen werden.

c) Maßgebende Wohnung

154 Nach R 8.1 Abs. 6 Sätze 2 und 3 LStR ist eine Wohnung

- eine in sich geschlossene Einheit von Räumen,
- in der ein selbständiger Haushalt möglich ist,
- mit einer Wasser Ver- und Entsorgung sowie
- einer Toilette.

Daraus folgt, dass u.a. auch eine Blockhütte oder aber auch ein Hotelzimmer eine Wohnung im einkommensteuerlichen Sinne darstellen kann. Insoweit sind auch Fahrten von diesen Wohnungen im Rahmen der Werbungskosten berücksichtigungsfähig.

1 BFH-Urteil v. 24.5.2007 – VI R 73/05.

Fahrten von einer weiter entfernt liegenden Wohnung sind aber nur zu berücksichtigen, wenn der Arbeitnehmer diese Wohnung nicht nur gelegentlich aufsucht (mindestens sechs mal im Jahr) und diese den Lebensmittelpunkt des Steuerpflichtigen bildet. 155

3. Veräußerung eines Kraftwagens

Veräußert der Arbeitnehmer seinen Kraftwagen, handelt es sich regelmäßig um einen Vorgang auf der privaten Vermögensebene i. S. des § 12 EStG. Unabhängig von der Höhe eines Veräußerungsgewinnes erfolgt keine Besteuerung, da sich dieser Vorgang nicht unter die Einkunftsarten des § 2 Abs. 1 Nr. 1 bis 7 EStG einordnen lässt. Das gilt auch denn, wenn der Arbeitnehmer schon mehrere Kraftfahrzeuge ge- und verkauft hat. Insbesondere liegen keine gewerblichen Einkünfte vor, da die Anschaffung des neuen Fahrzeugs regelmäßig aus privaten Gründen erfolgt. Entsprechendes gilt für Fahrzeuge eines Betriebsinhabers, die zu mehr als 90 % privat genutzt werden (R 4.2 Abs. 1 EStR). Der Autohändler hat dagegen schon bei Erwerb des Fahrzeugs die Absicht, diesen mit Gewinn wieder zu veräußern. 156

► **Hinweis:** Anders verhält es sich jedoch bei Arbeitnehmern, die selbst in der Autoproduktion bzw. Autoindustrie arbeiten. Es handelt sich hier um Werksangehörige, die die Fahrzeuge unter Einräumung entsprechend günstiger Konditionen erwerben und diese dann als sog. Werkswagen (Jahreswagen) veräußern. Hier ist u. E. der Tatbestand des § 22 Nr. 2 EStG i.V. mit § 23 Abs. 1 Nr. 2 EStG erfüllt, so dass ein privates Veräußerungsgeschäft anzunehmen ist. Für die Fristberechnung sind die jeweiligen Kaufverträge zu beachten, nicht der Tag der Anmeldung des Fahrzeugs.

Beachte: Der BFH hat mit Urteil vom 22.4.2008[1] entgegen der Auffassung der Finanzverwaltung entschieden, dass auch die Veräußerung von Wirtschaftsgütern des täglichen Gebrauchs unter § 23 Abs. 1 Nr. 2 EStG fällt. In dem entschiedenen Fall ging es um die Veräußerung eines BMW-Cabrio, welcher mit Verlust veräußert wurde.

Die Reaktion der Finanzverwaltung bleibt insoweit abzuwarten.

Weiterhin ist damit auch die Änderung des § 23 Abs. 1 Nr. 2 EStG durch das Unternehmensteuerreformgesetz 2008 zu beachten. Für Wirtschaftsgüter, aus deren Nutzung als Einkunftsquelle zumindest in einem Kalenderjahr Einkünfte erzielt wurden, erhöht sich Frist von einem Jahr auf zehn Jahre.

(Einstweilen frei) 157–160

1 Az. IX R 29/06.

II. Kfz-Kosten bei den Einkünften aus Vermietung und Verpachtung und Kapitalvermögen

1. Anschaffung

161 In der Praxis ist es äußerst selten, dass ein Kraftfahrzeug nur für die Erzielung von Einkünften aus Vermietung angeschafft wird. Regelmäßig nutzt der Steuerpflichtige dieses Fahrzeug auch für private Zwecke und ggf. auch zur Erzielung von anderen Einkünften wie z. B. Einkünften aus nichtselbständiger Arbeit. Aber unabhängig von der ausschließlichen oder „gemischten“ Nutzung handelt es sich hier um notwendiges Privatvermögen i. S. der R 4.2 EStR.

162 Nach § 9 Abs. 3 EStG gelten die Regelungen des § 9 Abs. 1 Satz 3 Nr. 4 EStG sowie § 9 Abs. 2 EStG auch für die anderen Einkunftsarten i. S. des § 2 Abs. 1 Nr. 4 bis 7 EStG. Insofern sind die Anschaffungskosten eines Kraftfahrzeugs wie bei § 19 EStG von Bedeutung, wenn der Steuerpflichtige die Voraussetzungen des § 9 Abs. 2 EStG erfüllt und er den entsprechenden Grad der Behinderung nachweist. Entsprechendes gilt aber auch für Fahrten zu Vermietungsobjekten, die er wie Dienstreisen mit den tatsächlichen Pkw-Kosten abrechnen kann. Hinsichtlich der Ermittlung der Anschaffungskosten s. Rdn. 146.

2. Laufende Nutzung

163 Auch hier kann auf die Ausführungen zur laufenden Nutzung eines Kraftfahrzeugs durch einen Arbeitnehmer hingewiesen werde. Die Kosten für ein im Rahmen der Einkünfte aus Vermietung und Verpachtung eingesetztes Kraftfahrzeug sind durch die Entfernungspauschalen abgegolten oder können mit den tatsächlichen Kosten wie Dienstreisen berechnet werden. Hinsichtlich ggf. entstandener Unfallkosten ist in der Praxis darauf zu achten, dass ein Nachweis geführt werden kann, dass der Unfall auf einer Fahrt erfolgt ist, die im unmittelbaren Zusammenhang mit der Einkunftsart stand.

3. Veräußerung

164 Auch hinsichtlich der Veräußerung eines Kraftfahrzeugs gelten die Ausführungen zu Arbeitnehmern. Sollte es sich ausnahmsweise tatsächlich um ein Fahrzeug handeln, das **ausschließlich** zur Erzielung der Einkünfte aus Vermietung und Verpachtung genutzt wird, ist ein Veräußerungsgewinn/-verlust bei den Einkünften aus Vermietung und Verpachtung zu berücksichtigen. Ein wohl eher theoretischer Fall.

165 *(Einstweilen frei)*

C. Nutzung von Dienstfahrzeugen durch Arbeitnehmer

I. Lohnsteuerliche Konsequenzen bei der Überlassung von Kfz an Arbeitnehmer

Überlässt der Unternehmer, in diesem Fall also der Arbeitgeber, einen von ihm erworbenen Kraftwagen an einen Arbeitnehmer, so handelt es sich bei diesem Kraftwagen um notwendiges Betriebsvermögen nach R 4.2 Abs. 1 EStR. Die mit diesem Kraftfahrzeug im Zusammenhang stehenden Aufwendungen sind Betriebsausgaben gemäß § 4 Abs. 4 EStG. Dies gilt unabhängig davon, ob der Arbeitnehmer das ihm überlassene Kraftfahrzeug auch für Privatfahrten nutzen kann. Neben den bereits zuvor erwähnten Betriebsausgaben (Steuern, Versicherungen, Betriebskosten usw.) sind die sich aus der Überlassung ergebenden lohnsteuerlichen Konsequenzen als Betriebsausgaben zu berücksichtigen. 166

Überlässt der Arbeitgeber einem Arbeitnehmer ein Kraftfahrzeug, ergeben sich daraus die folgenden Nutzungsmöglichkeiten: 167

- Private Nutzung
- Nutzung für Fahrten zwischen Wohnung und Arbeitsstätte
- Nutzung für betriebliche Fahrten
- Nutzung für Familienheimfahrten im Rahmen einer doppelten Haushaltsführung

Je nachdem, wie der Arbeitnehmer das Fahrzeug nutzt bzw. nutzen kann, erfolgt die Ermittlung des Sachbezugs nach § 8 Abs. 2 Sätze 2 bis 5 EStG. 168

II. Auswirkungen beim Arbeitgeber

1. Allgemeines

Überlässt ein Arbeitgeber ein ihm gehörendes oder ein von ihm geleastes Kfz einem Arbeitnehmer zur **privaten Mitbenutzung,** so ist der geldwerte Vorteil aus der Nutzung zu Privatfahrten, für Fahrten zwischen Wohnung und Arbeitsstätte sowie für Familienheimfahrten anlässlich einer doppelten Haushaltsführung in der Lohnbuchhaltung als lohnsteuerpflichtiger geldwerter Vorteil (Sachbezug) zu erfassen. Der dem Arbeitnehmer als geldwerter Vorteil zuzurechnende Betrag ist beim Arbeitgeber (netto) als Erlös zu erfassen (verrechnete sonstige Sachbezüge 19 % USt). 169

2. Ermittlung des lohnsteuerpflichtigen geldwerten Vorteils für Privatfahrten

a) Definition der Privatfahrten

170 Eine Privatnutzung wird bereits dann unterstellt, wenn der Arbeitnehmer das Fahrzeug nach der Arbeitszeit und am Wochenende mit nach Hause nehmen kann und ihm so die Möglichkeit eröffnet wird, das Kraftfahrzeug auch für private Zwecke zu nutzen. Ob eine tatsächliche private Nutzung erfolgt, ist unerheblich.

171 Um von einer Besteuerung Abstand nehmen zu können, muss zwischen dem Arbeitgeber und dem Arbeitnehmer ein Nutzungsverbot vereinbart werden. Nach H 8.1 Abs. 9 und 10 „Nutzungsverbot" LStH ist es allerdings nicht ausreichend, dass dieses Verbot lediglich ausgesprochen wird. Voraussetzung für die steuerliche Anerkennung des Nutzungsverbotes ist, dass der Arbeitgeber die Einhaltung seines Verbotes überwacht und der Arbeitnehmer das Fahrzeug nach der Arbeitszeit und am Wochenende auf dem Betriebsgelände abstellt und den Schlüssel beim Arbeitgeber abgibt. Das Nutzungsverbot ist durch entsprechende Unterlagen nachzuweisen. Diese Unterlagen müssen dem Lohnkonto (§ 4 LStDV) des betreffenden Arbeitsnehmers beigefügt werden.

172 Sind die Nachweise erbracht, entfällt die Berücksichtigung eines geldwerten Vorteils als Sachbezug aus der privaten Kraftfahrzeugnutzung.

b) Bewertung des geldwerten Vorteils

aa) Pauschalregelung

173 Die Bewertung des geldwerten Vorteils aus der Privatnutzung eines Kraftfahrzeugs richtet sich nach § 8 Abs. 2 Satz 2 EStG i.V. mit § 6 Abs. 1 Nr. 4 Satz 2 EStG. Die Bewertung des Sachbezugs erfolgt grundsätzlich durch die Anwendung der 1%-Regelung (R 8.1 Abs. 9 LStR). Abweichend hiervon kann der Sachbezug jedoch auch nach der Fahrtenbuchmethode ermittelt werden (§ 8 Abs. 2 Satz 4 EStG), wenn ein ordnungsgemäßes Fahrtenbuch vorgelegt wird. In diesem Fall sind dann auch die entstandenen Kosten belegmäßig nachzuweisen.

174 Erfolgt die Bewertung der Sachbezüge nach § 8 Abs. 2 Satz 2 EStG i.V. mit § 6 Abs. 1 Nr. 4 Satz 2 EStG, ist der geldwerte Vorteil

- für jeden Kalendermonat mit **1 % des inländischen Listenpreises** im Zeitpunkt der Erstzulassung
- zzgl. der Kosten für Sonderausstattung
- einschließlich der Umsatzsteuer

anzusetzen (R 8.1 Abs. 9 Nr. 1 Satz 6 LStR).

Wird dem Arbeitnehmer das Kraftfahrzeug aus besonderem Anlass oder zu einem besonderen Zweck nur gelegentlich (von Fall zu Fall) überlassen, ermittelt sich der geldwerte Vorteil für diesen Sachbezug mit 0,001% des inländischen Listenpreises des Kfz je Fahrtkilometer. Zum Nachweis der Fahrtstrecke müssen die Kilometerstände festgehalten werden. 175

Der maßgebende Listenpreis ist auch bei gebraucht erworbenen oder geleasten Fahrzeugen die auf volle 100 Euro abgerundete unverbindliche Preisempfehlung des Herstellers für das genutzte Kfz im Zeitpunkt seiner Erstzulassung einschließlich der Zuschläge für Sonderausstattungen und der Umsatzsteuer. Nicht mit in den Bruttolistenpreis einzubeziehen sind die Aufwendungen für ein Autotelefon einschließlich einer Freisprechanlage sowie einen Satz Winterreifen und die dazugehörigen Felgen. 176

► **Hinweis:** Nach R 8.1 Abs. 9 Nr. 1 Satz 6 LStR gehören auch die Aufwendungen für ein Navigationsgerät zur Bemessungsgrundlage des Sachbezugs. Entgegen der Verwaltungsmeinung hat das Finanzgericht Düsseldorf mit Urteil v. 4.6.2004[1] entschieden, dass der Wert für ein Navigationsgerät nicht einzubeziehen sei. Das Finanzgericht Düsseldorf sieht in dem Navigationsgerät ein Telekommunikationsgerät und bezog es in die Steuerfreiheit nach § 3 Nr. 45 EStG ein.

Das zwischenzeitlich vor dem BFH abgeschlossene Revisionsverfahren[2] gibt der Finanzverwaltung Recht. Demnach gehören zumindest die Aufwendungen für ein werkseitig eingebautes Navigationsgerät zur Bemessungsgrundlage für die 1%-Regelung (R 8.1 Abs. 9 und 10 „Navigationsgerät" LStR; maßgebend ist auch hier der Mehrpreis laut Zubehörliste und nicht die tatsächliche Zahlung).

Auch bei **reimportierten Fahrzeugen** ist der Ermittlung des pauschalen Nutzungswerts der inländische Listenpreis des Kfz im Zeitpunkt seiner Erstzulassung zu Grunde zu legen. Soweit das reimportierte Fahrzeug mit zusätzlichen Sonderausstattungen versehen ist, die sich im inländischen Listenpreis nicht niedergeschlagen haben, ist der Wert der Sonderausstattungen zusätzlich zu berücksichtigen. Soweit das reimportierte Fahrzeug geringwertiger ausgestattet ist, lässt sich der Wert der „Minderausstattung" durch einen Vergleich mit einem adäquaten inländischen Fahrzeug angemessen berücksichtigen. 177

Die vorgenannten Grundsätze sind auf jedes Kraftfahrzeug anzuwenden, das der Arbeitgeber seinem Arbeitnehmer zur Verfügung stellt. Aus diesem Grund ist es völlig unerheblich, ob der Arbeitgeber das Fahrzeug neu oder gebraucht angeschafft hat. 178

1 18 K 879/03.
2 Urteil v. 16.2.2005 – VI R 37/04.

BEISPIEL: Der Arbeitnehmer nutzt ein Kraftfahrzeug, das der Arbeitgeber vor sechs Jahren bereits gebraucht angeschafft hat. Der Bruttolistenpreis inklusive der Sonderausstattung hat im Zeitpunkt der Erstzulassung 30.000 € betragen.

Mangels eines Fahrtenbuchs ist der geldwerte Vorteil gemäß § 8 Abs. 2 Satz 2 EStG i.V. mit § 6 Abs. 1 Nr. 4 Satz 2 EStG für die Privatnutzung wie folgt zu ermitteln:

1 % von 30.000 € pro Monat 300 €

179 Wird der geldwerte Vorteil eines durch den Arbeitgeber zur Nutzung überlassenen Kraftfahrzeugs für die private Nutzung nach der 1%-Regelung ermittelt, ist zu beachten, dass die Aufwendungen für die Straßennutzungsgebühren (Vignetten, Mautgebühren) nicht durch die Pauschalierung abgedeckt sind. Der BFH begründet diese Rechtsauffassung in seinem Urteil v. 14.9.2005[1] damit, dass diese Aufwendungen nicht durch das Kraftfahrzeug entstanden sind. Die Straßennutzungsgebühren hingegen lassen sich ganz konkret gesondert einzelnen Fahrten zuordnen. Übernimmt der Arbeitgeber solche Nutzungsgebühren, handelt es sich um einen zusätzlichen geldwerten Vorteil, der als Arbeitslohn zu versteuern ist.

bb) Führung eines Fahrtenbuches

180 Abweichend von der 1%-Regelung kann der Nutzungswert auch nach der Fahrtenbuchmethode ermittelt werden.[2] Je nachdem, wie hoch der Listenpreis des Fahrzeugs ist und wie umfangreich die tatsächliche private Nutzung ist, kann der Ansatz nach der 1%-Regel zu einem unzutreffenden Ansatz führen. Wobei hier noch einmal ausdrücklich erwähnt sein soll, dass die Anwendung der 1%-Regelung verfassungsrechtlich nicht zu beanstanden ist.[3]

► **Hinweis:** Nach dem BFH-Urteil v. 29.3.2005[4] ist bei der Ermittlung des Sachbezugswertes nach § 8 Abs. 2 Satz 4 EStG darauf zu achten, dass die zu berücksichtigende AfA nicht zwingend nach den Ansätzen erfolgen muss, die der Arbeitgeber in seiner Gewinnermittlung berücksichtigt hat. Demnach ist bei der Bewertung des geldwerten Vorteils nach der Fahrtenbuchmethode vielmehr eine Nutzungsdauer von acht Jahren und damit eine AfA i.H.v. 12,5 % zu berücksichtigen.

181 In den Fällen, in denen die tatsächliche Nutzung sehr gering ist, empfiehlt es sich, den lohnsteuerpflichtigen Nutzungswert für Privatfahrten mit den anteiligen tatsächlichen Aufwendungen anzusetzen. Voraussetzung ist allerdings, dass

1 BStBl 2006 II S. 72.
2 § 8 Abs. 2 Satz 4 EStG i.V. mit R 8.1 Abs. 9 Nr. 2 LStR sowie BMF v. 28.5.1996, BStBl 1996 I S. 654.
3 BFH v. 24.2.2000, BStBl 2000 II S. 273.
4 BFH/NV 2005 S. 1298.

- für das Kraftfahrzeug die insgesamt entstandenen Aufwendungen durch **Belege** nachgewiesen werden und
- das Verhältnis der Privatfahrten zu den übrigen Fahrten durch ein ordnungsgemäßes **Fahrtenbuch** nachgewiesen wird.

Zum belegmäßigen Nachweis ist insbesondere das Folgende zu beachten: 182

Bei mehreren Kraftfahrzeugen sind ggf. Unterkonten einzurichten. Dabei sind die dienstlich und privat zurückgelegten Fahrtstrecken gesondert und laufend im Fahrtenbuch nachzuweisen. Für dienstliche Fahrten sind grundsätzlich die folgenden Angaben erforderlich:

- Datum und Kilometerstand zu Beginn und am Ende jeder einzelnen Auswärtstätigkeit,
- Reiseziel und bei Umwegen auch die Reiseroute,
- Reisezweck und aufgesuchte Geschäftspartner.

Für die jeweiligen Privatfahrten genügen jeweils die Kilometerangaben; für die Fahrten zwischen Wohnung und Arbeitsstätte genügt jeweils ein kurzer Vermerk im Fahrtenbuch.

Die Führung des Fahrtenbuchs kann nicht auf einen repräsentativen Zeitraum 183 beschränkt werden, selbst wenn die Nutzungsverhältnisse keinen größeren Schwankungen unterliegen. Anstelle eines Fahrtenbuchs kann ein Fahrtenschreiber eingesetzt werden, wenn sich hieraus dieselben Erkenntnisse gewinnen lassen.

Für einige Berufsgruppen bestehen folgende **Erleichterungen bei der Führung** 184 **eines Fahrtenbuches:**

- Kundendienstmonteure/Handelsvertreter

Bei Kundendienstmonteuren und Handelsvertretern mit täglich wechselnden Auswärtstätigkeiten reicht es z. B. aus, wenn sie angeben, welche Kunden sie an welchem Ort aufsuchen. Angaben über die Reiseroute und zu den Entfernungen zwischen den Stationen einer Auswärtstätigkeit sind nur bei größerer Differenz zwischen direkter Entfernung und tatsächlicher Fahrstrecke erforderlich (H 8.1 Abs. 9 und 10 „Erleichterungen zur Führung eines Fahrtenbuchs" LStH).

- Taxifahrer

Bei Fahrten eines Taxifahrers im sog. Pflichtfahrgebiet ist es in Bezug auf Reisezweck, Reiseziel und aufgesuchten Geschäftspartner ausreichend, täglich zu Beginn und am Ende der Gesamtheit dieser Fahrten den Kilometerstand aufzuzeichnen mit der Angabe „Taxifahrten im Pflichtfahrgebiet". Wurden Fahrten durchgeführt, die über dieses Gebiet hinausgehen, kann auf die genaue Angabe des Reiseziels nicht verzichtet werden.

► Fahrlehrer

Für Fahrlehrer ist es ausreichend, im Bezug auf Reisezweck, Reiseziel und aufgesuchten Geschäftspartner „Lehrfahrten", „Fahrschulfahrten" anzugeben (H 8.1 Abs. 9 und 10 „Erleichterungen bei der Führung eines Fahrtenbuchs" LStH).

c) Sonderfälle

aa) Überlassung mehrerer Kfz

185 Nach dem BMF-Schreiben v. 28. 5. 1996[1] sowie nach H 8.1 Abs. 9 und 10 „Überlassung mehrerer Kraftfahrzeuge" LStH ist grundsätzlich für jedes überlassene Fahrzeug die 1%-Regelung anzuwenden.

186 Eine Ausnahme besteht dann, wenn die Nutzung der Fahrzeuge durch andere zur Privatsphäre des Arbeitnehmers gehörende Personen so gut wie ausgeschlossen ist. In diesem Fall ist für die Ermittlung des Sachbezugs der Listenpreis des überwiegend genutzten Fahrzeugs maßgebend.

187 Stehen dem Arbeitnehmer mehrere Kraftfahrzeuge zur Verfügung und führt er nicht für alle Fahrzeuge ein Fahrtenbuch, so ist der geldwerte Vorteil für alle Fahrzeuge, für die kein Fahrtenbuch geführt wird, nach der 1%-Regelung zu ermitteln.

188 Hinsichtlich der **Fahrten zwischen Wohnung und Arbeitsstätte** (Bewertung nach § 8 Abs. 2 **Satz 3** EStG) ist auch bei mehreren Fahrzeugen, die zur Nutzung überlassen werden und bei denen eine Nutzung durch Personen der Privatsphäre des Arbeitnehmers nicht ausgeschlossen ist, stets der Listenpreis des überwiegend genutzten Fahrzeugs maßgebend.

BEISPIEL: ► Der Arbeitgeber eröffnet seinem Arbeitnehmer die Möglichkeit, vier verschiedene Kraftfahrzeuge sowohl betrieblich als auch privat zu nutzen. Der Arbeitnehmer ist verheiratet und hat zwei volljährige Kinder. Alle sind im Besitz einer gültigen Fahrerlaubnis. Die Listenpreise stellen sich wie folgt dar:

Kraftfahrzeug 1:	15.000 €
Kraftfahrzeug 2:	25.000 €
Kraftfahrzeug 3:	35.000 €
Kraftfahrzeug 4:	45.000 €

Der Arbeitnehmer nutzt überwiegend das Fahrzeug 4, mit dem er auch den überwiegenden Teil der Fahrten zwischen der Wohnung und der 20 km entfernten Arbeitsstätte absolviert.

1 BStBl 1996 I S. 654.

Der geldwerte Vorteil je Monat ermittelt sich wie folgt:

Da eine Nutzung der Familienangehörigen der Fahrzeuge nicht ausgeschlossen werden kann (H 8.1 Abs. 9 und 10 „Überlassung mehrer Kraftfahrzeuge" LStH), ermittelt sich der geldwerte Vorteil für die private Nutzung nach § 8 Abs. 2 Satz 2 EStG i.V. mit § 6 Abs. 1 Nr. 4 Satz 2 EStG wie folgt:

Kraftfahrzeug 1:	15.000 €	
Kraftfahrzeug 2:	25.000 €	
Kraftfahrzeug 3:	35.000 €	
Kraftfahrzeug 4:	45.000 €	
Listenpreise gesamt:	120.000 € × 1 %	1.200 €

Hinsichtlich der Fahrten zwischen Wohnung und Arbeitsstätte ermittelt sich der geldwerte Vorteil gemäß § 8 Abs. 2 Satz 3 EStG unter Berücksichtigung des überwiegend genutzten Fahrzeugs wie folgt:

0,03 % von 45.000 € × 20 km	270 €

Demnach hat der Arbeitnehmer insgesamt Sachbezüge i. H. v. 1.470 € im Monat zu versteuern.

Hätte der Arbeitnehmer überwiegend das Fahrzeug 1 genutzt, ändert sich an der Ermittlung des geldwerten Vorteils für die private Nutzung nichts. Lediglich hinsichtlich des geldwerten Vorteils für die Nutzung des Fahrzeugs für die Fahrten zwischen Wohnung und Arbeitsstätte müsste der Arbeitnehmer den geringen Betrag i. H. v. 90 € versteuern.

Der Listenpreis des überwiegend privat genutzten Kfz ist bei der pauschalen Nut- 189
zungswertermittlung auch bei einem **Fahrzeugwechsel** im Laufe eines Kalendermonats zu Grunde zu legen. Auf eine tageweise Aufteilung wird verzichtet.

bb) Zuzahlungen des Arbeitnehmers

Bei der Zuzahlung des Arbeitnehmers sind zwei Fälle zu unterscheiden. Leistet 190
der Arbeitnehmer eine **Zuzahlung zur Anschaffung des Kraftfahrzeugs**, mindert sich der Nutzungswert (R 8.1 Abs. 9 Nr. 4 Satz 3 LStR) im Jahr der Zahlung. Maßgebend ist hier § 11 Abs. 2 Satz 1 EStG.

BEISPIEL: Der Arbeitgeber überlässt seinem Arbeitnehmer im Jahr 2008 ein Fahrzeug zur privaten und beruflichen Nutzung. Der maßgebende Listenpreis beträgt 30.000 €. Der Arbeitnehmer zahlt zu den Anschaffungskosten im Januar 2008 einen Zuschuss i. H. v. 10.000 €. Die Entfernung zwischen Wohnung und Arbeitsstätte beträgt 5 km.

Der geldwerte Vorteil ermittelt sich für das Jahr 2008 wie folgt:

Privatfahrten:	
1 % von 30.000 € × 12 Monate =	3.600 €
Fahrten Wohnung – Arbeitsstätte:	
0,03 % von 30.000 € × 5 km × 12 Monate =	540 €
geldwerter Vorteil	4.140 €
anzurechnende Zuzahlung =	10.000 €
geldwerter Vorteil in 2008	0,00 €

Der Restbetrag i. H. v. 5.860 € kann **nicht** auf den geldwerten Vorteil des Folgejahres 2009 angerechnet werden, da hinsichtlich der Zuzahlung des Arbeitnehmers § 11 EStG zu beachten ist.

Hier wäre es für den Arbeitnehmer sinnvoller gewesen, die Zahlung aufzuteilen und sowohl im Jahre 2008 als auch im Jahre 2009 eine Zuzahlung zu leisten.

► **Hinweis:** Mit dem BMF-Schreiben vom 6. 2. 2009 hat die FinVerw ihre Auffassung geändert. Zuzahlungen des Arbeitnehmers zu den Anschaffungskosten können entgegen R 8.1 Abs. 9 Nr. 4 Satz 3 LStR 1. Halbsatz in allen offenen Fällen, nicht nur im Zahlungsjahr, sondern auch in den darauffolgenden Jahren auf den geldwerten Vorteil angerechnet werden.

191 Zuschussrückzahlungen sind steuerpflichtiger Arbeitslohn, soweit die Zuschüsse den privaten Nutzungswert gemindert haben.

192 Zahlt der Arbeitnehmer laufend einen **Zuschuss zur Nutzung des Kraftfahrzeugs**, mindert sich der geldwerte Vorteil ebenfalls.

BEISPIEL: Der Arbeitnehmer nutzt einen fünf Jahre alten Firmenwagen auch für private Zwecke. Der Bruttolistenpreis hat im Zeitpunkt der Erstzulassung 30.000 € betragen. Der Arbeitnehmer hat eine monatliche Zuzahlung i. H. v. 200 € zu leisten.

Der lohnsteuerpflichtige geldwerte Vorteil berechnet sich wie folgt:

1 % von 30.000 € pro Monat	300 €
Zuzahlung pro Monat	200 €
geldwerter Vorteil pro Monat (brutto)	100 €

Abwandlung: Wie vor, jedoch leistet der Arbeitnehmer keine Zuzahlung, sondern übernimmt anteilige Benzinkosten i. H. v. 200 €.

Eine Kürzung der Monatswerte erfolgt nicht. Nach R 8.1 Abs. 9 Nr. 1 Satz 5 LStR führt die Übernahme von Bezinkosten nicht zu einer Minderung des geldwerten Vorteils. Der geldwerte Vorteil bleibt hier bei 300 € monatlich.

193 Insofern ist es wichtig, eine klare Vereinbarung zwischen Arbeitgeber und Arbeitnehmer zu treffen, wofür die Zahlung geleistet wird. Es empfiehlt sich daher, die Regelung eines Barzuschusses zu vereinbaren, da nur dieser den Nutzungswert mindert (vgl. R 8.1 Abs. 9 Nr. 4 LStR und R 8.1 Abs. 9 Nr. 1 Satz 5 LStR).

194 Auch bei der Ermittlung des geldwerten Vorteils bei Anwendung der **Fahrtenbuchregelung** mindert sich der Nutzungswert, wenn der Arbeitnehmer an den Arbeitgeber für die Nutzung des Kfz ein Entgelt zu zahlen hat. Zahlt der Arbeitnehmer einen Zuschuss zur Anschaffung des Kraftfahrzeugs und ermittelt der Arbeitgeber den geldwerten Vorteil nach der Fahrtenbuchmethode, steht dem Arbeitgeber ein **Wahlrecht** zu.

Der Arbeitgeber kann

- den Zuschuss von den Anschaffungskosten und damit von der Bemessungsgrundlage für die AfA abziehen oder
- den Zuschuss als Erlös erfassen.

Wird der Zuschuss als Anschaffungskostenminderung behandelt, vermindert sich entsprechend die für die Berechnung des lohnsteuerpflichtigen geldwerten Vorteils maßgebende AfA. Aus diesem Grunde bestimmt R 8.1 Abs. 9 Nr. 4 Satz 3 zweiter Halbsatz LStR, dass in einem solchen Fall die Zuschusszahlung den privaten Nutzungswert nicht mindern darf.

Der lohnsteuerpflichtige geldwerte Vorteil entspricht dem Anteil an den 195
Gesamtkosten des Kraftfahrzeugs, der dem Verhältnis der Privatfahrten zur Gesamtfahrtstrecke entspricht. Die Gesamtkosten sind als Summe der Aufwendungen (einschließlich sämtlicher Unfallkosten und AfA) zu ermitteln. Der so ermittelte Wert unterliegt der Umsatzsteuer. Als lohnsteuerpflichtiger Sachbezugswert ist der Bruttowert anzusetzen. Sonderabschreibungen (z. B. nach § 7g EStG) sind nicht zu berücksichtigen.

BEISPIEL: Der Arbeitnehmer nutzt einen Firmenwagen auch für private Zwecke. Der Bruttolistenpreis hat im Zeitpunkt der Erstzulassung 25.000 € betragen. Das Fahrzeug ist sechs Jahre alt und bereits abgeschrieben. Auf die private Nutzung entfallen nachweislich 25 % der gesamten Fahrleistungen. Da das Fahrzeug bereits abgeschrieben ist, belaufen sich die gesamten Aufwendungen für das Kfz einschließlich Versicherung und Kfz-Steuer auf netto 4.000 €.

Der lohnsteuerpflichtige geldwerte Vorteil für die Privatfahrten berechnet sich auf der Basis der Fahrtenbuchaufzeichnungen wie folgt:

25 % von 4.000 €	1.000 €
19 % USt	+ 190 €
geldwerter Vorteil (brutto)	1.190 €

Würde der Arbeitnehmer kein Fahrtenbuch führen, wäre der lohnsteuerpflichtige geldwerte Vorteil wie folgt zu berechnen:

1 % von 25.000 € × 12 Monate	3.000 €

3. Ermittlung des geldwerten Vorteils für Fahrten zwischen Wohnung und Arbeitsstätte

a) Allgemeines

Nutzt der Arbeitnehmer einen vom Arbeitgeber überlassenen Firmenwagen 196
auch für Fahrten zwischen Wohnung und Arbeitsstätte, so unterliegt der hiermit verbundene geldwerte Vorteil ebenfalls der Lohnsteuer. Auch die Bewertung des Sachbezugs ist gesetzlich geregelt. Nach § 8 Abs. 2 Satz 3 EStG beträgt der geld-

werte Vorteil für jeden Kalendermonat 0,03 % des inländischen Bruttolistenpreises für jeden Entfernungskilometer zwischen Wohnung und Arbeitsstätte.

197 Wie auch bei der Ermittlung des geldwerten Vorteils für die private Nutzung ist es über § 8 Abs. 2 Satz 4 EStG möglich, auch den auf die Fahrten zwischen Wohnung und Arbeitsstätte entfallenden Teil der gesamten Kraftfahrzeugaufwendungen anzusetzen.

198 Hierfür ist aber wiederum Voraussetzung, dass die durch das Kraftfahrzeug insgesamt entstehenden Aufwendungen durch Belege nachgewiesen werden und sich das Verhältnis der Fahrten zwischen Wohnung und Arbeitsstätte zu den übrigen Fahrten aus einem ordnungsgemäßen Fahrtenbuch ergibt.

b) 0,03%-Regelung

199 Bei der 0,03%-Regelung handelt es sich um eine stark typisierende Pauschalierung. Bemessungsgrundlage ist auch hier der inländische Bruttolistenneupreis des Kraftfahrzeugs im Zeitpunkt der Erstzulassung. Hinsichtlich der Sonderausstattung, Telefon, Navigationsgerät usw. gilt das zuvor Gesagte. Auch für die Anwendung der 0,03%-Regelung ist es unerheblich, ob und wie oft im Kalendermonat das Kraftfahrzeug tatsächlich zu Fahrten zwischen Wohnung und Arbeitsstätte genutzt wird.[1] Der Ansatz des pauschalen Nutzungswerts hängt allein davon ab, dass der Arbeitnehmer das Kraftfahrzeug zu Fahrten zwischen Wohnung und Arbeitsstätte nutzen kann. Ein durch Urlaub oder Krankheit bedingter Nutzungsausfall soll im Nutzungswert bereits pauschal berücksichtigt sein.

► **Hinweis:** Mit Schreiben vom 23.10.2008[2] hat die Finanzverwaltung Stellung zu den Urteilen des BFH vom 04.04.2008[3] genommen. In dem Urteil VI R 85/04 hat der BFH entschieden, dass die 0,03%-Regel nicht anzuwenden sei, wenn der Arbeitnehmer mit dem ihm überlassenen Dienstwagen lediglich einmal wöchentlich zur Arbeitsstätte fährt. Der BFH stellte in seiner Urteilsbegründung auf die tatsächlich durchgeführte Fahrt und auf eine Einzelbewertung mit 0,002 % des Listenpreises je Entfernungskilometer ab. Mit dem BMF-Schreiben vom 23.10.2008 wurde klargestellt, dass die obersten Finanzbehörden des Bundes die Rechtsauffassung des BFH nicht teilen. Dem genannten BMF-Schreiben nach ist der geldwerte Vorteil aus der Nutzung eines Dienstwagens für die Fahrten zwischen Wohnung und Arbeitsstätte nach § 8 Abs. 3 Satz 3 EStG mit 0,03 % vom Bruttolistenpreis je Entfernungs-

1 BMF v. 28.5.1996, BStBl 1996 I S. 654.
2 BStBl 2008 I S. 961.
3 VI R 85/04 und VI R 68/05.

kilometer je Kalendermonat zu bewerten. Zur Begründung verweist das BMF-Schreiben vom 23.10.2008 auf den Wortlaut des § 8 Abs. 3 Satz 3 EStG, wonach für die Besteuerung die Nutzungsmöglichkeit ausreichend ist.

Allerdings sind die Nutzungswerte nicht anzusetzen für volle Kalendermonate, in denen dem Arbeitnehmer kein Kraftfahrzeug zur Verfügung steht (H 8.1 Abs. 9 und 10 „Gelegentliche Nutzung" LStH). 200

Dem pauschalen Nutzungswert ist die **einfache Entfernung** zwischen Wohnung und Arbeitsstätte zu Grunde zu legen. Diese ist auf den nächsten vollen Kilometerbetrag abzurunden. Dies gilt auch dann, wenn der Arbeitnehmer tatsächlich eine andere (weitere) Strecke fährt, weil es sich um eine verkehrsgünstigere Strecke handelt (H 8.1 Abs. 9 und 10 „Fahrten zwischen Wohnung und Arbeitsstätte bei pauschaler Nutzungswertermittlung" zweiter Spiegelstrich LStH). 201

BEISPIEL: Der Arbeitgeber stellt seinem Arbeitnehmer unentgeltlich ein Kraftfahrzeug zur Verfügung; Listenpreis 50.089 €. Die Entfernung zwischen Wohnung und Arbeitsstätte beträgt 20,1 km. Die Anzahl der Arbeitstage beträgt 220. Die tatsächlich benutzte verkehrsgünstigere Strecke ist 23,5 km lang. Ein Fahrtenbuch wird nicht geführt.

Privatfahrten:	
1 % von 50.000 € =	500 €
Fahrten Wohnung – Arbeitsstätte:	
0,03 % von 50.000 € × 20 km × 1 Monat =	300 €
geldwerter Vorteil monatlich	800 €
geldwerter Vorteil jährlich	9.600 €
Werbungskosten:	
220 Tage × 0,30 € × 23 km =	1.518 €
Einkünfte gemäß § 19 Abs. 1 Nr. 1 EStG	8.082 €

Maßgebend ist die **kürzeste benutzbare Straßenverbindung.** Der pauschale Nutzungswert ist auch dann nicht zu erhöhen, wenn der Arbeitnehmer das Kraftfahrzeug tatsächlich an einem Arbeitstag **mehrmals** zwischen Wohnung und Arbeitsstätte benutzt. 202

Fährt der Arbeitnehmer abwechselnd zu verschiedenen Wohnungen oder verschiedenen Arbeitsplätzen, ist ein pauschaler Monatswert unter Zugrundelegung der Entfernung zur **näher gelegenen Wohnung** oder zur **näher gelegenen Arbeitsstätte** anzusetzen (H 8.1 Abs. 9 und 10 „Fahrten zwischen Wohnung und Arbeitsstätte bei pauschaler Nutzungswertermittlung" LStH). Für jede Fahrt von und zur weiter entfernt liegenden Wohnung oder Arbeitsstätte ist zusätzlich ein pauschaler Nutzungswert von 0,002 % des inländischen Listenpreises des Kraftfahrzeugs für jeden Kilometer der Entfernung zwischen Wohnung 203 und Arbeitsstätte dem Arbeitslohn zuzurechnen, soweit sie die Entfernung zur näher gelegenen Wohnung übersteigt.

c) Fahrtenbuchregelung

204 Wie schon hinsichtlich der Ermittlung des Nutzungswertes für die privaten Fahrten erläutert, kann der Ansatz der pauschalen Regelung zu einer höheren steuerlichen Belastung führen, als wenn der Wert nach der Fahrtenbuchmethode ermittelt wird. Gleiches gilt natürlich auch für die Fahrten zwischen Wohnung und Arbeitsstätte.

205 Insofern besteht nach § 8 Abs. 2 Satz 4 EStG auch die Möglichkeit, die Fahrten zwischen Wohnung und Arbeitstätte unter Aufzeichnung der tatsächlichen Kosten dem Verhältnis der tatsächlichen Fahrten zuzuordnen. Um die Fahrtenbuchregelung anwenden zu können, gelten die gleichen Voraussetzungen, wie sie schon unter der Fahrtenbuchmethode zur privaten Nutzung dargestellt wurden (vgl. Rdn. 180 ff.).

BEISPIEL: Der Arbeitnehmer nutzt einen Firmenwagen für private Fahrten und für Fahrten zwischen Wohnung und Arbeitsstätte. Der Bruttolistenneupreis hat im Zeitpunkt der Erstzulassung 25.000 € betragen. Das Fahrzeug ist acht Jahre alt und bereits abgeschrieben. Der Arbeitnehmer führt ein Fahrtenbuch. Hiernach entfallen 10.000 km auf Privatfahrten, 4.000 km auf Fahrten zwischen Wohnung und Arbeitsstätte und 26.000 km auf berufliche Fahrten.

Da das Fahrzeug bereits abgeschrieben ist, sind an laufenden Kosten einschließlich Kfz-Versicherung und Kfz-Steuer beim Arbeitgeber lediglich 4.000 € angefallen. Der lohnsteuerpflichtige geldwerte Vorteil berechnet sich auf der Basis der Fahrtenbuchaufzeichnungen wie folgt:

für Fahrten zwischen Wohnung und Arbeitsstätte:	
10 % von 4.000 €	400 €
für Privatfahrten:	
25 % von 4.000 Euro	1.000 €
geldwerter Vorteil (netto)	1.400 €
19 % USt	+ 266 €
geldwerter Vorteil (brutto)	1.666 €

206 Das Wahlrecht zwischen der pauschalen Nutzungswertermittlung nach § 8 Abs. 2 Satz 2 und 3 EStG und der Fahrtenbuchmethode nach § 8 Abs. 2 Satz 4 EStG kann nur einheitlich ausgeübt werden. Eine Ermittlung der privaten Fahrten nach der Fahrtenbuchmethode und der Fahrten zwischen Wohnung und Arbeitsstätte nach der 0,03%-Regelung oder umgekehrt ist nicht möglich.

► **Hinweis:** Nach R 8.1 Abs. 9 Nr. 3 Satz 1 LStR hat sich der Arbeitgeber mit dem Arbeitnehmer einheitlich für ein Verfahren zur Ermittlung des Nutzungswertes zu entscheiden. Allerdings kann der Arbeitnehmer unabhängig von der

Entscheidung zwischen ihm und dem Arbeitgeber im Rahmen der Einkommensteuererklärung von dem gewählten Verfahren abweichen und insoweit auf die für den Arbeitnehmer günstigere Variante wechseln (R 8.1 Abs. 9 Satz 4 LStR).

Haben sich der Arbeitgeber und der Arbeitnehmer für die Ermittlung nach der pauschalen Nutzungswertmethode entschieden (1%-Regelung und 0,03%-Regelung), kann der Arbeitnehmer nur dann im Rahmen der Einkommensteuererklärung auf die Fahrtenbuchmethode wechseln, wenn er neben dem von ihm geführten Fahrtenbuch auch in der Lage ist, mit den Unterlagen des Arbeitgebers die tatsächlichen Kosten des von ihm genutzten Kraftwagens nachzuweisen. Da dies im Nachhinein sicherlich schwierig zu ermitteln ist, sollte überlegt werden, ob nicht für jedes Kraftfahrzeug des Unternehmers eigene Kostenstellen eingerichtet werden. Insofern fällt eine direkte Zuordnung wesentlich leichter. 207

4. Familienheimfahrten anlässlich doppelter Haushaltsführung

Nach § 8 Abs. 2 Satz 5 EStG unterliegt auch die Nutzung eines Firmenwagens durch Arbeitnehmer für **Familienheimfahrten** anlässlich einer doppelten Haushaltsführung als geldwerter Vorteil der Lohnsteuer. Danach ist bei pauschaler Ermittlung des Nutzungswerts ein Betrag von **0,002 % des inländischen Bruttolistenpreises** für jeden Kilometer der Entfernung zwischen dem Ort des eigenen Hausstands und dem Beschäftigungsort anzusetzen. Der Bruttolistenpreis ist mit dem identisch, der bei der Ermittlung der 1%-Regelung und 0,03%-Regelung zu Grunde gelegt wird (Rdn. 174). 208

Ein geldwerter Vorteil ist für die Familienheimfahrten nach § 8 Abs. 2 Satz 5 zweiter Halbsatz EStG jedoch nicht anzuwenden, da diese Fahrten nach § 9 Abs. 1 Nr. 5 EStG als Werbungskosten zu berücksichtigen sind. 209

BEISPIEL: ▶ Der Arbeitnehmer nutzt im Rahmen einer steuerlich anerkannten doppelten Haushaltsführung einen Firmenwagen auch für wöchentliche Familienheimfahrten (insgesamt 40 im Jahr). Der Bruttolistenneupreis hat im Zeitpunkt der Erstzulassung 30.000 € betragen. Die einfache Entfernung zwischen dem Ort des eigenen Hausstands und dem Beschäftigungsort beträgt 400 km.

Im vorliegenden Fall ist ein geldwerter Vorteil für die Familienheimfahrten nicht anzusetzen, weil der Arbeitnehmer die Aufwendungen für die wöchentlichen Familienheimfahrten als Werbungskosten absetzen könnte.

▶ **Hinweis:** Der Arbeitgeber sollte bei einer doppelten Haushaltsführung allerdings nur dann von der Besteuerung des geldwerten Vorteils wegen Nutzung eines Firmenfahrzeugs für Familienheimfahrten absehen, wenn er sich sicher ist, dass die doppelte Haushaltsführung steuerlich anerkannt wird. Aus haftungsrechtlicher Sicht kann es günstiger sein, den entsprechenden

Sachbezug zu versteuern und den Arbeitnehmer auf die Eintragung eines Freibetrags auf der Lohnsteuerkarte zu verweisen.

BEISPIEL: Sachverhalt wie vor, jedoch wird die doppelte Haushaltsführung steuerlich nicht anerkannt.

Der geldwerte Vorteil berechnet sich wie folgt:

0,002 % von 30.000 € × 400 km × 40 Fahrten =	9.600 €

210 Obwohl es sich aus dem Wortlaut des § 8 Abs. 2 Satz 5 EStG nicht ableiten lässt, ist es auch bei der Ermittlung des geldwerten Vorteils im Zusammenhang mit Familienheimfahrten zulässig, den Teil der gesamten Kfz-Aufwendungen anzusetzen, der auf die Familienheimfahrten entfällt (H 8.1 Abs. 9 und 10 „Überlassung eines betrieblichen Kraftfahrzeugs zu Familienheimfahrten" zweiter Spiegelstrich letzter Satz LStH).

211 Voraussetzung ist allerdings auch hier, dass die durch das Kraftfahrzeug insgesamt entstehenden Aufwendungen **durch Belege** und das Verhältnis der Familienheimfahrten zu den übrigen Fahrten durch ein **ordnungsgemäßes Fahrtenbuch** nachgewiesen werden.

BEISPIEL: Wie vor, jedoch nutzt der Arbeitnehmer einen älteren Firmenwagen, der bereits abgeschrieben ist. Außerdem führt der Arbeitnehmer ein Fahrtenbuch. Die Gesamtaufwendungen für das Kfz belaufen sich auf 8.000 €. Von der Gesamtfahrleistung entfallen lt. Fahrtenbuch 50 % auf die Familienheimfahrten.

Der lohnsteuerpflichtige geldwerte Vorteil für die Familienheimfahrten berechnet sich auf der Basis der Fahrtenbuchaufzeichnungen wie folgt:

50 % von 8.000 €	4.000 €
USt 19%	+ 760 €
geldwerter Vorteil (brutto)	4.760 €

212 Nutzt ein Arbeitnehmer einen Firmenwagen sowohl für private Fahrten als auch für Fahrten zwischen Wohnung und Arbeitsstätte und für Familienheimfahrten, kann der Nutzungswert nur einheitlich ermittelt werden. Entweder werden alle Fahrten nach der Fahrtenbuchmethode oder nach der pauschalen Methode einheitlich ermittelt.

5. Einsatzwechseltätigkeit

213 Der geldwerte Vorteil im Zusammenhang mit der Nutzung eines vom Arbeitgeber zur Verfügung gestellten Firmenwagens für Fahrten zwischen Wohnung und Arbeitsstätte unterbleibt bei Arbeitnehmern, die eine **Einsatzwechseltätigkeit** ausüben.

214–215 *(Einstweilen frei)*

6. Begrenzung des pauschalen Nutzungswertes

Bei der Begrenzung des pauschalen Nutzungswertes, der sog. „Kostendeckelung", geht es um die Fallgestaltungen, bei denen die tatsächlichen Aufwendungen im Zusammenhang mit der Überlassung eines Firmenwagens belegmäßig zwar aufgezeichnet werden, jedoch kein ordnungsgemäßes Fahrtenbuch geführt wird oder ein Fahrtenbuch nicht als ordnungsgemäß anerkannt wird. 216

In diesen Fällen darf der pauschal ermittelte Nutzungswert die dem Arbeitgeber insgesamt für das Fahrzeug entstandenen Kosten **nicht** übersteigen.[1] Wird dies im Einzelfall nachgewiesen, so ist der pauschale Nutzungswert höchstens mit dem Betrag der **Gesamtkosten des Kfz** anzusetzen, wenn nicht aufgrund des Nachweises der Fahrten durch ein Fahrtenbuch ein geringerer Wertansatz in Betracht kommt. 217

7. Wechsel zwischen den Wertermittlungsmethoden

Das Wahlrecht hinsichtlich der Ermittlung des geldwerten Vorteils nach der Pauschalregelung und der Fahrtenbuchregelung kann für Privatfahrten, Fahrten zwischen Wohnung und Arbeitsstätte und Familienheimfahrten anlässlich einer doppelten Haushaltsführung nur **einheitlich** ausgeübt werden. Jedoch kann das Wahlrecht für **jedes Kalenderjahr** neu ausgeübt werden. Hintergrund ist die Abschnittsbesteuerung nach § 25 Abs. 1 EStG. 218

8. Vereinfachte Ermittlung der Monatswerte für den Lohnsteuerabzug

Nach R 8.1 Abs. 9 Nr. 3 LStR ist es aus Vereinfachungsgründen zulässig, soweit die genaue Erfassung des privaten Nutzungswerts monatlich noch nicht möglich ist, bei der Erhebung der Lohnsteuer monatlich **ein Zwölftel des Vorjahresbetrags** zu Grunde zu legen. Nach Ablauf des Kalenderjahres oder nach Beendigung des Dienstverhältnisses ist dann der tatsächlich zu versteuernde Nutzungswert zu ermitteln und eine etwaige Lohnsteuerdifferenz auszugleichen (§ 41c, § 42b EStG). 219

9. Lohnsteuerpauschalierung

Gemäß § 40 Abs. 2 Satz 2 EStG kann der geldwerte Vorteil aus der Nutzung eines Firmenwagens für Fahrten zwischen Wohnung und Arbeitsstätte mit 15 % pauschal versteuert werden. Die Pauschalierungsmöglichkeit ist der Höhe nach begrenzt. Sie ist nur möglich, soweit der geldwerte Vorteil den Betrag nicht übersteigt, den der Arbeitnehmer als Werbungskosten geltend machen könnte. 220

1 BMF v. 28.5.1996, BStBl 1996 I 654.

221 Das heißt, dass die Lohnsteuer mit pauschal 15 % erhoben werden kann:

- bei behinderten Arbeitnehmern, die die Voraussetzungen des § 9 Abs. 2 EStG erfüllen, in vollem Umfang und
- bei allen anderen Arbeitnehmern bis zur Höhe der Entfernungspauschale. Die Entfernungspauschale beträgt seit dem Veranlagungszeitraum 2004 0,30 € für jeden vollen Kilometer der Entfernung zwischen Wohnung und Arbeitsstätte. Zu beachten ist, dass die Begrenzung auf den Betrag i. H. v. 4.500 € im Falle der Nutzung eines eigenen oder zur Nutzung überlassenen Kraftfahrzeugs nicht greift. Nach R 40.2 Abs. 6 Nr. 1b LStR darf aus Vereinfachungsgründen bei der Pauschalierung unterstellt werden, dass das Kraftfahrzeug an 15 Arbeitstagen monatlich zu Fahrten zwischen Wohnung und Arbeitsstätte benutzt wird.

BEISPIEL: Der Arbeitnehmer nutzt einen vom Arbeitgeber zur Verfügung gestellten Firmenwagen auch für Fahrten zwischen Wohnung und Arbeitsstätte. Die einfache Entfernung beträgt 30 km. Der Bruttolistenpreis des Pkw hat im Zeitpunkt der Erstzulassung 30.000 € betragen.

Der geldwerte Vorteil pro Monat (brutto) aus der Nutzung des Pkw für Fahrten zwischen Wohnung und Arbeitsstätte ermittelt sich wie folgt:

0,03 % von 30.000 € × 30 km	270 €
Ermittlung des Teilbetrags, der gemäß § 40 Abs. 2 Satz 2 EStG monatlich mit 15% pauschal versteuert werden kann:	
30 km × 0,30 € × 15 Arbeitstage	135 €

Für den Restbetrag i. H. v. 135 € (270 € – 135 €) kommt die Pauschalierung nicht in Betracht.

222 Zu beachten ist allerdings, dass der Arbeitnehmer bei der Pauschalierung gemäß § 40 Abs. 2 Satz 3 EStG insoweit seinen Anspruch auf den Werbungskostenabzug im Rahmen seiner Einkommensteuererklärung verliert.

- **Hinweis:** Ab dem Veranlagungszeitraum 2007 hatte der Gesetzgeber durch das Steueränderungsgesetz 2007 bei den Fahrten zwischen Wohnung und Arbeitsstätte erhebliche Änderungen vorgenommen (Stichwort: Abzug der Aufwendungen ab dem 21. Entfernungskilometer wie Werbungskosten), die sich auch auf die Ermittlung der pauschalen Lohnsteuer auswirkten.

Durch das Urteil des BVerfG vom 9. 12. 2008, wonach insgesamt wieder die Rechtslage hergestellt wurde, welche zum 31. 12. 2006 Gültigkeit hatte, ergeben sich aufgrund des Urteils natürlich auch Änderungen bezüglich der Pauschalierung. In den Lohnzahlungszeiträumen Januar 2007 bis November 2008 konnten die Arbeitgeber nur insoweit pauschalieren, soweit der Arbeitnehmer die Aufwendungen wie Werbungskosten geltend machen konnte. Zur Anwendung der Rechtslage aufgrund des Urteils vom 9. 12. 2008 wird auf das BMF-

Schreiben vom 30.12.2008[1] verwiesen. In dem BMF-Schreiben wird klargestellt, ob und inwieweit die Lohnzahlungszeiträume, welche nach dem 31.12.2006 begonnen haben, geändert werden können.

(Einstweilen frei) 223–225

1 BStBl 2009 I S. 28.

D. Private Kfz-Kosten bei der Einkommensteuer

I. Nutzung eines Kraftfahrzeugs im Privatvermögen für betriebliche Zwecke

1. Zuordnung eines Fahrzeugs zum Privatvermögen

226 Kraftfahrzeuge sind dem Privatvermögen zuzurechnen, wenn sie nicht zu mindestens 10 % betrieblich genutzt werden (R 4.2 Abs. 1 Satz 5 EStR). Bei einer betrieblichen Nutzung zwischen 10 % bis 50 % kann der Steuerpflichtige wählen, ob er das Fahrzeug dem Betriebsvermögen oder dem Privatvermögen zuordnet. Bei einer Gewinnermittlung nach § 4 Abs. 3 EStG muss eine eindeutige, zweifelsfreie Zuordnung zum gewillkürten Betriebsvermögen erfolgen. Befindet sich das Kraftfahrzeug aufgrund der Wahlmöglichkeit oder aufgrund der mehr als 90%igen privaten Nutzung im Privatvermögen, stellt sich das Problem der privaten Nutzungsentnahme und auch das Problem der nichtabziehbaren Betriebsausgaben nicht.

2. Nutzung eines privaten Fahrzeugs für Geschäftsreisen

227 Wird ein zum Privatvermögen gehörendes Kraftfahrzeug für Geschäftsreisen genutzt, so führt dies zu einer Nutzungseinlage. Nutzungseinlagen sind gemäß § 6 Abs. 1 Nr. 5 EStG mit dem Teilwert, also mit den anteiligen Kosten anzusetzen. Für den Fall, dass die Kfz-Kosten vollständig aufgezeichnet werden, kann die Nutzungseinlage anhand der tatsächlichen Kosten ermittelt werden. Anzusetzen ist dann der Teilbetrag der jährlichen Gesamtkosten des Fahrzeugs, der dem Anteil der zu berücksichtigenden Geschäftsreisen entspricht. Die Verpflichtung zur Führung eines Fahrtenbuchs besteht insoweit nicht. Es reicht allgemein aus, wenn die Geschäftsreisen beispielsweise anhand eines Eigenbelegs „Reisekostenabrechnung" unter Angabe der jeweils zurückgelegten Kilometer glaubhaft dargelegt werden. In die Gesamtkosten sind auch die AfA und ggf. Finanzierungskosten einzubeziehen.

228 Aus **Vereinfachungsgründen** kann die Nutzungseinlage auch mit pauschalen Kilometersätzen angesetzt werden. Dabei sind folgende Grundsätze zu beachten:

- Bei Benutzung eines privaten Fahrzeugs können die Fahrtkosten mit 0,30 € je gefahrenen Kilometer angesetzt werden. Zu beachten ist allerdings in diesem Zusammenhang das Urteil des BFH v. 26.7.1991,[1] wonach ein Ansatz der Pauschale bei einer Gesamtfahrleistung von mehr als 40.000 km jährlich nicht zulässig ist, da die Pauschale offensichtlich zu einer unzutreffenden Besteuerung führt.

- Für jede Person, die aus betrieblicher Veranlassung bei einer Geschäftsreise mitgenommen wird, erhöht sich der Kilometersatz von 0,30 € ab dem Veranlagungszeitraum 2002 um 0,02 €. Zusätzliche Aufwendungen, die durch die Mitnahme von Gepäck verursacht worden sind, sind durch die Kilometersätze abgegolten (H 9.5 „Pauschale Kilometersätze" LStH). Auch wenn das dieser Rechtsauffassung zu Grunde liegende Bundesreisekostenrecht insoweit 2005 geändert worden ist und diese Zuschläge insoweit reisekostenrechtlich gar nicht mehr gewährt werden, hat die Finanzverwaltung H 38 insoweit nicht aufgehoben.
- Neben den Kilometersätzen können etwaige außergewöhnliche Kosten angesetzt werden, wenn diese durch die Fahrten, für die die Kilometersätze anzusetzen sind, entstanden sind. Außergewöhnliche Kosten sind nur die nicht voraussehbaren Aufwendungen für Reparaturen, die nicht auf Verschleiß oder auf Unfallschäden beruhen, Absetzungen für außergewöhnliche technische Abnutzung sowie Aufwendungen infolge eines Schadens, der durch den Diebstahl des Fahrzeugs entstanden ist; dabei sind entsprechende Schadenersatzleistungen auf die Kosten anzurechnen. Aufwendungen, die mit dem laufenden Betrieb eines Fahrzeuges zusammenhängen, wie z. B. Aufwendungen für eine Fahrzeug-Vollversicherung, sind keine außergewöhnlichen Kosten.

3. Nutzung des Privatfahrzeugs für Fahrten zwischen Wohnung und Betriebsstätte

Wird ein zum Privatvermögen gehörendes Kraftfahrzeug vom Unternehmer 229
für Fahrten zwischen Wohnung und Betriebsstätte eingesetzt, so können auch diese Aufwendungen als Betriebsausgaben geltend gemacht werden. Seit dem 1.1.2001 ist dafür eine Entfernungspauschale anzusetzen. § 4 Abs. 5 Nr. 6 EStG verweist hier ausdrücklich auf die Regelungen in § 9 Abs. 1 Satz 3 Nr. 4 und Nr. 5 EStG sowie in § 9 Abs. 2 EStG.

a) Ermittlung der Anzahl der Fahrten

Die Entfernungspauschale ist unabhängig von der Art der Beförderung für jeden 230
Arbeitstag **einmal** anzusetzen. Die frühere Ausnahmeregelung, wonach zusätz-

1 BStBl 1992 II S. 105.

liche Fahrten an einem Arbeitstag bei einer Arbeitsunterbrechung von mindestens vier Stunden oder wegen eines zusätzlichen Arbeitseinsatzes außerhalb der regelmäßigen Arbeitszeit berücksichtigt wurden, ist weggefallen. Der BFH hat die Abgeltungswirkung der Entfernungspauschale am 11. 9. 2003[1] insoweit bestätigt. Hiergegen wurde Verfassungsbeschwerde eingelegt.[2] Vergleichbare Fälle sollten bis zur Entscheidung des Bundesverfassungsgerichts offen gehalten werden.

b) Maßgebliche Wohnung

231 Hat ein Unternehmer mehrere Wohnungen, können die Fahrten von einer Wohnung, die nicht der Betriebsstätte am nächsten liegt, nur berücksichtigt werden, wenn sie den **Mittelpunkt der Lebensinteressen** des Unternehmers bildet und nicht nur gelegentlich aufgesucht wird.

c) Behinderte Menschen

232 Behinderte Steuerpflichtige,

- deren Grad der Behinderung mindestens 70 % beträgt oder
- deren Grad der Behinderung zwar weniger als 70 %, aber mindestens 50 % beträgt und die in ihrer Bewegungsfähigkeit im Straßenverkehr erheblich beeinträchtigt sind,

können anstelle der Entfernungspauschale die tatsächlichen Kosten für die Fahrten zwischen Wohnung und Betriebsstätte ansetzen. Die Behinderung ist anhand amtlicher Unterlagen nachzuweisen (§ 4 Abs. 5 Nr. 6 EStG i. V. mit § 9 Abs. 2 EStG). Zum Nachweis vgl. § 65 EStDV.

4. Kfz-Nutzung für Familienheimfahrten im Rahmen einer doppelten Haushaltsführung

233 Bei zum Privatvermögen gehörenden Kfz kann ebenfalls eine Entfernungspauschale für die **Familienheimfahrten** anlässlich einer betrieblich bedingten **doppelten Haushaltsführung** als Betriebsausgaben geltend gemacht werden (§ 4 Abs. 5 Nr. 6 EStG i. V. mit § 9 Abs. 1 Nr. 5 EStG). Hiernach ist ab Veranlagungszeitraum 2004 für die Familienheimfahrten eine **Entfernungspauschale von 0,30 €** für jeden vollen Kilometer der Entfernung zwischen dem Ort des eigenen Hausstands und dem Beschäftigungsort anzusetzen. Auch hier ist die kürzeste Straßenverbindung zwischen Wohnung und Betriebsstätte maßgebend. Die Entfer-

1 BStBl 2003 II S. 893.
2 Az.: 2 BvR 2085/03.

nungspauschale darf nur für **eine** tatsächlich durchgeführte Familienheimfahrt pro Woche angesetzt werden. Zusatzkosten, auch Unfallkosten, können nicht geltend gemacht werden.

Behinderte Steuerpflichtige, 234

- deren Grad der Behinderung mindestens 70 % beträgt oder
- deren Grad der Behinderung weniger als 70 %, aber mindestens 50 % beträgt und die in ihrer Bewegungsfähigkeit im Straßenverkehr erheblich beeinträchtigt sind,

können anstelle der Entfernungspauschale die tatsächlichen Kosten für die Familienheimfahrten ansetzen. Die Behinderung ist anhand amtlicher Unterlagen nachzuweisen (§ 4 Abs. 5 Nr. 6a EStG i. V. mit § 9 Abs. 2 EStG). Zum Nachweis vgl. § 65 EStDV.

(Einstweilen frei) 235

II. Kfz-Kosten als außergewöhnliche Belastung

Neben den zuvor schon im Rahmen der Einkunftsarten erwähnten Möglich- 236
keiten eines behinderten Menschen, erhöhte Kraftfahrzeugkosten geltend zu machen, ergibt sich auch die Möglichkeit, Kosten für die Nutzung eines privaten Kraftfahrzeugs als außergewöhnliche Belastungen zu berücksichtigen. Allerdings ist auch hier der Grad der Minderung der Erwerbsfähigkeit zu beachten.

Nach H 33.1 bis 33.4 „Fahrtkosten behinderter Menschen“ EStH können 237
außergewöhnliche Kosten für die Nutzung eines Kraftfahrzeugs nur geltend machen:

- Personen mit einer Minderung der Erwerbsfähigkeit von mindestens 70 % und dem Merkzeichen „G“,
- Personen mit einer Minderung der Erwerbsfähigkeit von mindestens 80 % (keine weiteren Merkzeichen erforderlich),
- Behinderte mit dem Merkzeichen
  - „aG“ (außergewöhnlich Gehbehindert)
  - „Bl“ (Blind)
  - „H“ (Hilflos)

Sind die Kosten im privaten Bereich angefallen, z. B. durch Fahrten zu einem 238
Arzt, zu Rehabilitationsmaßnahmen usw., handelt es sich bei den entstandenen Aufwendungen um Kosten der privaten Lebensführung nach § 12 Satz 1 EStG. Diese Kosten sind durch ausdrückliche Aufführung als außergewöhnliche

Belastungen nach § 33 Abs. 1 EStG abzugsfähig. Die Höhe der Abzugsfähigkeit wird durch H 33.1 bis 33.4 EStH unter dem Stichwort „Fahrtkosten behinderter Menschen" konkretisiert. Unter Beachtung der Rechtsprechung des BFH v. 29.4.1996[1] und v. 21.12.2001[2] können die Aufwendungen im Rahmen der Angemessenheit wie folgt als außergewöhnliche Belastungen geltend gemacht werden:

1. Minderung der Erwerbsfähigkeit von 70 % und Merkzeichen „G" oder 80 %

239 Die Aufwendungen für die durch die Behinderung veranlassten und unvermeidbaren Fahrten sind als außergewöhnliche Belastungen i. S. des § 33 Abs. 1 EStG als Krankheitskosten in der Höhe zu berücksichtigen, soweit sie nachgewiesen oder glaubhaft gemacht werden und angemessen sind. Der Nachweis kann hier anhand entsprechender Aufzeichnungen über die gefahrenen Kilometer und der Aufstellung der tatsächlichen Kosten erfolgen. Können die tatsächlichen Kosten nicht belegt werden, so können aus Vereinfachungsgründen pauschal 3.000 km im Kalenderjahr (Veranlagungszeitraum) als angemessen berücksichtigt werden. Zu beachten ist, dass der BFH in seinen Urteilen v. 19.5.2004[3] und v. 18.12.2003[4] deutlich gemacht hat, dass ein Aufwand von mehr als 0,30 € je Kilometer im Rahmen des § 33 EStG unangemessen ist. So ist auch bei einem tatsächlichen Nachweis der Kosten maximal ein Betrag i. H. v. 0,30 € je Kilometer zu berücksichtigen.

BEISPIEL: A hat eine Minderung der Erwerbsfähigkeit i. H. v. 80 %. Er muss regelmäßig aufgrund seiner Behinderung einen Arzt aufsuchen.

Variante 1: A führt ein ordnungsgemäßes Fahrtenbuch, aus dem die Fahrten zum Arzt mit 4.000 km hervorgehen. Aus den belegten Kosten ergibt sich ein Aufwand i. H. v. 0,25 €/km.

Variante 2: A führt ein ordnungsgemäßes Fahrtenbuch, aus dem die Fahrten zum Arzt mit 4.000 km hervorgehen. Aus den belegten Kosten ergibt sich ein Aufwand i. H. v. 0,35 €/km.

Variante 3: A führt weder ein ordnungsgemäßes Fahrtenbuch noch kann er die Aufwendungen konkret belegen.

Lösung Variante 1: Da die 4.000 km nachgewiesen wurden, sind diese zu berücksichtigen. Der Aufwand von 0,25 €/km ist dabei zu berücksichtigen. Die anzusetzenden außergewöhnlichen Belastungen betragen somit 1.000 €.

---

1 BStBl 1996 I S. 446.
2 BStBl 2002 I S. 868.
3 BStBl 2005 II S. 23.
4 BStBl 2004 II S. 453.

Lösung Variante 2: Da die 4.000 km nachgewiesen wurden, sind diese zu berücksichtigen. Der Aufwand von 0,35 € je Kilometer ist nicht zu berücksichtigen, da die Kosten über 0,30 €/km unangemessen sind. Daher sind lediglich 0,30 €/km anzusetzen. Die zu berücksichtigenden außergewöhnlichen Belastungen betragen somit 1.200 €.

Lösung Variante 3: Aus Vereinfachungsgründen sind nach H 33.1 bis 33.4 „Fahrtkosten behinderter Menschen" EStH pauschal 3.000 km mit jeweils 0,30 € anzusetzen. Die anzusetzenden außergewöhnlichen Belastungen betragen daher 900 €.

► **Hinweis:** Bei allen drei Varianten ist jedoch die zumutbare Eigenbelastung nach § 33 Abs. 3 EStG zu berücksichtigen. (Die zumutbare Eigenbelastung wird jedoch nicht nur von den Fahrtkosten abgezogen, sondern von allen im Veranlagungszeitraum angefallenen außergewöhnlichen Belastungen i. S. des § 33 Abs. 1 EStG).

2. Merkzeichen „aG", „Bl" und „H"

Erfüllen die Steuerpflichtigen die oben aufgeführten Merkzeichen, dürfen 240
neben den durch die Behinderung veranlassten unvermeidbaren Fahrten auch die Aufwendungen für Fahrten als außergewöhnliche Behinderungen geltend gemacht werden, die für Freizeit- Erholungs- und Besuchsfahrten entstehen, sofern sie angemessen sind. Hinsichtlich der Höhe der Aufwendungen je Kilometer liegt die Angemessenheit ebenfalls bei 0,30 €/km. Auch hier ist zunächst einmal der Umfang der Fahrten und der Aufwendungen nachzuweisen bzw. glaubhaft zu machen. Nach dem Urteil des BFH v. 2. 10. 1992[1] ist die Angemessenheitsgrenze in diesen Fällen jedoch bei 15.000 km jährlich erreicht.

► **Hinweis:** Nach dem BFH-Urteil v. 13. 12. 2001[2] gilt die Begrenzung auf 15.000 km ausnahmsweise dann nicht, wenn die Fahrleistung durch eine berufsspezifische Ausbildung bedingt ist, die nach der Art und Schwere der Behinderung nur durch den Einsatz eines Kraftfahrzeugs durchgeführt werden kann. In einem solchen Fall sind die privat veranlassten Fahrten nur noch bis zu 5.000 km im Veranlagungszeitraum als angemessen anzusehen.

Wurde der Behinderten-Pauschbetrag nach § 33b Abs. 5 EStG auf eine andere 241
Person übertragen, gelten die vorgenannten Steuervergünstigungen auch, wenn der Begünstigte selbst nicht behindert ist. Voraussetzung ist allerdings, dass der behinderte Mensch, dessen Pauschbetrag nach § 33b EStG übertragen wurde, an diesen Fahrten auch tatsächlich teilgenommen hat.

(Einstweilen frei) 242–245

1 BStBl 1993 II S. 286.
2 BStBl 2002 II S. 198.

E. Fahrzeuge bei der Umsatzsteuer

246 Die umsatzsteuerliche Behandlung von Fahrzeugen, die nicht nur einmalig zur Erzielung von Umsätzen eingesetzt werden, ist vom Grundsatz sehr überschaubar. Aus den Anschaffungs- oder Herstellungskosten ist der Unternehmer unter den üblichen Voraussetzungen zum Vorsteuerabzug berechtigt, wenn er das Fahrzeug seinem Unternehmen zuordnet. Die Veräußerung oder Entnahme des Fahrzeugs unterliegt als Lieferung regelmäßig der Umsatzsteuer. Aus den laufenden Kosten des Fahrzeugs steht dem Unternehmer ebenfalls der Vorsteuerabzug zu. Bei einer teilweisen privaten Nutzung des Fahrzeugs durch den Unternehmer ist eine unentgeltliche Wertabgabe von ihm zu versteuern, die Überlassung eines Fahrzeugs an Arbeitnehmer zu dessen privater Verwendung unterliegt als sonstige Leistung der Umsatzsteuer. Alles ist sehr übersichtlich und strukturiert. Nur leider steckt der Teufel wie immer im Detail. Gerade bei der Besteuerung des privaten Nutzungsanteils von Fahrzeugen war die Gesetzgebung der letzten Jahre etwas verwirrend und die Rechtsprechung entsprechend vielfältig.

I. Anschaffung von Fahrzeugen für das Unternehmen

1. Allgemeine Grundsätze zum Vorsteuerabzug

a) Unternehmereigenschaft des Käufers als persönliche Voraussetzung

247 Kernstück des Mehrwertsteuersystems ist der Vorsteuerabzug, durch den die auf der Vorstufe eingetretene Belastung eines Unternehmers umsatzsteuerlich rückgängig gemacht wird. Durch dieses systemtragende Element wird erreicht, dass eine Belastungswirkung erst beim Endverbraucher eintritt. Zum Vorsteuerabzug berechtigt sind daher ausschließlich Unternehmer im Rahmen ihrer unternehmerischen Tätigkeit (§ 15 Abs. 1 Satz 1 Nr. 1 Satz 1 i. V. mit § 2 Abs. 1 UStG).

BEISPIEL: Der Angestellte A kauft am 4.11.01 einen Pkw, mit dem er u. a. täglich zur Arbeit fährt. Nach seiner überraschenden Kündigung zum 31.3.02 macht sich A als Ingenieur selbständig, das Auto wird Unternehmensvermögen.

A hat das Auto als Privatperson angeschafft, zum Zeitpunkt der Anschaffung war er nicht Unternehmer und hatte auch keine unternehmerischen Absichten. Ein Abzug der in Rechnung gestellten Umsatzsteuerbeträge als Vorsteuern kommt nicht in Betracht. Die Zuführung des Fahrzeugs zum Unternehmensvermögen stellt eine Einlage dar. Da in diesem Moment keine Leistung eines anderen Unternehmers für das Unternehmen des A erfolgt, kommt ein Vorsteuerabzug für das Fahrzeug nicht in Betracht.

Da das Fahrzeug seinerzeit nicht für das Unternehmen des A angeschafft wurde, ist auch keine Berichtigung des Vorsteuerabzugs nach § 15a UStG möglich.[1]

Abziehbar sind auch Vorsteuerbeträge, die vor Ausführung von Umsätzen oder nach Aufgabe ihrer Tätigkeit anfallen (Abschn. 191 Abs. 1 Satz 2 UStR). War die spätere Ausführung entgeltlicher Leistungen ernsthaft beabsichtigt und wurde die Ernsthaftigkeit dieser Absicht durch objektive Merkmale nachgewiesen oder glaubhaft gemacht, so entfällt die Unternehmereigenschaft auch bei **„erfolglosen Unternehmern"** nicht rückwirkend, wenn es später nicht oder nicht nachhaltig zur Ausführung entgeltlicher Leistungen kommt. Vorsteuerbeträge, die den beabsichtigten Umsätzen zuzurechnen sind und bei denen der Vorsteuerabzug nicht ausgeschlossen wäre (§ 15 Abs. 2 UStG), können dann nicht zurückgefordert werden (Abschn. 19 Abs. 1 UStR), außer in den Fällen von Betrug oder Missbrauch. Als Nachweis für die Ernsthaftigkeit sind **Vorbereitungshandlungen** anzusehen, wenn die Gegenstände oder sonstigen Leistungen ihrer Art nach nur zur unternehmerischen Verwendung oder Nutzung bestimmt sind oder in einem objektiven und zweifelsfrei erkennbaren Zusammenhang mit der beabsichtigten unternehmerischen Tätigkeit stehen. Die vorstehenden Ausführungen gelten entsprechend bei Aufnahme einer neuen Tätigkeit im Rahmen eines bereits bestehenden Unternehmens, wenn die Vorbereitungshandlungen nicht in einem sachlichen Zusammenhang mit der bisherigen unternehmerischen Tätigkeit stehen. 248

Die Behandlung der Überlassung von Gegenständen durch Gesellschafter an Gesellschaften, an denen sie beteiligt sind, richtet sich danach, ob die Gesellschafter nur in ihrer Eigenschaft als Gesellschafter oder selbst als Unternehmer (d. h. zur Erzielung von Einnahmen) tätig sind. Der **Gesellschafter** kann allein durch die Vermietung eines Gegenstandes an die Gesellschaft selbständiger Unternehmer werden (Abschn. 18 Abs. 3 Satz 1, Abschn. 6 Abs. 3 Satz 8 bis 11 UStR). Der Gesellschafter kann grundsätzlich frei entscheiden, in welcher Eigenschaft er für die Gesellschaft tätig wird. Dabei kann er seine Verhältnisse so gestalten, dass sie zu einer möglichst geringen steuerlichen Belastung führen. Dies gilt auch dann, wenn die zwischen Gesellschaft und Gesellschafter getroffenen Vereinbarungen nicht vertragsgemäß vollzogen werden oder diese Vereinbarungen nicht dem entsprechen, was unter Fremden üblich ist, sofern nur tatsächlich ein Leistungsaustausch stattfindet.[2] Eine Leistung gegen Entgelt liegt regelmäßig auch dann vor, wenn ein Gesellschafter vereinbarungsgemäß im Leistungsaustausch, aber lediglich gegen Aufwendungsersatz tätig wird.[3] Maßgebend ist, ob zwischen 249

1 EuGH-Urteil v. 11. 7. 1991 – Rs. C-97/90, HFR 1991 S. 730.
2 BFH v. 16. 3. 1993, BStBl 1993 II S. 562.
3 BFH v. 11. 4. 2002, BStBl 2002 II S. 782.

Gesellschaft und Gesellschafter ein Leistungsaustausch vereinbart wurde, wobei der Aufwendungsersatz auch Entgelt in diesem Sinne sein kann. Eine sonstige Leistung durch Überlassung der Nutzung eines Gegenstandes muss beim Leistungsempfänger die Möglichkeit begründen, den Gegenstand für seine Zwecke zu verwenden. Soweit die Verwendung durch den Leistungsempfänger in der Rücküberlassung der Nutzung an den Leistenden besteht, muss deutlich erkennbar sein, dass dieser nunmehr sein Recht zur Nutzung aus dem Nutzungsrecht des Leistungsempfängers ableitet (Abschn. 6 Abs. 3 Satz 11 UStR).

BEISPIEL: G ist seit dem 1.4.01 Gesellschafter der A+G-OHG in Gütersloh. G ist zu 50% am Gewinn und Verlust der Gesellschaft beteiligt. Am 28.3.01 hat G einen Lieferwagen für 40.000 € zzgl. 7.600 € USt angeschafft, der von der Gesellschaft genutzt wird. Daher wurde im Gesellschaftsvertrag vereinbart, dass G neben dem Gewinnanspruch eine besondere monatliche Vergütung von 2.380 € für die Zurverfügungstellung des fahrbereiten Fahrzeugs von der OHG erhält. Die Beträge wurden monatlich dem Kapitalkonto des G gutgeschrieben. Nach zwei Jahren veräußert G das Fahrzeug an die OHG für 30.000 €.

Sowohl die OHG als auch G sind Unternehmer i.S. des § 2 Abs. 1 UStG, G aufgrund seiner Vermietungsleistungen gegenüber der OHG, denn insoweit erbringt er Leistungen an die OHG gegen Sonderentgelt. Diese Vermietung erfolgt im Leistungsaustausch, da G von der OHG für diese besondere Leistung eine gewinnunabhängige Vergütung in Form von monatlichen Teilleistungen erhält. Die Gutschrift auf dem Kapitalkonto des G ist die entsprechende Gegenleistung. Die Vermietungsleistung ist daher steuerbar (§ 1 Abs. 1 Nr. 1 UStG) und steuerpflichtig. Die Bemessungsgrundlage beträgt für jede Teilleistung 2.000 € (§ 10 Abs. 1 Satz 2 UStG), die USt somit 380 € (§ 12 Abs. 1 UStG). Die Umsatzsteuerbeträge kann die OHG beim Vorliegen einer entsprechenden Rechnung als Vorsteuer abziehen (§ 15 Abs. 1 Satz 1 Nr. 1 UStG).

Die spätere Veräußerung des Fahrzeugs durch G stellt ein Hilfsgeschäft dar und ist ebenfalls im Rahmen des Unternehmens des G erbracht. Diese Lieferung an die OHG ist steuerbar (§ 3 Abs. 1, § 1 Abs. 1 Nr. 1 UStG) und steuerpflichtig, die Umsatzsteuer beträgt 19% aus 30.000 €, mithin 4.789,92 € (§ 10 Abs. 1, § 12 Abs. 1 UStG). Dieser Betrag kann bei entsprechender Rechnungsstellung von der OHG als Vorsteuer abgezogen werden (§ 15 Abs. 1 Satz 1 Nr. 1 UStG).

Die Anschaffung des Lieferwagens am 28.3. erfolgte für das (zukünftige) Unternehmen des G, denn sein Unternehmen und das Unternehmen der OHG sind wesensverschieden. Der Beginn der Tätigkeit der OHG ist daher ohne Bedeutung. G war daher im Voranmeldungszeitraum 3/04 insoweit grundsätzlich zum Vorsteuerabzug i.H.v. 7.600 € berechtigt (§ 15 Abs. 1 Satz 1 Nr. 1 UStG).

250 Ein Arbeitnehmer kann mit der Vermietung eines Pkw an seinen Arbeitgeber selbständig und damit unternehmerisch tätig werden. Ob die Mietzahlungen des Arbeitgebers an den Arbeitnehmer ertragsteuerlich als Arbeitslohn qualifiziert werden können, spielt umsatzsteuerlich keine Rolle.[1]

1 BFH v. 11.10.2007, BStBl 2008 II S. 443.

Überlässt eine Werbefirma ein Fahrzeug mit besonders angebrachten Werbeflächen oder Lackierungen einem Kunden, erbringen diese Kunden in aller Regel umsatzsteuerliche Leistungen, auch wenn es sich dabei um soziale Institutionen, Sportvereine oder Kommunen handelt.[1] In aller Regel übergibt die Werbefirma das mit Werbeflächen versehene Fahrzeug (sog. Werbemobil) der Institution zur Nutzung, behält jedoch den Fahrzeugbrief bis zum Ende der Vertragslaufzeit zurück. Das zivilrechtliche Eigentum an dem Fahrzeug geht in aller Regel am Ende der Vertragslaufzeit auf die Institution über. Der Lieferung der Werbefirma (im Einzelfall auch eine sonstige Leistung) steht in diesen Fällen die Werbeleistung gegenüber, die die Institution mit der Duldung der Anbringung der Werbeflächen und dem werbewirksamen Einsatz des Fahrzeugs an die Werbefirma erbringt. Ungeachtet der Frage, ob die Werbeleistung der nutzenden Institution einen wirtschaftlichen Geschäftsbetrieb begründet oder nicht,[2] liegt umsatzsteuerlich in jedem Fall ein steuerbarer Leistungsaustausch vor. Sofern ein wirtschaftlicher Geschäftsbetrieb anzunehmen ist, unterliegt die Leistung der Institution dem Regelsteuersatz, ansonsten ggf. als Vermögensverwaltung dem ermäßigten Steuersatz nach § 12 Abs. 2 Nr. 8 Buchst. a UStG. Bei einer juristischen Person des öffentlichen Rechts ist nach Auffassung der Finanzverwaltung ein Betrieb gewerblicher Art und damit Unternehmereigenschaft nur gegeben, wenn diese Tätigkeit sich innerhalb der Gesamtbetätigung der Körperschaft wirtschaftlich heraushebt und von einigem Gewicht ist (R 6 Abs. 5 KStR). 251

Vorsteuerabzugsberechtigt sind auch **ausländische Unternehmer,** auch wenn sie im Inland keine Leistungen ausgeführt haben (Abschn. 191 Abs. 2 UStR). Diese Unternehmer haben ihre Vorsteuerbeträge im Vergütungsverfahren geltend zu machen (§ 18 Abs. 9 UStG i.V. mit §§ 59 bis 61 UStDV). Entsprechendes gilt regelmäßig für deutsche Unternehmer im Ausland, es sei denn, das entsprechende Land hat den Vorsteuerabzug aus Pkw-Kosten eingeschränkt (z.B. Belgien, Dänemark, Frankreich, Griechenland, Irland, Italien, Österreich, Portugal, Spanien, Vereinigtes Königreich). Nicht vorsteuerabzugsberechtigt sind Kleinunternehmer (§ 19 Abs. 1 Satz 4 UStG).

b) Leistungsbezug für das Unternehmen

Die Vorsteuerbeträge müssen mit Leistungen zusammenhängen, die für das Unternehmen des Leistungsempfänger erbracht wurden (Abschn. 192 Abs. 16 ff. UStR). Dies ist der Fall, wenn die Leistung dazu bestimmt ist, dem Unternehmen zu dienen (z.B. zur Veräußerung, zum Verbrauch oder zum Gebrauch). Ausschließlich unternehmerisch genutzte Gegenstände rechnen 252

1 OFD Karlsruhe v. 29.2.2008, DStR 2008 S. 974.
2 Vgl. dazu BMF-Schreiben v. 18.2.1998, BStBl 1998 II S. 212.

stets zum Unternehmensvermögen, wobei jedoch sog. Sonderbetriebsvermögen der Gesellschafter einer Personengesellschaft nicht zum Unternehmensvermögen der Gesellschaft gerechnet werden kann. Derartige Fahrzeuge sind daher Unternehmensvermögen des einzelnen Gesellschafters, im Einzelfall stellt allein die Überlassung des Fahrzeugs an die Gesellschaft sein Unternehmen dar. Fahrzeuge, die ausschließlich unternehmerisch genutzt werden, rechtfertigen daher grundsätzlich den vollen Vorsteuerabzug durch den Unternehmer (§ 15 Abs. 1 Satz 1 Nr. 1 Satz 1 UStG). Sie sind uneingeschränkt dem Unternehmen zuzurechnen.

BEISPIEL: Bauunternehmer B kauft einen Lieferwagen, mit dem Mitarbeiter und Material zu den einzelnen Baustellen transportiert werden sollen.

Die Anschaffung des Fahrzeugs erfolgt für das Unternehmen des B, daher ist grundsätzlich der volle Vorsteuerabzug aus den Anschaffungskosten möglich (§ 15 Abs. 1 Satz 1 Nr. 1 UStG). Ob die Vorsteuer durch B tatsächlich abgezogen werden kann oder ganz oder teilweise vom Abzug ausgeschlossen ist, hängt von den beabsichtigten Umsätzen des B ab (§ 15 Abs. 2 Nr. 1 UStG). Gegebenenfalls ist die Vorsteuer aufzuteilen (§ 15 Abs. 4 UStG) oder bei sich ändernden Umsätzen nach § 15a UStG zu berichtigen.

253 Wird eine sonstige Leistung ausgeführt oder werden vertretbare Sachen geliefert, von denen ein Anteil von vornherein für den außerunternehmerischen Bereich bestimmt ist, ist die Eingangsleistung und damit der Vorsteuerabzug grundsätzlich in einen unternehmerisch veranlassten und einen nichtunternehmerischen Teil aufzuteilen (Abschn. 192 Abs. 21 Nr. 1 UStR). Die Besteuerung einer unentgeltlichen Wertabgabe nach § 3 Abs. 1b bzw. Abs. 9a UStG entfällt in diesen Fällen der unmittelbaren Vorsteueraufteilung.

Aus diesem Grund ist die auf die Miete, Mietsonderzahlung, Leasingraten und Unterhaltskosten entfallende Vorsteuer eines angemieteten oder geleasten Fahrzeugs, das der Unternehmer auch für eigene außerunternehmerische Zwecke verwendet, nach dem Verhältnis von unternehmerischer und nichtunternehmerischer Nutzung in einen abziehbaren und einen nicht abziehbaren Anteil aufzuteilen. Aus Vereinfachungsgründen kann der Unternehmer jedoch auch den Vorsteuerabzug aus diesen Ausgaben in voller Höhe vornehmen und die nichtunternehmerische Nutzung als unentgeltliche Wertabgabe nach § 3 Abs. 9a Nr. 1 UStG versteuern.[1] Gleiches müsste u. E. auch für das Betanken des Fahrzeugs und für Inspektionen gelten, auch hier werden in der Praxis aber derartige Vorsteuerbeträge regelmäßig uneingeschränkt zum Abzug zugelassen und de facto durch die Versteuerung der unentgeltlichen Wertabgabe korrigiert.

1 BMF-Schreiben v. 27.8.2004, BStBl 2004 I S. 864.

c) Leistung eines anderen Unternehmers

Der Vorsteuerabzug setzt voraus, dass die in Rechnung gestellte Steuer für den bezeichneten **Umsatz** geschuldet wird. Ein Vorsteuerabzug ist daher nicht zulässig, soweit der die Rechnung ausstellende Unternehmer die Steuer nach § 14c UStG schuldet (Abschn. 192 Abs. 1 Satz 2 UStR) bzw. der Rechnungsaussteller nicht Unternehmer ist. 254

BEISPIEL: Privatmann P verkauft seinen Pkw an den Existenzgründer E für 5.950 €. Auf dessen Wunsch hin erteilt P ihm eine Rechnung über 5.000 € zzgl. 950 € Umsatzsteuer.

E kann die offen ausgewiesene Umsatzsteuer nicht als Vorsteuer abziehen, obwohl P diese nach § 14c Abs. 2 UStG schuldet.

Diese Rechtsauffassung hat Bedeutung insbesondere bei steuerfreien oder nicht steuerbaren Leistungen (z. B. fehlerhaft abgerechnete Geschäftsveräußerung). 255

BEISPIEL: Unternehmer U verkauft sein gesamtes Unternehmen an A, der das Unternehmen fortführt. U erteilt eine Rechnung über 100.000 € zzgl. 19.000 € Umsatzsteuer. Zu den übergegangenen Wirtschaftsgütern gehört auch ein Pkw.

Es liegt eine Geschäftsveräußerung im Ganzen vor, die in Rechnung gestellte Umsatzsteuer wird von U nach § 14c Abs. 1 UStG geschuldet, kann aber von A nicht als Vorsteuer abgezogen werden.

Ein Vorsteuerabzug ist nur möglich, wenn die Umsatzsteuer von einem **anderen Unternehmer** gesondert in einer Rechnung ausgewiesen wird, die Rechnung muss grundsätzlich vom leistenden Unternehmer ausgestellt sein. Ein Vorsteuerabzug kann nur aufgrund einer Rechnung geltend gemacht werden, die eine eindeutige und leicht nachprüfbare Feststellung der Leistung ermöglicht, über die abgerechnet worden ist (Abschn. 192 Abs. 19 UStR). Bei unzutreffender oder ungenauer Bezeichnung des leistenden Unternehmers ist der Vorsteuerabzug nicht möglich, z. B. bei Verwendung eines Scheinnamens oder bei nicht zweifelsfreier Bezeichnung des Leistenden im Abrechnungspapier (vgl. Abschn. 192 Abs. 15 UStR). Auch Steuern, die ein Nichtunternehmer in Rechnung stellt, sind beim Leistungsempfänger nicht als Vorsteuer abzugsfähig, obwohl der Rechnungsaussteller diese Umsatzsteuer nach § 14c Abs. 2 UStG schuldet, es besteht kein Gutglaubensschutz. Dagegen kann der Vorsteuerabzug nicht versagt werden, wenn sich der leistende Unternehmer nach der Leistungsausführung und Rechnungsausstellung dem Zugriff der Finanzbehörde entzogen hat.[1] 256

Eine Rechnung berechtigt den Leistungsempfänger nur dann zum Vorsteuerabzug, wenn der Leistende und der Leistungsempfänger sowie die erbrachte Leistung zutreffend und ausreichend **bezeichnet** worden sind (Abschn. 192 257

1 BFH v. 28. 6. 2000, UR 2001 S. 26.

Abs. 15 UStR). Der den Vorsteuerabzug begehrende Unternehmer trägt die Feststellungslast dafür, dass der in einer Eingangsrechnung angegebene Firmensitz des leistenden Unternehmers auch tatsächlich bestanden hat.[1]

258 Umsatzsteuerbeträge, die bei der Abrechnung von **Vorauszahlungen** oder Abschlagzahlungen ausgewiesen wird, sind als Vorsteuer abzugsfähig, wenn der Betrag geleistet wird (§ 15 Abs. 1 Satz 1 Nr. 1 Satz 3 UStG, vgl. Abschn. 187 und Abschn. 193 UStR). Steuerbeträge, die für einen **Innenumsatz** gesondert ausgewiesen werden, sind nicht als Vorsteuer abzugsfähig, da umsatzsteuerlich kein Leistungsaustausch vorliegt (Abschn. 192 Abs. 14 UStR). Die Umsatzsteuer wird in diesen Fällen auch nicht nach § 14c Abs. 2 UStG geschuldet (Abschn. 183 Abs. 4 UStR).

d) Gesondert in Rechnung gestellte Steuerbeträge

aa) Verpflichtung zur Rechnungserteilung

259 Für den Vorsteuerabzug muss eine ordnungsgemäße Rechnung i. S. des § 14 UStG vorliegen. Der leistende Unternehmer ist verpflichtet, eine entsprechende Rechnung zu erteilen, wenn er die Umsätze an einen anderen Unternehmer für dessen Unternehmen ausführt, denn eine ordnungsgemäße Rechnung ist für den Leistungsempfänger materiell-rechtliche Voraussetzung für den Vorsteuerabzug (§ 14 Abs. 2 Satz 1 Nr. 2 Satz 2, § 15 Abs. 1 Satz 1 Nr. 1 Satz 2 UStG). Hierbei handelt es sich um einen zivilrechtlichen Anspruch, der vor den ordentlichen Gerichten geltend zu machen ist. Die Verjährung richtet sich nach den Vorschriften des Zivilrechts (Abschn. 183 Abs. 5 Satz 4 UStR). Verweigert der leistende Unternehmer die Erteilung einer Rechnung mit gesondertem Steuerausweis (z. B. unter Hinweis auf die Steuerbefreiung seines Umsatzes), hat der Leistungsempfänger aber auch ein berechtigtes Interesse i. S. des § 41 Abs. 1 FGO. Der Betroffene kann somit auch im Finanzrechtsweg vom Finanzgericht eine bindende Beurteilung zur Steuerpflicht des Vorgangs verlangen. Die mit der Feststellungsentscheidung gefundene materiell-rechtliche Beurteilung ist für die Steuerschuldverhältnisse beider Beteiligten bindend.

260 Bei einer Verpflichtung zur Rechnungserteilung ist die Rechnung durch den Unternehmer innerhalb von 6 Monaten nach Ausführung der Leistung zu fertigen (§ 14 Abs. 2 Satz 1 Nr. 2 Satz 2 UStG) .

1 BFH v. 6. 12. 2007, DStR 2008 S. 821.

bb) Inhalte einer Rechnung

Als Rechnung ist jede Urkunde anzusehen (§ 14 Abs. 1 UStG), mit der ein Unternehmer über eine Leistung mit dem Leistungsempfänger abrechnet und die insbesondere die in § 14 Abs. 4 UStG geforderten Bestandteile aufweist: 261

- Name und Anschrift des leistenden Unternehmers (§ 14 Abs. 4 Nr. 1 UStG, § 31 Abs. 2 Satz 1 UStDV; Abschn. 185 Abs. 2 und Abschn. 192 Abs. 15 UStR), also z. B. das Autohaus, die Kfz-Werkstatt, der Mineralölkonzern bei verpachteten Tankstellen;
- Name und Anschrift des Leistungsempfängers (§ 14 Abs. 4 Nr. 1 UStG, § 31 Abs. 2 Satz 2 UStDV; Abschn. 185 Abs. 2 und Abschn. 192 Abs. 16 und 20 UStR), also regelmäßig den Käufer des Fahrzeugs;
  - **Hinweis:** Betreibt der Leistungsempfänger sein Unternehmen in der Rechtsform einer Gesellschaft (z. B. GmbH, KG, GbR), muss die Rechnung auf den Namen der Gesellschaft lauten, nicht auf den Namen eines einzelnen Gesellschafters oder des Geschäftsführers. Dies gilt auch dann, wenn Ehegatten gemeinsam ein Unternehmen betreiben. In der Rechnung muss das Unternehmen, nicht der Ehemann oder die Ehefrau allein genannt sein. Eine Personengesellschaft kann aus einer Rechnung, die nur auf einen Gesellschafter ausgestellt ist, keinen Vorsteuerabzug vornehmen, wenn die Rechnung keinen Hinweis auf die Gesellschaft als Leistungsempfänger enthält.[1]
- Umsatzsteuer-Identifikationsnummer oder Steuernummer des leistenden Unternehmers (§ 14 Abs. 4 Nr. 2 UStG; Abschn. 185 Abs. 4 bis 8, Abschn. 192 Abs. 3 Satz 3 und 4 UStR);
  - **Hinweis:** Die fehlende Angabe der Steuernummer oder USt-Identifikationsnummer in der Rechnung führt seit dem 1. 1. 2004 zum Verlust des Vorsteuerabzugs.
- Ausstellungsdatum (§ 14 Abs. 4 Nr. 3 UStG);
- eine einmalige Rechnungsnummer (§ 14 Abs. 4 Nr. 4 UStG; Abschn. 185 Abs. 9 bis 13 UStR);
- Menge und handelsübliche Bezeichnung des Liefergegenstandes bzw. Art und Umfang der sonstigen Leistung (§ 14 Abs. 4 Nr. 5 UStG); Gattungsbezeichnungen (z. B. „Kleinmaterial") sind grundsätzlich nicht ausreichend (Abschn. 185 Abs. 14 UStR), wohl aber Sammelbezeichnungen (z. B. „Büromöbel"), Symbole sind unter den Voraussetzungen des § 31 Abs. 3 UStDV zulässig;

1 BFH v. 7. 11. 2000, DStR 2001 S. 212 sowie BFH v. 1. 2. 2001, DStR 2001 S. 845.

- Zeitpunkt der Leistung (§ 14 Abs. 4 Nr. 6 UStG), wobei die Angabe des Kalendermonats ausreichend ist (§ 31 Abs. 4 UStDV); dies ist auch erforderlich, wenn Rechnungsdatum und Leistungsdatum identisch sind;[1] der allgemeine Hinweis, dass das Leistungsdatum dem Rechnungsdatum entspricht, reicht allerdings nach Auffassung der Verwaltung in der Praxis aus (Abschn. 185 Abs. 16 Satz 2 UStR).
- Entgelt für die erbrachte Leistung (§ 14 Abs. 4 Nr. 7 UStG), d.h. der Rechnungsbetrag netto ist zwingend gesondert anzugeben;[2]
- Steuersatz und Umsatzsteuerbetrag (§ 14 Abs. 4 Nr. 8 UStG), d.h. ziffernmäßiger Ausweis; die Angabe „enthält die gesetzliche Umsatzsteuer" reicht nicht aus, der Hinweis, dass die Rechnung 7 bzw. 19 % Umsatzsteuer beinhaltet, ist nur bei Kleinbetragsrechnungen und Fahrausweisen zugelassen (§§ 33, 34 UStDV). Auch die ziffernmäßige Angabe der enthaltenen Umsatzsteuer ohne Angabe des Entgelts ist unzureichend.
  - **Hinweis:** Zur Vereinfachung kann bei sog. Kleinbetragsrechnungen, deren Gesamtbetrag 150 € nicht übersteigt, die Benennung des Steuerbetrages entfallen. Es genügt die Angabe des Steuersatzes und des Bruttoentgelts (§ 33 Satz 1 Nr. 4 UStDV). Die Kleinbetragsrechnungen brauchen zudem nicht den Namen und die Anschrift des Leistungsempfängers sowie den Tag der Leistung zu enthalten. Der Leistungsempfänger ist auch ohne gesonderten Steuerausweis oder Angabe des Nettobetrages zum Abzug der Vorsteuer berechtigt; er hat sie unter Beachtung des angegebenen Steuersatzes aus dem Bruttorechnungsbetrag selbst herauszurechnen (§ 35 Abs. 1 UStDV, Abschn. 185a, Abschn. 194 UStR). Wird in einer Rechnung über mehrere Umsätze abgerechnet, gilt gleichwohl insgesamt die Grenze von 150 €.

262 Die vorbezeichneten Inhalte sind grundsätzlich in allen Rechnungen erforderlich, die über steuerbare Leistungen abrechnen, d.h. auch bei steuerfreien Umsätzen (§ 14 Abs. 4 Nr. 8 UStG). Gleichwohl entsteht dem Rechnungsempfänger bei Rechnungen über steuerfreie Leistungen kein Schaden, wenn diese Rechnungen nicht alle genannten Inhalte aufweisen (vgl. § 15 Abs. 1 Satz 1 Nr. 1 Satz 2 UStG). Entsprechendes gilt beim Übergang der Steuerschuldnerschaft, z.B. beim Kauf von Sicherungsgut (§ 13b Abs. 1 Nr. 2, § 14a Abs. 5 Satz 2 UStG).

263 Rechnungen sind auf **Papier** oder – vorbehaltlich der Zustimmung des Empfängers – auf **elektronischem** Wege zu übermitteln. Diese Zustimmung bedarf

1 BMF-Schreiben v. 3.8.2004, BStBl 2004 I S. 739, bestätigt durch BFM vom 17.12.2008, DStR 2009, 479.

2 BFH v. 27.7.2000, BStBl 2000 II S. 426; Abschn. 192 Abs. 7 UStR.

keiner Form. Die ausdrückliche Bezeichnung als Rechnung auf einer Abrechnungsurkunde kann fehlen (Abschn. 183 Abs. 1 UStR). Die Gesamtheit aller Dokumente, die die nach §§ 14, 14a UStG geforderten Angaben insgesamt enthalten, bildet die Rechnung. In einem Dokument fehlende Angaben müssen in anderen Dokumenten enthalten sein, außerdem sind in diesem Dokument alle anderen Dokumente zu bezeichnen, aus denen sich die erforderlichen Angaben ergeben. Werden Rechnungen per Telefax übersandt, hat der Empfänger einen Ausdruck in Papierform aufzubewahren. Bei Benutzung von Thermopapier ist ggf. eine Kopie erforderlich, um ihn für die Dauer des Aufbewahrungszeitraums zu konservieren (vgl. Abschn. 184a Abs. 5 Nr. 1 UStR).

Unter „Rechnungen" i. S. des § 14 UStG sind grundsätzlich nur die **Originalrechnungen** oder vergleichbare Dokumente zu verstehen.[1] Der Nachweis, dass diese Voraussetzung erfüllt war, kann jedoch mit allen verfahrensrechtlich zulässigen Beweismitteln geführt werden.[2] 264

Bei Zahlungen an Tankstellen mittels **Kreditkarte** ist der mit dem Vermerk „Kopie" versehene Beleg als Rechnung i. S. des § 14 UStG anzusehen, da der Kunde im Regelfall nur diesen Beleg erhält.[3] 265

Werden bei **Vermittlungsleistungen** das Eigengeschäft und der vermittelte Umsatz in einer Rechnung aufgeführt, kann aus Vereinfachungsgründen der jeweilige Umsatz durch Kennziffern oder Symbole der jeweiligen Steuernummer und Rechnungsnummer zugeordnet werden. 266

cc) Vorsteuerabzug

Fehlt eine dieser geforderten Angaben, so berechtigt die Rechnung den Leistungsempfänger grundsätzlich nicht zum Vorsteuerabzug (§ 15 Abs. 1 Satz 1 Nr. 1 Satz 2 UStG, Abschn. 192 Abs. 3 Satz 7 UStR). Dem Empfänger steht in Höhe der Umsatzsteuer ein Zurückbehaltungsrecht zu.[4] Der Leistungsempfänger kann die Korrektur oder Ergänzung der Rechnung verlangen, die Berichtigung wirkt aber erst für den Voranmeldungszeitraum der Änderung.[5] Der Leistungsempfänger ist nicht befugt, einen fehlenden Steuerausweis durch eigenständige Berichtigung oder Ergänzung der Rechnung nachzuholen, auch nicht, wenn der Rechnungsaussteller zustimmt. Die Rechnung ist jedoch vollständig, wenn notwendige Angaben in anderen Unterlagen enthalten sind (z. B. Verträge) und hierauf in der Rechnung hingewiesen wird (§ 31 Abs. 2 UStDV, Abschn. 185 Abs. 1 UStR). 267

1 EuGH v. 5.12.1996, DStRE 1997 S. 112.
2 BFH v. 16.4.1997, BStBl 1997 II S. 582.
3 OFD Erfurt v. 29.4.1996, DStR 1996 S. 1204.
4 AG Waiblingen, Beschluss v. 10.11.2003 – 14 C 1737/03.
5 § 17 Abs. 1 Satz 7; bestätigt durch EuGH v. 29.4.2004, DStRE 2004 S. 831.

BEISPIEL: Kfz-Händler K verkauft dem Unternehmer U ein neues Fahrzeug und nimmt dabei absprachegemäß ein altes Fahrzeug in Zahlung (gemeiner Wert 26.000 €). Da auf die Anwendung der Sonderregelung des § 25a UStG verzichtet wurde, erteilte K folgende Abrechnung:

Lieferung neues Fahrzeug	50.000,00 €	
Überführungskosten	500,00 €	
Zulassungskosten lt. Beleg Straßenverkehrsamt	50,00 €	50.550,00 €
zzgl. 19 % USt		9.604,50 €
		60.154,50 €
abzgl. altes Fahrzeug	23.659,24 €	
19 % USt	4.495,26 €	28.154,50 €
	zu zahlen	32.000,00 €

Die Lieferung des neuen Fahrzeugs durch K (§ 3 Abs. 1 UStG) ist steuerbar (§ 1 Abs. 1 Nr. 1 UStG) und zu 19 % steuerpflichtig (§ 12 Abs. 1 UStG). Die Bemessungsgrundlage bestimmt sich nach dem gemeinen Wert des anderen Umsatzes zuzüglich Baraufgabe (§ 10 Abs. 1 und Abs. 2 UStG), jedoch abzüglich des durchlaufenden Postens (§ 10 Abs. 1 Satz 6 UStG):

gemeiner Wert des alten Fahrzeugs	26.000,00 €
zzgl. Baraufgabe	32.000,00 €
abzgl. Zulassungsgebühr (§ 10 Abs. 1 Satz 6 UStG)	./. 50,00 €
	57.950,00 €

Darin ist die Umsatzsteuer i. H. v. 9.252,52 € enthalten, das Entgelt beträgt somit 48.697,48 €. Die USt entsteht mit Ablauf des Voranmeldungszeitraums der Lieferung (§ 13 Abs. 1 Nr. 1a Satz 1 UStG).

K hat in einer Rechnung einen höheren Steuerbetrag ausgewiesen (9.604,50 €), als er für diesen Umsatz schuldet (9.252,52€). Er schuldet daher auch den Differenzbetrag nach § 14c Abs. 1 UStG = 351,98 €.

U hat aus der Rechnung des K einen Vorsteuerabzug i. H. v. 9.252,52 €, auch insoweit ist nur die USt als Vorsteuer abziehbar, die der leistende Unternehmer für seine Leistung schuldet (vgl. Rdn. 254).

U führt eine Lieferung (§ 3 Abs. 1 UStG) an K aus, die steuerbar (§ 1 Abs. 1 Nr. 1 UStG) und steuerpflichtig ist. Sein Entgelt berechnet sich nach dem gemeinen Wert des neuen Fahrzeugs (50.500 € zzgl. 19 % USt = 60.095,00 €, d. h. ohne Zulassungsgebühr und versehentlich in Rechnung gestellte USt auf diese Gebühren) abzüglich Baraufgabe von 32.000 € = 28.095,00 € inkl. Umsatzsteuer (§ 10 Abs. 1 und Abs. 2 UStG). Die USt beträgt mithin 4.485,76 € (§ 13 Abs. 1 Nr. 1a UStG). Da U in seiner Rechnung aber 4.495,26 € ausgewiesen hat, schuldet er zudem einen Betrag von 9,50 € nach § 14c Abs. 1 UStG.

K ist grundsätzlich zum Vorsteuerabzug i. H. v. 4.495,26 € berechtigt, denn es liegt eine Gutschrift i. S. des § 14 Abs. 2 Satz 2 UStG vor (§ 15 Abs. 1 Satz 1 Nr. 1 UStG). Allerdings ist in der Gutschrift die Umsatzsteuer mit 9,50 € zu hoch ausgewiesen, denn U schuldet aufgrund seiner Lieferung lediglich eine Umsatzsteuer von 4.485,76 € (s. u.) sowie einen Betrag von 9,50 € nach § 14c Abs. 1 UStG. U kann die Vorsteuer nach § 15

Abs. 1 Satz 1 Nr. 1 Satz 1 UStG nur insoweit abziehen, als die Umsatzsteuer vom leistenden Unternehmer K für eine Leistung i. S. des § 1 Abs. 1 Nr. 1 UStG geschuldet wird. Dies sind hier nur 4.485,76 € (Abschn. 192 Abs. 1 Satz 2 UStR).

Als Vorsteuern abziehbar sind nur Umsatzsteuerbeträge, die nach dem **deutschen Umsatzsteuergesetz** für im Inland bewirkte Leistungen geschuldet werden. Unternehmer, die mit ausländischen Steuerbeträgen belastet werden (z. B. bei Tankquittungen), müssen sich wegen eines evtl. Abzugs an den Staat wenden, der die Steuer erhoben hat (Abschn. 192 Abs. 1 UStR). 268

dd) Rechnungen in Sonderfällen

Als Rechnung ist auch eine **Gutschrift** anzusehen, mit der ein Unternehmen über eine erhaltene steuerpflichtige Leistung abgerechnet (§ 14 Abs. 2 Satz 2 UStG). In diesen Fällen erfolgt die Abrechnung nicht durch den leistenden Unternehmer, sondern durch den Leistungsempfänger. Gutschriften sind auch üblich bei der Inzahlungnahme von gebrauchten Wirtschaftsgütern. Die am Leistungsaustausch beteiligten Unternehmer können völlig frei entscheiden, ob der leistende Unternehmer per Rechnung oder der Leistungsempfänger per Gutschrift abrechnet. Die Vorschriften über die Rechnung sind entsprechend anzuwenden, wenn die Gutschrift den gesetzlichen Erfordernissen entspricht. Daher muss der Gutschriftsempfänger zum Ausstellen von Rechnungen mit offenem Steuerausweis berechtigt sein. Die Gutschrift verliert ihre Wirkung, wenn der Empfänger der Gutschrift ihr widerspricht (§ 14 Abs. 2 Satz 3 UStG). Der Widerspruch wirkt – auch für den Vorsteuerabzug des Gutschriftausstellers – erst in dem Besteuerungszeitraum, in dem er erklärt wird (Abschn. 184 Abs. 4 UStR). 269

Bei **Fahrausweisen** für die Beförderung von Personen und bei Gepäckscheinen des Reisegepäckverkehrs genügt die Angabe des Beförderungsunternehmers, des Bruttobeförderungspreises und des Steuersatzes (§ 34 Abs. 1 Satz 1 UStDV). Unterliegt die Beförderungsleistung dem ermäßigten Steuersatz (§ 12 Abs. 2 Nr. 10 UStG), so braucht auch dieser nicht auf dem Fahrausweis angegeben zu werden. Bei Fahrausweisen der Deutschen Bahn AG kann an Stelle des Steuersatzes die Tarifentfernung angegeben werden (§ 34 Abs. 1 Satz 2 UStDV). Dazu gehören auch Zuschlagkarten für zuschlagpflichtige Züge. Taxiquittungen und Mietwagenrechnungen sind keine Fahrausweise (Abschn. 186 Abs. 1 Satz 4 UStR, vgl. auch Abschn. 195 UStR). 270

Vereinnahmt der Unternehmer das Entgelt oder einen Teil des Entgelts für eine noch nicht ausgeführte steuerpflichtige Leistung, hat er eine Rechnung über diese **Vorauszahlung** oder Abschlagzahlung mit gesondertem Steuerausweis zu erteilen, sofern der Leistungsempfänger Unternehmer ist (§ 14 Abs. 5 271

Satz 1 UStG). Die Regelung entspricht den Bestimmungen über die Istversteuerung von Anzahlungen (§ 13 Abs. 1 Nr. 1a Satz 4 UStG) und dem korrespondierenden Vorsteuerabzug beim Leistungsempfänger (§ 15 Abs. 1 Satz 1 Nr. 1 Satz 3 UStG). In einer Endrechnung, mit der ein Unternehmer über die ausgeführte Leistung insgesamt abrechnet, sind die vor Ausführung der Leistung vereinnahmten Entgelte oder Teilentgelte sowie die hierauf entfallenden Steuerbeträge abzusetzen, wenn über die Entgelte oder Teilentgelte Rechnungen mit gesondertem Steuerausweis erteilt worden sind (§ 14 Abs. 5 Satz 2 UStG, Abschn. 187 Abs. 7 UStR). Sofern die in den Rechnungen über die Anzahlungen offen ausgewiesenen Steuerbeträge in der Endrechnung nicht abgerechnet werden, schuldet der Unternehmer die zu hoch ausgewiesene Steuer nach § 14c Abs. 1 UStG (Abschn. 187 Abs. 10 UStR), ohne dass der (weitere) Vorsteuerabzug für den Leistungsempfänger ermöglicht wird (Abschn. 192 Abs. 9 UStR). Beispiele hinsichtlich einer korrekten Abrechnung enthält Abschnitt 187 UStR.

ee) Aufbewahrung von Rechnungen

272 § 14b UStG regelt die Aufbewahrung von Rechnungen. Danach hat der Unternehmer ein Doppel der von ihm ausgestellten Rechnungen sowie die erhaltenen Rechnungen aufzubewahren. Die Verpflichtung trifft ihn auch für Rechnungen, die von einem Dritten in seinem Namen und für seine Rechnung ausgestellt wurden. Die Aufbewahrungsdauer von 10 Jahren orientiert sich an der in § 147 Abs. 2 AO festgelegten Frist für die in § 147 Abs. 1 Nr. 1 AO bezeichneten Unterlagen. Die Regelung, die eine Selbstverständlichkeit für jeden buchführungs- oder aufzeichnungspflichtigen Unternehmer zu sein scheint, hat insbesondere Bedeutung für Rechnungen und Quittungen, die ausdrücklich auf Wunsch des Kunden erteilt werden, z. B. weil der Unternehmer in aller Regel Privatkunden beliefert und folglich in der Regel gar keine Rechnungen i. S. des § 14 UStG schreibt und nunmehr eine Quittung über ein Geschäftsessen erteilen muss. Auch derartige „Ausnahmerechnungen" müssen in Kopie aufbewahrt werden. Rechnungen müssen über den gesamten Aufbewahrungszeitraum lesbar sein, nachträgliche Änderungen sind nicht zulässig. Rechnungen können auf einem Bildträger aufbewahrt werden (§ 147 Abs. 2 AO), wenn das angewandte Verfahren den Grundsätzen ordnungsmäßiger Buchführung, insbesondere den Anforderungen des BMF-Schreibens v. 1. 2. 1984[1] und den diesem Schreiben beigefügten „Mikrofilm-Grundsätzen" sowie den „Grundsätzen ordnungsmäßiger DV-gestützter Buchführungssysteme (GoBS)" entsprechen. Unter diesen Voraussetzungen können die Originale der Rechnungen grundsätzlich vernichtet werden.

1 BStBl 1984 II S. 155.

e) Zeitpunkt des Vorsteuerabzugs

Der Zeitpunkt für die Vornahme des Vorsteuerabzugs richtet sowohl bei der Versteuerung nach vereinbarten als auch nach vereinnahmten Entgelten grundsätzlich nach dem Sollprinzip (§ 16 Abs. 2 Satz 1 UStG). Voraussetzung ist dabei, dass die Leistung (bzw. Teilleistung) ausgeführt ist **und** eine Rechnung mit gesondertem Steuerausweis vorliegt. Auf den Zeitpunkt der Zahlung kommt es grundsätzlich nicht an, es sei denn, eine Zahlung wurde vor Ausführung der Leistung erbracht (§ 15 Abs. 1 Satz 1 Nr. 1 Satz 3 UStG). Entsprechend der Wechselwirkung von Umsatzsteuer und Vorsteuer ist die Leistung in dem Voranmeldungszeitraum ausgeführt, in dem sie als steuerbarer Umsatz beim Leistenden zur Entstehung der Steuerschuld geführt hat.[1] Um das Recht auf den Vorsteuerabzug ausüben zu können, muss der Steuerpflichtige aber eine entsprechende Rechnung besitzen.[2] Der Vorsteuerabzug entsteht zwar dem Grunde nach in dem Voranmeldungszeitraum, in dem auch die Leistung erbracht wurde. Allerdings müssen für den Vorsteuerabzug sämtliche materiell-rechtlichen Voraussetzungen i. S. des § 15 Abs. 1 Nr. 1 UStG vorliegen und damit auch eine ordnungsgemäße Rechnung. Geht diese erst später beim Leistungsempfänger ein, kann er den Vorsteuerabzug auch erst in einem späteren Voranmeldungszeitraum vornehmen. 273

f) Vorsteuerabzug bei Importen

Bei der **Einfuhr** von Gegenständen aus dem Drittlandsgebiet wird an der Grenze Einfuhrumsatzsteuer erhoben (§ 1 Abs. 1 Nr. 4 UStG). Entrichtet der Unternehmer Einfuhrumsatzsteuer für Gegenstände, die für das Unternehmen eingeführt worden sind, so ist diese Einfuhrumsatzsteuer als Vorsteuer abzugsfähig (§ 15 Abs. 1 Nr. 2 UStG), dabei ist auf den **Zeitpunkt der Zahlung** abzustellen. Die Entrichtung und die unternehmerische Verwendung sind durch einen Beleg nachzuweisen (vgl. Abschn. 199 Abs. 4 bis 7 UStR). Wird die Einfuhrumsatzsteuer bis zum 16. Tag nach Ablauf des Besteuerungszeitraums entrichtet, so kann sie bereits für den abgelaufenen Monat als Vorsteuer geltend gemacht werden, sofern sie in diesem Vormonat entstanden ist (§ 16 Abs. 2 Satz 4 UStG). 274

BEISPIEL: U ist Blumenhändler und kauft einen gebrauchten Lieferwagen in Russland. Für die Einfuhr des Fahrzeugs hat er an der Grenze Einfuhrumsatzsteuer entrichtet.

Die gezahlte Einfuhrumsatzsteuer kann U im Rahmen seiner USt-Voranmeldung als Vorsteuer abziehen (§ 15 Abs. 1 Satz 1 Nr. 2 UStG). Ausschlussumsätze i. S. des § 15 Abs. 2 UStG liegen nicht vor.

---

1 EuGH v. 21.3.2000, DStRE 2000 S. 425; BFH v. 21.10.1999, UR 2000 S. 73.

2 Art. 178 Buchst. a und c der MwStSystRL; EuGH v. 29.4.2004 – Rs. C 152-/02, Terra Baubedarf-Handel GmbH, DStRE 2004 S. 831; BFH v. 1.7.2004, BStBl 2004 II S. 861.

275 Der Unternehmer kann die Steuer für den **innergemeinschaftlichen Erwerb** von Gegenständen (§ 1 Abs. 1 Nr. 5 UStG) als Vorsteuer abziehen, wenn er den Gegenstand für sein Unternehmen erworben hat (§ 15 Abs. 1 Nr. 3 UStG). Das Recht auf Vorsteuerabzug entsteht in dem Zeitpunkt, in dem auch die Umsatzsteuer entsteht (vgl. § 13 Abs. 1 Nr. 6 UStG). Das Vorliegen einer Rechnung ist nicht erforderlich, insbesondere wird vom ausländischen Lieferer auch nur eine Netto-Rechnung ohne Umsatzsteuer erteilt, da die Lieferung im Übrigen Gemeinschaftsgebiet steuerfrei ist (Abschn. 192a Abs. 1 und 2 UStR). Daher ist auch eine Rechnung, die nicht den Erfordernissen des § 14 Abs. 4 UStG entspricht, für den Vorsteuerabzug ohne Belang. Er entsteht kraft Gesetzes.

BEISPIEL: ▶ Unternehmer U kauft einen Pkw-Kombi in Italien als sog. Reimport. Der italienische Unternehmer erteilt ihm eine Nettorechnung.

U bewirkt mit der Anschaffung des Fahrzeugs einen innergemeinschaftlichen Erwerb (§ 1a Abs. 1 UStG), der im Inland (§ 3d Satz 1 UStG) steuerbar ist (§ 1 Abs. 1 Nr. 5 UStG). Er ist zu 19 % steuerpflichtig (§ 12 Abs. 1 UStG). Die auf den innergemeinschaftlichen Erwerb geschuldete Umsatzsteuer kann U unter den üblichen Voraussetzungen gleichzeitig als Vorsteuer abziehen (§ 15 Abs. 1 Satz 1 Nr. 3 UStG). Es ergibt sich damit bei einem regelbesteuerten Unternehmer keine Belastung, gleichwohl muss er für die weiteren Ausführungen berücksichtigen, dass er eben gerade ein Fahrzeug mit Vorsteuerabzug erworben hat. Dies hat z. B. Bedeutung für § 15a UStG.

276 Ein zum Vorsteuerabzug berechtigter Unternehmer wird durch die Erfassung des innergemeinschaftlichen Erwerbs nicht belastet, denn er kann den Vorsteuerabzug in derselben USt-Voranmeldung geltend machen, in der er den innergemeinschaftlichen Erwerb zu versteuern hat. Lediglich bei Unternehmern, die ganz oder zum Teil vom Vorsteuerabzug ausgeschlossen sind (§ 15 Abs. 2 bis 4 UStG), wirkt sich die Umsatzsteuer auf den innergemeinschaftlichen Erwerb entsprechend der Gesetzessystematik als Kostenfaktor aus.

▶ **Hinweis:** Diese Regelung kann nicht auf das Betanken von Landfahrzeugen ausgedehnt werden. Vielmehr ist in diesen Fällen im jeweiligen Mitgliedsstaat eine steuerpflichtige Inlandslieferung anzunehmen, weil sich der Nachweis einer innergemeinschaftlichen Lieferung in das übrige Gemeinschaftsgebiet nicht erbringen lässt.[1] Der Unternehmer, der daher im Ausland sein Fahrzeug auftankt, hat insoweit keinen innergemeinschaftlichen Erwerb – und erhält demzufolge keine Nettorechnung des ausländischen Unternehmers. Vielmehr hat der ausländische Unternehmer eine Rechnung mit der Umsatzsteuer dieses Landes zu erteilen, der Leistungsempfänger muss die Auszahlung der Vorsteuer im Vergütungsverfahren beantragen.

1 Bayerisches Staatsministerium für Finanzen v. 23. 5. 1995, DStR 1995 S. 1352.

g) Einschränkung des Vorsteuerabzugs für die Anschaffung von Fahrzeugen in der Zeit vom 1.4.1999 bis 31.12.2003

Der Vorsteuerabzug aus der Anschaffung, Miete und den Betriebskosten für Kraftfahrzeuge, Boote und Flugzeuge war vom 1.4.1999 bis zum 31.12.2003 durch § 15 Abs. 1b UStG auf 50 v.H. beschränkt, sofern die Fahrzeuge auch für unternehmensfremde Zwecke genutzt werden. Sofern der Vorsteuerabzug aufgrund der Kürzung in § 15 Abs. 1b UStG a.F. nicht zu gewähren war, entfiel die Besteuerung einer (fiktiven) sonstigen Leistung nach § 3 Abs. 9a Nr. 1 UStG (§ 3 Abs. 9a Satz 2 UStG a.F.). Einer durch die Bundesregierung im Rahmen des JStG 2009 vorgeschlagenen Wiedereinführung der Regelung hat sich der Bundesrat widersetzt, das Vorhaben wurde aufgegeben, da es sich politisch nicht durchsetzen ließ. 277

Von der Reduzierung des Vorsteuerabzugs betroffen waren Fahrzeuge, die der Unternehmer sowohl unternehmerisch als auch für seinen privaten Bedarf nutzt. Die Regelung betraf daher nur eine private Nutzung durch einen Einzelunternehmer selbst und den Gesellschafter einer Personengesellschaft. Nicht betroffen war der Vorsteuerabzug für Fahrzeuge, die von den Unternehmern ausschließlich betrieblich genutzt wurden, z.B. Fahrzeuge des Umlaufvermögens im Kfz-Handel, Lastkraftwagen, Fahrzeuge der Autovermieter. Dazu gehörten auch die Fahrzeuge, die vom Unternehmer im Rahmen eines Dienstverhältnisses dem Arbeitnehmer gegen Entgelt überlassen wurden. Die übliche Überlassung von Firmenfahrzeugen oder Dienstwagen an Arbeitnehmer erfolgt umsatzsteuerlich im Regelfall entgeltlich (tauschähnlicher Umsatz), der Unternehmer erzielt somit steuerpflichtige „Vermietungsumsätze“.[1] Somit konnte auch insoweit der volle Vorsteuerabzug aus der Anschaffung und den laufenden Unterhaltskosten eines sog. Firmenwagens in Anspruch genommen werden. Andererseits muss die private Fahrzeugnutzung durch den Arbeitnehmer als sonstige Leistung i.S. des § 3 Abs. 9 und 12 UStG der Umsatzsteuer unterworfen werden.[2] Dies gilt auch für Gesellschafter-Geschäftsführer einer GmbH. Eine Privatnutzung durch „Nur-Gesellschafter“ ist eine Verwendung für außerunternehmerische Zwecke und führte folglich zur Einschränkung des Vorsteuerabzugs auf 50 %.[3] 278

§ 15 Abs. 1b UStG a.F. wurde zum 1.1.2004 durch das Steueränderungsgesetz 2003 wieder aufgehoben. Die Aufhebung der Vorschrift führte dazu, dass ein im Übrigen vorsteuerabzugsberechtigter Unternehmer den Vorsteuerabzug für das seinem Unternehmen zugeordnete Fahrzeug, das er nicht zu weniger als 279

1 BFH v. 10.6.1999, BStBl 1999 II S. 580.
2 BMF-Schreiben v. 29.5.2000, BStBl 2000 I S. 819 und v. 27.8.2004, BStBl 2004 I S. 864.
3 OFD Hannover v. 16.8.2000, DStR 2000 S. 1827.

10 % unternehmerisch nutzt (vgl. § 15 Abs. 1 Satz 2 UStG), wieder in voller Höhe in Anspruch nehmen kann. Die private Nutzung ist als unentgeltliche Wertabgabe (§ 3 Abs. 9a Nr. 1 UStG) der Besteuerung zu unterwerfen. Damit wird der Rechtszustand wiederhergestellt, der schon bis zum 31. 3. 1999 galt.

280 Die Regelung in § 15 Abs. 1b UStG a. F. führte zu unzähligen Rechtsbehelfen und Anträgen, wurde aber vom EuGH dem Grunde nach bestätigt.[1] Allerdings war die Regelung über die Einschränkung des Vorsteuerabzugs danach **erst anwendbar ab der Veröffentlichung der Zustimmung der Europäischen Kommission** v. 28. 2. 2000 am 4. 3. 2000.[2] Zudem ist diese Ermächtigung mit Ablauf des 31. 12. 2002 ausgelaufen, einen Verlängerungsantrag hat die Bundesregierung im Hinblick auf das vor dem Europäischen Gerichtshof anhängige Verfahren nicht mehr gestellt. Steuerpflichtige konnten sich daher für Fahrzeuge, die in der Zeit vom 1. 4. 1999 bis zum 4. 3. 2000 erworben wurden, auf den Vorrang der für sie günstigeren Regelung in Artikel 17 der 6. EG-Richtlinie berufen und den vollen Vorsteuerabzug bei gleichzeitiger Besteuerung der privaten Nutzung als unentgeltliche Wertabgabe berücksichtigen. Entsprechendes gilt ab dem 1. 1. 2003.[3]

281 Daher gilt für die genannten Zeiträume bei der Anschaffung von Fahrzeugen umsatzsteuerliche jeweils eine unterschiedliche Rechtsauffassung, die sich wie folgt zusammenfassen lässt:

aa) Anschaffung oder Anmietung vor dem 1. 4. 1999

282 Voller Vorsteuerabzug aus den Anschaffungskosten und den laufenden Kosten ist möglich (§ 15 Abs. 1 Nr. 1 UStG), als Ausgleich dafür erfolgt die Erfassung der privaten Nutzung als unentgeltliche Wertabgabe als Eigenverbrauch (§ 1 Abs. 1 Nr. 2b UStG a. F.), für die Zeit ab dem 1. 4. 1999 als unentgeltliche Wertabgabe (§ 3 Abs. 9a Nr. 1 UStG). Diese Rechtslage gilt für alle Veranlagungszeiträume bis heute und – sofern das Auto noch vorhanden ist – auch für die Zukunft, die Einschränkung des § 15 Abs. 1b UStG galt und gilt für diese Fahrzeuge nicht (§ 27 Abs. 3 UStG i. d. F. des Steuerentlastungsgesetzes 1999/2000/2002, später § 27 Abs. 5 UStG i. d. F. des Steueränderungsgesetzes).

bb) Anschaffung oder Anmietung vom 1. 4. 1999 bis zum 4. 3. 2000

283 Voller Vorsteuerabzug aus den Anschaffungskosten und den laufenden Kosten ist möglich (§ 15 Abs. 1 Satz 1 Nr. 1 UStG), als Ausgleich dafür ist die Erfassung

1 Urteil v. 29. 4. 2004, BStBl 2004 II S. 806; Nachfolgeurteil des BFH v. 15. 7. 2004, BStBl 2004 II S. 1025.
2 2000/186/EG, ABl EG 2000 Nr. L 59 S. 12.
3 BMF-Schreiben v. 27. 8. 2004, BStBl 2004 II S. 864; zuvor schon OFD Nürnberg v. 21. 5. 2003, UR 2003 S. 514.

der privaten Nutzung als unentgeltliche Wertabgabe erforderlich (§ 3 Abs. 9a Nr. 1 UStG). Diese Rechtslage gilt für alle Veranlagungszeiträume bis heute und – sofern das Auto noch vorhanden ist – auch für die Zukunft, die Einschränkung des § 15 Abs. 1b UStG gilt für diese Fahrzeuge nicht, da die Ermächtigung der Europäischen Union fehlte. Der Steuerpflichtige konnte sich trotz anders lautender nationaler Vorschriften auf die Anwendung der für ihn günstigeren Regelung in Artikel 17 der 6. EG-Richtlinie berufen. Hat der Steuerpflichtige von dieser Möglichkeit Gebrauch gemacht, hat er den vollen Vorsteuerabzug aus den Anschaffungskosten des Fahrzeugs erhalten und folglich die private Nutzung als unentgeltliche Wertabgabe zu versteuern. Das Fahrzeug wurde vor der Wirksamkeit der Geltung der nationalen Einschränkung des Vorsteuerabzugs angeschafft.

cc) Anschaffung oder Anmietung vom 5. 3. 2000 bis zum 31. 12. 2002

Aufgrund der Ermächtigung der Europäischen Kommission v. 4. 3. 2000, die durch den EuGH mit Urteil v. 29. 4. 2004 (BStBl 2004 II S. 806) bestätigt wurde, ist nur der hälftige Vorsteuerabzug aus den Anschaffungskosten und den laufenden Kosten möglich (§ 15 Abs. 1b UStG a. F.). Für diese Fahrzeuge ist keine Erfassung der unentgeltlichen Wertabgabe erforderlich (§ 3 Abs. 9a Satz 2 UStG a. F.). Der nicht abziehbare Teil der Vorsteuerbeträge i. S. des § 15 Abs. 1b UStG a. F. erhöht die damit zusammenhängenden Kosten, d. h. gehört zu den laufenden Kosten bzw. zu den Anschaffungskosten des Fahrzeugs.[1] 284

Sofern sich ein solches Fahrzeug nach dem 31. 12. 2002 noch im Unternehmensvermögen befindet, gilt eine Übergangsregelung für die laufende Nutzung (§ 27 Abs. 5 UStG). Nach dem Urteil des BFH vom 19. 4. 2007 kann für die Zeit ab dem 1. 1. 2003 der Vorsteuerabzug aus den Anschaffungskosten für diese Fahrzeuge nach § 15a UStG berichtigt werden, gleichzeitig ist dann aber auch der private Nutzungsanteil als unentgeltliche Wertabgabe zu verteuern.[2] 285

dd) Anschaffung oder Anmietung vom 1. 1. 2003 bis zum 31. 12. 2003

Da die Ermächtigung der Europäischen Kommission zum 31. 12. 2002 ausgelaufen ist, standen erneut die Regelungen des nationalen Rechts und der 6. EG-Richtlinie in Widerspruch zueinander. Der Steuerpflichtige konnte sich daher bei der Anschaffung eines Fahrzeugs nach dem 31. 12. 2002 auf die günstigere europarechtliche Regelung berufen und entgegen § 15 Abs. 1b UStG a. F. den vollen Vorsteuerabzug aus dem Fahrzeug geltend machen, hatte aber als Aus- 286

1 BFH v. 3.3.2005, BStBl 2005 II S. 567.
2 BStBl 2007 II S. 801.

gleich für die private Nutzung des Fahrzeugs eine unentgeltliche Wertabgabe nach § 3 Abs. 9 Nr. 1 UStG zu versteuern.[1] Ist allerdings das nationale (deutsche) Recht mit seinem Verzicht auf die Besteuerung des privaten Nutzungsanteils bei gleichzeitiger Beschränkung des Vorsteuerabzugs auf 50 % günstiger für den Steuerpflichtigen, hat der Unternehmer ein Wahlrecht und kann auch das dann günstigere deutsche Recht für sich reklamieren.[2] Für Veranlagungszeiträume nach dem 31.12.2003, für die § 15 Abs. 1b UStG a. F. endgültig aufgehoben wurde, ist die Übergangsregelung des § 27 Abs. 5 UStG zu beachten, sofern der Steuerpflichtige von der Möglichkeit der Einschränkung des Vorsteuerabzugs auf 50 % ohne Besteuerung einer unentgeltlichen Wertabgabe Gebrauch gemacht hat. Hat er den Vorsteuerabzug aus der Anschaffung des Fahrzeugs uneingeschränkt berücksichtigt, gilt für ihn die aktuelle Rechtslage: voller Vorsteuerabzug, Besteuerung des privaten Nutzungsanteils als unentgeltliche Wertabgabe.

ee) Anschaffung oder Anmietung ab 1. 1. 2004

287 Es gilt die Rechtslage, die schon bis zum 31. 3. 1999 galt. Aus der Anschaffung des Fahrzeugs und den laufenden Kosten kann der Unternehmer den vollen Vorsteuerabzug berücksichtigen (§ 15 Abs. 1 Satz 1 Nr. 1 UStG), als Ausgleich für die private Nutzung des Fahrzeugs erfolgt eine Besteuerung der unentgeltlichen Wertabgabe (§ 3 Abs. 9a Nr. 1 UStG). Der Unternehmer hat bei der Anschaffung nach dem 31.12.2003 kein Wahlrecht, da nunmehr das nationale Recht dem europäischen Recht entspricht.

h) Ausschluss vom Vorsteuerabzug

288 Vorsteuerbeträge sind nicht abzugsfähig, wenn der Unternehmer die damit verbundenen Eingangsleistungen zur **Ausführung steuerfreier Umsätze** verwendet (§ 15 Abs. 2 Nr. 1 UStG). Der Gesetzgeber hat durch diese Regelung festgelegt, dass das Recht zum Vorsteuerabzug regelmäßig nur Unternehmern zusteht, die auch steuerpflichtige Umsätze ausführen.

1 BMF-Schreiben v. 27.8.2004, DStR 2004 S. 1562; so auch schon OFD Nürnberg v. 21.5.2003, UR 2003 S. 514.

2 Vgl. zum Wahlrecht bei widersprüchlicher Rechtslage auch BFH-Urteil v. 18.10.2001, BStBl 2002 II S. 551.

Bei **nicht steuerbaren** Umsätzen ist der Vorsteuerabzug ausgeschlossen, wenn sie bei unterstellter Steuerbarkeit steuerfrei wären (§ 15 Abs. 2 Nr. 2 und 3 UStG). Daher sind im Ergebnis Vorsteuerbeträge bei folgenden Ausgangsumsätzen nicht abzugsfähig: 289

- steuerfreie Umsätze (§ 15 Abs. 2 Nr. 1 UStG),
- nicht steuerbare Umsätze im Ausland, die bei Steuerbarkeit jedoch steuerfrei wären (§ 15 Abs. 2 Nr. 2 UStG).

BEISPIEL: U besitzt in Deutschland mehrere vermietete Häuser, bei denen er wirksam auf die Steuerbefreiung verzichtet hat. Darüber hinaus besitzt er auch in Ungarn ein Mehrfamilienhaus und verwendet für Beaufsichtigungen dort auch ein dazu in Deutschland angeschafftes Fahrzeug.

Das Fahrzeug gehört zum Unternehmensvermögen, da U es zur Ausführung seiner Umsätze verwendet. Der Vorsteuerabzug ist aber insoweit ausgeschlossen, als U steuerfreie Umsätze ausführt. Dazu gehören auch die nicht steuerbaren Umsätze in Ungarn, denn sie wären steuerfrei, wenn sie in Deutschland ausgeführt worden wären (§ 4 Nr. 12a Satz 1 UStG). Daher hat U nicht ausschließlich steuerpflichtige Umsätze in seinem Unternehmen erzielt, denn auch das Haus in Ungarn gehört zu seinem Unternehmen (§ 2 Abs. 1 Satz 2 UStG).

Der Ausschluss vom Vorsteuerabzug gilt jedoch nicht bei Ausgangsumsätzen, 290
die nach § 4 Nr. 1 bis 7 UStG steuerfrei sind (§ 15 Abs. 3 UStG). Bei diesen **Exportumsätzen** erhält der Unternehmer trotz der Steuerbefreiung dieser Umsätze den vollen Vorsteuerabzug, um eine nicht beabsichtigte Belastung des ausgeführten Gegenstandes mit inländischer Umsatzsteuer zu vermeiden:

- steuerfreie Umsätze nach § 4 Nr. 1 bis 7 UStG, § 25 Abs. 2 UStG, § 26 Abs. 5 UStG und entsprechende nicht steuerbare Umsätze, die insoweit steuerfrei wären;
- steuerfreie Umsätze nach § 4 Nr. 8a bis g und Nr. 10a UStG, die sich auf Ausfuhren in das Drittlandsgebiet beziehen und entsprechende nicht steuerbare Umsätze, die insoweit steuerfrei wären.

Alle übrigen Umsätze (§ 4 Nr. 8 bis 28 UStG) schließen somit den Vorsteuerabzug aus (Ausschlussumsätze).

Gegenstände, die der Unternehmer zur Ausführung einer **Einfuhr** oder eines 291
innergemeinschaftlichen Erwerbs verwendet, sind den Ausgangsumsätzen zuzurechnen, für die der eingeführte oder innergemeinschaftlich erworbene Gegenstand verwendet wird (§ 15 Abs. 2 Satz 2 UStG), maßgebend ist nicht der Eingangsumsatz in Gestalt der Einfuhr oder des innergemeinschaftlichen Erwerbs (Abschn. 203 Abs. 4 UStR).

292 Über den Vorsteuerabzug ist sowohl dem Grunde als auch der Höhe nach bereits bei Leistungsbezug abschließend zu entscheiden.[1] Abgesehen von Fällen des Missbrauchs bzw. Betrugs oder wenn die Verwendungsabsicht des Unternehmers im Zeitpunkt des Leistungsbezugs nicht durch objektive Anhaltspunkte belegt und nicht in gutem Glauben erklärt ist, werden die entsprechenden ursprünglichen Steuerfestsetzungen nicht mehr geändert. Eventuell erforderliche Korrekturen des ursprünglichen Vorsteuerabzugs aus der Zeit vor der erstmaligen Verwendung (Investitionsphase) des Wirtschaftsguts ab dem tatsächlichen Verwendungszeitpunkt können anschließend nur noch nach § 15a UStG vorgenommen werden, wenn sich die ursprüngliche Absicht nicht realisieren lässt (Abschn. 203 Abs. 1 UStR). Dies bedeutet für den laufenden Vorsteuerabzug eine Ausrichtung an der **Verwendungsabsicht.** Die spätere tatsächliche Verwendung ist für sich im Hinblick auf den Nachweis/die Glaubhaftmachung der beabsichtigten Verwendung grundsätzlich unerheblich (= kein Ereignis mit Rückwirkung). Die tatsächliche Verwendung ist aber unter Beiziehung anderer Nachweise aus der Investitionsphase ein zusätzliches Indiz, das als äußeres Erkenntnismittel für eine innere Tatsache zumindest als „Beleg" für die Absicht gewürdigt werden kann.

293 Ändern sich die für den ursprünglichen Vorsteuerabzug maßgebenden Verhältnisse später, ist der Vorsteuerabzug nach § 15a UStG zu berichtigen. Die Vorschrift hat die Aufgabe, den Vorsteuerabzug der tatsächlichen Nutzung der Eingangsleistung anzupassen, regelmäßig auf die Nutzungsdauer eines Wirtschaftsgutes verteilt betrachtet, die vom Gesetzgeber pauschal unterstellt wird (Berichtigungszeitraum). Wird eine Eingangsleistung nicht nur einmalig zur Ausführung von Umsätzen verwendet, kommt es auf die tatsächlichen Verwendungsverhältnisse während des gesamten maßgeblichen Berichtigungszeitraums an (§ 15a Abs. 1 und 5 UStG). Die Berichtigung des ursprünglichen Vorsteuerabzugs wird nicht durch eine geänderte Steuerfestsetzung nach den AO-Vorschriften für die vergangenen Steuerfestsetzungen, sondern nach § 15a UStG – grundsätzlich verteilt auf 5 bzw. 10 Jahre – pro rata temporis vorgenommen, wenn die tatsächliche Verwendung von der ursprünglichen Verwendungsabsicht abweicht (Abschn. 203 Abs. 1 Satz 4 und Satz 12 UStR).

i) Zuordnung und Aufteilung der Vorsteuerbeträge

294 Verwendet der Unternehmer Eingangsumsätze sowohl für vorsteuerabzugsberechtigte als auch für den Vorsteuerabzug ausschließende Umsätze, so ist die

1 EuGH-Urteil v. 8.6.2000, BStBl 2003 II S. 313 und Folgeurteile des BFH v. 22.2.2001, BStBl 2003 II S. 426 und v. 8.3.2001, BStBl 2003 II S. 430.

Vorsteuer grundsätzlich den entsprechenden Umsätzen **unmittelbar zuzuordnen.** Diese direkte Zuordnung ist vorrangig vor einer Vorsteueraufteilung anzuwenden.[1] Ist eine direkte Zuordnung zu bestimmten Umsätzen nicht möglich, so sind die Vorsteuerbeträge in einen abzugsfähigen und einen nicht abzugsfähigen Teil **aufzuteilen** (§ 15 Abs. 4 UStG).

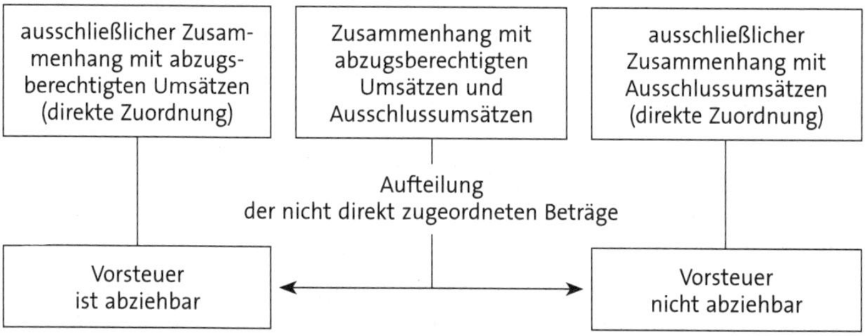

Die Aufteilung der nicht direkt zuzuordnenden Vorsteuerbeträge hat nach **wirtschaftlichen** Erwägungen zu erfolgen (§ 15 Abs. 4 Satz 2 UStG, Abschn. 208 Abs. 2 UStR). Das Verfahren bedient sich quantitativer Schlüssel, ähnlich der Kostenverteilung bei der Betriebsabrechnung, z. B. Wohn- oder Nutzfläche bei Gebäuden, Produktionszeit, Stückzahl oder anteilige gefahrene Kilometer laut Fahrtenbuch. Gegebenenfalls ist dabei eine sachgerechte Schätzung vorzunehmen. Es ist grundsätzlich Sache des Betroffenen, welche Schätzungsmethode er zur Aufteilung der Vorsteuerbeträge wählt, sofern diese nur sachgerecht ist.[2] Hat der Unternehmer ein Aufteilungsverfahren gewählt, ist der gefundene Maßstab auch für folgende Besteuerungszeiträume der Besteuerung zugrunde zu legen und ist auch maßgebend für eine mögliche Vorsteuerberichtigung nach § 15a UStG bei Änderungen, die sich auf die Höhe der steuerfreien oder steuerpflichtigen Mietumsätze auswirken.

BEISPIEL: U ist selbständiger Dozent und erzielt steuerpflichtige und steuerfreie Umsätze (vgl. § 4 Nr. 21 UStG). Für diese Tätigkeit hat er ein Fahrzeug angeschafft. Er führt ein nicht zu beanstandendes Fahrtenbuch.

Die Vorsteuerbeträge, die auf die steuerpflichtigen Umsätze (Vorträge) des U entfallen, sind uneingeschränkt abzugfähig, die Vorsteuerbeträge, die auf steuerfreie Umsätze entfallen, sind vom Abzug ausgeschlossen. Eine genaue Zuordnung ist bei Pkw-Kosten wohl nur im Ausnahmefall möglich. So wären z. B. Parkgebühren oder auch Tankbelege für eine längere Geschäftsreise konkret zuzuordnen, nicht aber die allgemeinen laufenden Kosten und insbesondere nicht die Vorsteuer aus der Abschreibung. Insoweit

1 EuGH v. 8. 6. 2000, UR 2000 S. 342; v. 22. 2. 2001, UR 2001 S. 164.
2 BFH v. 5. 2. 1998, BStBl 1998 II S. 492.

kann eine Aufteilung nach § 15 Abs. 4 UStG anhand der Aufzeichnungen des Fahrtenbuches erfolgen.

295 Durch das Steueränderungsgesetz 2003 wurde § 15 Abs. 4 UStG um einen Satz 3 ergänzt und eine Aufteilung von Vorsteuerbeträgen nach dem Verhältnis der Umsätze ausgeschlossen, sofern eine andere Aufteilung möglich ist. Die Vorschrift dürfte nicht EU-konform sein (vgl. Art. 173 Abs. 1 i.V. mit Art. 174 Abs. 1 MwStSystRL).

BEISPIEL: Bauunternehmer B führt sowohl steuerpflichtige als auch steuerfreie Umsätze aus, denn er bebaut fremde und eigene Grundstücke mit Einfamilienhäusern. Letztere verkauft er mit Grund und Boden und damit steuerfrei nach § 4 Nr. 9a UStG. Zu seinem Unternehmensvermögen gehören mehrere Nutzfahrzeuge, die regelmäßig auf sämtlichen Baustellen eingesetzt werden. Fahrtenbücher werden nicht geführt.

Die Fahrzeuge gehören zum Unternehmensvermögen des B, der Vorsteuerabzug ist daher dem Grunde nach möglich (§ 15 Abs. 1 Satz 1 Nr. 1 Satz 1 UStG). Da B aber auch steuerfreie Umsätze ausführt, ist der Vorsteuerabzug insoweit ausgeschlossen (§ 15 Abs. 2 Nr. 1 Buchst. a UStG). Da eine konkrete Zuordnung der Fahrleistungen der Fahrzeuge zu den steuerpflichtigen und steuerfreien Umsätzen nicht möglich ist, kommt nur eine Aufteilung der Vorsteuerbeträge insgesamt nach § 15 Abs. 4 UStG in Betracht. Mangels geeigneter Aufteilungsmaßstäbe kann B auf eine Aufteilung der Vorsteuerbeträge nach dem Verhältnis der Umsätze zurückgreifen.[1] Es ist grundsätzlich Sache des Betroffenen, welche Schätzungsmethode er zur Aufteilung der Vorsteuerbeträge wählt, sofern diese nur sachgerecht ist.[2] Die gesetzliche Einschränkung in § 15 Abs. 4 Satz 3 UStG geht ins Leere, da eine andere Aufteilung nicht möglich ist.

j) Sonderfall „Differenzbesteuerung“

296 Erwirbt der Unternehmer ein gebrauchtes Fahrzeugs von einem Unternehmer, der bei der Lieferung an ihn die Besteuerung nach § 25a UStG vornimmt, schuldet der liefernde Unternehmer nur die Umsatzsteuer, die in der Marge zwischen Verkaufs- und Einkaufspreis steckt (§ 25a Abs. 3 UStG). Er ist allerdings zum gesonderten Ausweis der Umsatzsteuer in einer Rechnung nicht berechtigt (§ 14a Abs. 6 Satz 2 UStG), folglich ist ein Vorsteuerabzug beim Erwerber nicht möglich. Der liefernde Unternehmer kann jedoch auf die Anwendung der Differenzbesteuerung verzichten (§ 25a Abs. 8 UStG) und die Lieferung der Regelbesteuerung unterwerfen.

BEISPIEL: Gebrauchtwagenhändler G aus Gummersbach verkauft an einen Kunden einen Pkw für 20.000 €. G hat das Fahrzeug vor einigen Wochen von einem Versicherungsvertreter für 17.620 € erworben.

1 Vgl. BFH v. 17.8.2001, BStBl 2002 II S. 833.
2 BFH v. 5.2.1998, BStBl 1998 II S. 492.

G führt eine Lieferung aus (§ 3 Abs. 1 UStG), die Lieferung ist steuerbar (§ 1 Abs. 1 Nr. 1 UStG) und steuerpflichtig zu 19 % (§ 12 Abs. 1 UStG). Die Bemessungsgrundlage beträgt 20.000 €, jedoch ohne die darin enthaltene Umsatzsteuer (§ 10 Abs. 1 Satz 2 UStG). Dies wären 3.193,28 €, die Umsatzsteuerschuld würde daher höher sein als die erzielte Marge von 2.380 €. Da G das Fahrzeug ohne Vorsteuerabzug erworben hat (die Lieferung des Versicherungsvertreters ist steuerfrei nach § 4 Nr. 28 i.V. mit § 4 Nr. 11 UStG) und auch die sonstigen Voraussetzungen des § 25a Abs. 1 UStG erfüllt sind, ist die Bemessungsgrundlage abweichend von § 10 Abs. 1 UStG nach § 25a Abs. 3 UStG zu bestimmen. Damit ist die Umsatzsteuer lediglich aus der Marge zwischen dem Verkaufs- und Einkaufspreis zu berechnen und mithin in dieser Marge von (20.000 € – 17.620 €) = 2.380 € enthalten. Sie beträgt 380 €, die Nettomarge 2.000 €.

Diese Umsatzsteuer stellt eine echte Umsatzsteuerbelastung für die Beteiligten dar, da ein Abzug als Vorsteuer nicht möglich ist. G darf nur eine Rechnung über 20.000 € mit dem Zusatz „Differenzbesteuerung" erteilen, die Umsatzsteuer wird darin nicht ausgewiesen. Aus diesem Grunde kann G auch auf die Anwendung der Differenzbesteuerung verzichten (§ 25a Abs. 8 UStG). So könnte er dem Kunden das Fahrzeug für 20.000 € zzgl. 3.800 € Umsatzsteuer verkaufen. Die Nettomarge betrüge nunmehr statt 2.000 € dementsprechend 2.380 €, d.h. die nicht mehr nach § 25a UStG geschuldete Umsatzsteuer würde den Gewinn des G erhöhen. In Höhe dieser Differenz könnte er auch eine Preisminderung an den Kunden weitergeben. Wollte G weiterhin netto 2.000 € Gewinn erwirtschaften, käme ein Preisnachlass i.H.v. 380 € auf 20.000 € in Betracht. In diesem Falle wäre der Gewinn des G unabhängig von der gewählten Besteuerungsform identisch. Er könnte dazu folgende Rechnung erteilen, die allen Beteiligten gleichermaßen gerecht wird: 19.620 € zzgl. 3.727,80 USt.

2. Fahrzeuge, die ausschließlich unternehmerisch genutzt werden

Fahrzeuge, die ausschließlich unternehmerisch genutzt werden, sind dem 297
Unternehmensvermögen zuzurechnen. Bei Fahrzeugen des Umlaufvermögens (z. B. zum Verkauf bestimmte Fahrzeuge eines Autohändlers), bei Fahrzeugen der Autovermieter und Leasingunternehmer, die ausschließlich vermietet oder verleast werden, bei Nutzfahrzeugen (z. B. Betonmischer, Lkw eines Transportunternehmers) und Omnibussen wird man eine uneingeschränkte unternehmerische Nutzung unterstellen können.

Eine ausschließliche unternehmerische Nutzung liegt auch vor, wenn ein Unter- 298
nehmer ein Fahrzeug anschafft und dieses Fahrzeug einem Mitarbeiter zur Kundenbetreuung, aber auch zur privaten Nutzung des Mitarbeiters überlässt. Aus Sicht des Unternehmens liegt insoweit regelmäßig eine Nutzungsüberlassung an den Mitarbeiter und damit eine unternehmerische Nutzung vor (vgl. auch ausführlich Rdn. 339 ff.). Dies gilt auch für den GmbH-Geschäftsführer, der ein Fahrzeug der GmbH aufgrund des Anstellungsvertrages auch für private Zwecke nutzen kann. Auf die Frage, ob es sich um einen beherrschenden Gesellschafter-Geschäftsführer handelt, kommt es aus umsatzsteuerlicher Sicht grds. nicht

an, sofern die Nutzungsüberlassung dem Arbeitsvertrag entspringt.[1] Bei einer entgeltlichen Überlassung eines Fahrzeugs durch eine Gesellschaft an ihren Gesellschafter wird der Pkw aus Sicht der Gesellschaft in vollem Umfang für unternehmerische Zwecke genutzt und ist daher zwingend Unternehmensvermögen, ein Zuordnungswahlrecht besteht insoweit nicht.

299 Bei anderen Fahrzeugen wird man von einer privaten Mitbenutzung ausgehen müssen, denn es ist gerade einem Pkw immanent, dass er sowohl für berufliche als auch für private Zwecke verwendet werden kann und wohl auch wird. In derartigen Fällen spricht man von gemischt-genutzten Fahrzeugen (Verwendung sowohl für unternehmerische als auch für nichtunternehmerische Zwecke; es gelten die Ausführungen unter Rdn. 301 ff.).

► **Hinweis:** Wurde ein Fahrzeug während der Geltungsdauer des § 15 Abs. 1b UStG a. F. angeschafft, das der Unternehmer zu mindestens 5 % für sein Unternehmen nutzt, konnte entgegen § 15 Abs. 1b UStG a. F. der volle Vorsteuerabzug aus der Anschaffung (und den laufenden Kosten) berücksichtigt werden.[2] Die (geringfügige) nichtunternehmerische Nutzung war nach § 3 Abs. 9a Nr. 1 UStG als unentgeltliche Wertabgabe zu besteuern. Die Regelung betraf insbesondere Lieferwagen, Vorführwagen, Taxis und ähnliche Fahrzeuge. Die Finanzverwaltung unterstellte bei anderen Fahrzeugen – insbesondere Pkw – eine mehr als 5%ige private Mitbenutzung. Unternehmer, die gleichwohl den vollen Vorsteuerabzug aufgrund einer mindestens 95%igen Nutzung für diese Fahrzeuge in Anspruch nehmen wollten, mussten dem Finanzamt grundsätzlich anhand eines ordnungsgemäßen Fahrtenbuches diese geringfügige private Nutzung nachweisen.

300 Bei ausschließlich unternehmerisch genutzten Fahrzeugen ist der volle Vorsteuerabzug nach § 15 Abs. 1 Satz 1 Nr. 1 UStG zu berücksichtigen. Es gelten dabei aber die übrigen Voraussetzungen und Bedingungen des Vorsteuerabzugs. Verwendet der Unternehmer ein Fahrzeug sowohl zur Ausführung steuerpflichtiger als auch zur Ausführung steuerfreier Umsätze, ist der Vorsteuerabzug regelmäßig nach § 15 Abs. 4 UStG aufzuteilen.

BEISPIEL: ► Ein Unternehmer nutzt einen Pkw zu 30 % für private Zwecke, zu 30 % zur Ausführung steuerfreier Umsätze und zu 40 % zur Ausführung steuerpflichtiger Umsätze. Das Fahrzeug wurde für 70.000 € zzgl. 13.300 € angeschafft.

grundsätzlicher Vorsteuerabzug aus der Anschaffung:	13.300 €
nicht abzugsfähig aufgrund der steuerfreien Verwendung 30 %	./. 3.390 €
verbleibender Vorsteuerabzug	9.910 €

1 Vgl. auch OFD Frankfurt/Main v. 23. 4. 2007, DStR 2007 S. 1677.
2 BMF-Schreiben v. 29. 5. 2000, BStBl 2000 I S. 819, Rdn. 5.

Da die private Nutzung des Fahrzeugs als unentgeltliche Wertabgabe zu versteuern ist, ist auch insoweit der Vorsteuerabzug möglich, das Fahrzeug wird auch insoweit für steuerpflichtige Zwecke verwendet.

3. Gemischt-genutzte Fahrzeuge

a) Begriff

Üblicherweise wird man bei Pkw und vergleichbaren Fahrzeugen von einer priva- 301
ten Mitbenutzung ausgehen müssen. In derartigen Fällen erfolgt eine Verwendung für den unternehmerischen und den nichtunternehmerischen Bereich, man spricht von gemischt-genutzten Fahrzeugen. Diese Fahrzeuge gehören nicht zwingend zum Unternehmensvermögen, vielmehr hat der Unternehmer ein Wahlrecht, ob er ein solches Fahrzeug dem unternehmerischen oder dem nichtunternehmerischen Bereich zuordnet. Auch eine (quotale) Aufteilung des Fahrzeugs ist möglich.[1]

b) Zuordnungsentscheidung

Ob ein Gegenstand für das Unternehmen erworben wurde, entscheidet regel- 302
mäßig der Unternehmer selbst innerhalb gewisser Grenzen der Zuordnungsfreiheit, sofern der Gegenstand sowohl unternehmerisch als auch nichtunternehmerisch verwendet werden kann. Hierbei reicht es aus, dass der Gegenstand im Umfang des vorgesehenen Einsatzes für unternehmerische Zwecke in einem objektiven und erkennbaren wirtschaftlichen Zusammenhang mit der geschäftlichen Tätigkeit steht und diese fördert. Die Entscheidung hat der Unternehmer bereits im **Zeitpunkt des Erwerbs** des Gegenstandes zu treffen, was er regelmäßig durch die Inanspruchnahme des Vorsteuerabzugs zum Ausdruck bringen wird. Wird ein Gegenstand dem Unternehmensvermögen zugeordnet, so können in aller Regel sämtliche Umsatzsteuerbeträge, die durch den Erwerb, die Herstellung sowie die Verwendung oder Nutzung eines solchen Gegenstandes anfallen, in vollem Umfang als Vorsteuern abgezogen werden (§ 15 Abs. 1 Nr. 1 UStG), sofern keine Umsätze ausgeführt werden, die zum Ausschluss des Vorsteuerabzugs führen (§ 15 Abs. 2 Nr. 1 UStG). Zum Ausgleich dafür unterliegt die Verwendung des Gegenstandes für unternehmensfremde Zwecke als unentgeltliche Leistung der Umsatzsteuer (§ 3 Abs. 9a Nr. 1 UStG).

► **Hinweis:** Die Umsatzsteuer ist eine Jahressteuer (§ 18 Abs. 3 UStG). Folglich kann der Unternehmer eine im Rahmen der USt-Voranmeldung unterlassene Zuordnung des Gegenstandes zum Unternehmensvermögen im Rahmen der USt-Jahreserklärung nachholen.[2] Eine spätere Zuordnung zum Unter-

1 Vgl. EuGH-Urteil v. 4.10.1995, BStBl 1996 II S. 392; Abschn. 192 Abs. 21 Nr. 2 Buchst. c UStR.
2 BFH v. 11.4.2008, DStR 2008 S. 1731; so auch schon OFD Karlsruhe v. 29.4.2005, DStR 2005 S. 1140.

nehmen oder umgekehrt durch Abgabe einer berichtigten Jahreserklärung ist trotz des Vorbehalts der Nachprüfung nicht möglich, da das materiell auszuübende Wahlrecht entscheidend ist. Aufgrund der widersprüchlichen Rechtsentscheidung verschiedener Finanzgerichte zu diesem Problemkreis empfiehlt sich die Zuordnung bereits bei Abgabe der USt-Voranmeldung,[1] ein entsprechendes Revisionsverfahren ist noch beim BFH anhängig.[2]

303 In aller Regel wird ein Gegenstand entweder dem Unternehmensvermögen oder dem nichtunternehmerischen Bereich zugeordnet, eine Aufteilung erfolgt grundsätzlich nicht. Ein sog. **einheitlicher Gegenstand,** der sowohl für den unternehmerischen als auch den nichtunternehmerischen Bereich bezogen wird, kann aber auch aufgeteilt werden (Abschn. 192 Abs. 21 Nr. 2 UStR). Insbesondere für Gebäude, die sowohl unternehmerisch als auch nichtunternehmerisch verwendet werden, wird dem Unternehmer ein Wahlrecht eingeräumt: Er kann einerseits ein Gebäude mit dem dazugehörenden Grund und Boden insgesamt dem nichtunternehmerischen Bereich zuordnen, auch wenn das Gebäude teilweise unternehmerisch genutzt wird und andererseits ein Gebäude auch dann insgesamt dem Unternehmen zuordnen, wenn die unternehmerische Nutzung nur geringfügig ist (vgl. aber § 15 Abs. 1 Satz 2 UStG). In aller Regel wird der Unternehmer zumindest den unternehmerischen Anteil des Gebäudes (nebst anteiligem Grund und Boden) seinem Unternehmen zuordnen, denn auch eine Aufteilung des einheitlichen Gegenstandes ist für Zwecke der Umsatzsteuer möglich.

BEISPIEL: Steuerberater U kauft einen neuen Pkw, den er sowohl für unternehmerische als auch für private Zwecke verwenden will. Bei Anschaffung des Fahrzeugs bringt er im Rahmen der entsprechenden USt-Voranmeldung die volle Vorsteuer in Abzug.

U hat zutreffend das Fahrzeug in vollem Umfang seinem Unternehmen zugeordnet. Damit sind sämtliche Vorsteuerbeträge im Rahmen des § 15 Abs. 1 Nr. 1 UStG abzugsfähig. Als Ausgleich dafür muss der private Nutzungsanteil als unentgeltliche Wertabgabe versteuert werden (§ 3 Abs. 9a Nr. 1 UStG).

304 Die Zuordnung eines Gegenstandes zum Unternehmen erfordert eine durch **Beweisanzeichen** gestützte Zuordnungsentscheidung des Unternehmers bei Anschaffung des Gegenstandes. Dabei ist die Geltendmachung des Vorsteuerabzug regelmäßig ein gewichtiges Indiz für, die Unterlassung des Vorsteuerabzugs ein ebenso gewichtiges Indiz gegen die Zuordnung eines Gegenstandes zum Unternehmen (Abschn. 192 Abs. 21 Nr. 2 UStR). Ist der Vorsteuerabzug zurzeit nicht möglich, muss der Unternehmer die Zuordnungsentscheidung

1 Vgl. z.B. FG Rheinland-Pfalz v. 5.8.2008 – 6 K 2333/06; FG Baden-Württemberg v. 28.9.2006 – 14 K 396/04.

2 Az. des BFH: XI R 64/06.

dem Finanzamt spätestens bis zur Abgabe der USt-Erklärung des Jahres schriftlich mitteilen, in dem der Gegenstand erstmals verwendet wird (Abschn. 192 Abs. 21 Nr. 2 Buchst. b Satz 1 UStR). Diese Anweisung der Verwaltung hat regelmäßig besondere Bedeutung für Gebäude, dürfte aber auch auf Fahrzeuge zu übertragen sein.

BEISPIEL: Der selbständige Arzt Dr. U kauft ein Fahrzeug für seine Praxis, das er auch privat verwendet. Den Vorsteuerabzug aus dem Fahrzeug macht er nicht geltend, er gibt überhaupt keine Voranmeldung ab (vgl. § 4 Nr. 14 UStG). Nach einem Jahr ändert Dr. U seine Tätigkeit und erbringt in großem Umfang auch steuerpflichtige Umsätze (z. B. Gutachten, Vorträge, Schönheitsoperationen).

Beim Fahrzeug des U handelt es sich um einen gemischt-genutzten Gegenstand, da das Fahrzeug sowohl unternehmerischen als auch nichtunternehmerischen Zwecken dient. Überträgt man die Auffassung der Finanzverwaltung auch auf Fahrzeuge, hätte U das Fahrzeug ohne aktives Tun seinem nichtunternehmerischen Bereich zugeordnet, eine Korrektur der Vorsteuerbeträge aus den Anschaffungskosten nach § 15a UStG wäre nicht möglich. Die Auffassung der Verwaltung erscheint jedoch willkürlich und nicht nachvollziehbar und darf u. E. nicht über den angesprochenen Gebäudefall hinaus angewandt werden. Folgt man stattdessen der Auffassung des BFH, müssen bei fehlender Vorsteuerabzugsmöglichkeit andere Beweisanzeichen herangezogen werden.[1] Hat z. B. U die in Rechnung gestellten Vorsteuerbeträge als nicht abziehbare Vorsteuern behandelt und anschließend den Anschaffungskosten zugeordnet (z. B. durch Vermerk in seinen Unterlagen oder entsprechende Buchung), hat er das Fahrzeug evtl. dem Unternehmensvermögen zugeordnet.

Gibt es keine Beweisanzeichen für eine Zuordnung zum Unternehmen, kann diese andererseits nicht unterstellt werden.[2] Daher empfiehlt sich zur Vermeidung von Streitigkeiten im Rahmen der Abgabe der USt-Jahreserklärung eine **schriftliche, formlose Mitteilung an das Finanzamt,** dass das Fahrzeug dem Unternehmen des Steuerpflichtigen zugeordnet wurde. Der Ausweis im Anlageverzeichnis des Jahresabschlusses oder im Rahmen einer Einnahmen-Überschussrechnung reicht umsatzsteuerlich nicht aus, da ein derartiger Ausweis nur Betriebsvermögen, nicht Unternehmensvermögen wiedergibt. 305

c) Zuordnung eines gemischt-genutzten Fahrzeugs zum Unternehmensvermögen

Entscheidet sich der Unternehmer für eine Zuordnung des gesamten Gegenstandes zum Unternehmensvermögen, erfolgt die Lieferung dieses Gegenstandes insgesamt für das Unternehmen, der Vorsteuerabzug richtet sich nach den allgemeinen Voraussetzungen des § 15 UStG. Die teilweise Nutzung z. B. eines insgesamt dem Unternehmen zugeordneten Fahrzeugs für nichtunternehme- 306

1 BFH-Urteil v. 31. 1. 2002, BStBl 2003 II S. 813.
2 BFH-Urteil v. 28. 2. 2002, BStBl 2003 II S. 815.

rische Zwecke stellt eine unentgeltliche sonstige Leistung dar (§ 3 Abs. 9a Nr. 1 UStG), die steuerbar und steuerpflichtig ist und daher den Vorsteuerabzug aus allen Ausgaben ermöglicht. Bei einer Veräußerung dieses Fahrzeugs wird das gesamte Fahrzeug steuerbar i. S. des § 1 Abs. 1 Nr. 1 UStG (und steuerpflichtig) übertragen.

d) Zuordnung eines gemischt-genutzten Fahrzeugs zum Privatvermögen

307 Hat ein Unternehmer einen Pkw, den er sowohl beruflich als auch privat nutzt, nicht dem Unternehmen zugeordnet, steht ihm aus der Anschaffung des Fahrzeugs kein Vorsteuerabzug zu (§ 15 Abs. 1 Satz 1 Nr. 1 Satz 1 UStG). Die Besteuerung einer unentgeltlichen Wertabgabe i. S. des § 3 Abs. 9a Nr. 1 UStG entfällt, da keine Verwendung eines Gegenstandes des Unternehmens für Zwecke, die außerhalb des Unternehmens liegen, erfolgt. Zum Vorsteuerabzug aus den laufenden Pkw-Kosten, soweit sie auf das Unternehmen entfallen, vgl. Rdn. 384. Die spätere Veräußerung des Fahrzeugs ist keine steuerbare Lieferung i. S. des § 3 Abs. 1 UStG, da es nicht zum Unternehmen gehört (§ 1 Abs. 1 Nr. 1 UStG). Indiz für diese Zuordnungsentscheidung ist ein nicht vorgenommener Vorsteuerabzug bei der Anschaffung.[1]

e) Aufteilung eines gemischt-genutzten Fahrzeugs

308 Entscheidet sich der Unternehmer für eine Aufteilung des Gegenstandes, so sind alle umsatzsteuerliche Konsequenzen aus dieser Aufteilung zu ziehen. Wird der nichtunternehmerisch genutzte Fahrzeugteil (quotal) dem nichtunternehmerischen Bereich zugeordnet, so wird dieser Fahrzeugteil de facto als separater Gegenstand angesehen, der nicht für das Unternehmen bezogen wird (vgl. Abschn. 192 Abs. 21 Buchst. c UStR). Der Vorsteuerabzug ist bereits nach § 15 Abs. 1 Satz 1 Nr. 1 UStG auf den dem Unternehmen zugeordneten Teil des Fahrzeugs beschränkt. Die laufende Verwendung des unternehmerisch genutzten Anteils rechtfertigt nach den allgemeinen Voraussetzungen zum Vorsteuerabzug, die nichtunternehmerische Verwendung des restlichen Anteils des Gegenstandes muss nicht als unentgeltliche Leistung i. S. des § 3 Abs. 9a UStG der Besteuerung unterworfen werden, weil insoweit keine Wertabgabe aus dem Unternehmen mehr erfolgt. Bei einer späteren Veräußerung des Fahrzeugs ist nur der dem Unternehmen zugeordnete Teil des Gegenstandes bei der umsatzsteuerlichen Würdigung der Lieferung zu berücksichtigen. Die Lieferung des zu diesem Zeitpunkt nichtunternehmerisch genutzten Teils erfolgt nicht im Rahmen des Unternehmens und ist somit nicht steuerbar. Ein Gesamtkaufpreis

1 BFH v. 31. 1. 2002, BStBl 2002 II S. 813 und v. 28. 2. 2002, BStBl 2003 II S. 815.

ist entsprechend aufzuteilen, Umsatzsteuer darf für den nichtunternehmerischen Teil nicht in Rechnung gestellt werden.

f) Geringfügige unternehmerische Verwendung

Um Missbrauch zu vermeiden, wird in § 15 Abs. 1 Satz 2 UStG eine unterneh- 309
merische **Nutzung von mindestens 10%** eines Gegenstandes verlangt, um den Vorsteuerabzug zu ermöglichen. Die Vorschrift hat insbesondere Bedeutung für Fahrzeuge, die nur gelegentlich unternehmerisch genutzt werden. Bei einem Pkw, der überwiegend privat genutzt wird, ermöglicht die mehr als 10%ige unternehmerische Nutzung den vollen Vorsteuerabzug nach § 15 Abs. 1 Satz 1 Nr. 1 UStG bei anschließender „Korrektur" über die unentgeltliche Wertabgabe nach § 3 Abs. 9a Nr. 1 UStG. Die Regelung in § 15 Abs. 1 Satz 2 UStG hat der Rat der Europäischen Kommission mit Entscheidung v. 28.2.2000 genehmigt[1] und mehrfach verlängert, zuletzt mit Entscheidung v. 19.11.2004 bis zum 31.12.2009.[2]

Maßgebend für die Frage, ob die 10%-Grenze des § 15 Abs. 1 Satz 2 UStG 310
erreicht ist, ist bei einem Fahrzeug das Verhältnis der Kilometer der unternehmerischen Fahrten zu der Gesamtfahrleistung (Jahreskilometer) des Fahrzeugs. Wenn danach die 10%-Grenze nicht erreicht wird, kann das Fahrzeug nicht dem Unternehmen zugeordnet werden. In Zweifelsfällen muss der Unternehmer dem Finanzamt die mindestens 10%ige Nutzung des Fahrzeugs glaubhaft machen, z.B. durch geeignete Aufzeichnungen der Jahreskilometer und der unternehmerischen Fahrten. Ein Fahrtenbuch kann von der Finanzverwaltung nicht verlangt werden, ist allerdings hilfreich. Auch ein nicht ordnungsgemäßes Fahrtenbuch kann diesen Nutzungsanteil ggf. belegen. Die Aufzeichnung der Tachostände am Anfang und Ende des Jahres sowie die Auflistung der beruflichen Fahrziele nebst Kilometerangaben ist bereits ausreichend. Dies ist umso wichtiger, als die Finanzverwaltung bei sog. Zweit- oder Drittfahrzeugen von Einzelunternehmern oder sog. Alleinfahrzeugen bei einer nebenberuflichen Unternehmertätigkeit unterstellt, dass dieses Fahrzeug zu weniger als 10% unternehmerisch genutzt wird.[3] Das Gleiche gilt für Personengesellschaften, wenn ein Gesellschafter mehr als ein Fahrzeug privat nutzt, für die weiteren privat genutzten Fahrzeuge.

► **Hinweis:** Da die Fahrten zwischen Wohnung und Betriebsstätte umsatzsteuerlich zu den unternehmerischen Fahrten gehören, ist die 10%-Grenze häufig

1 ABl EG 2000 Nr. L 59 S. 12.
2 ABl EG 2004 Nr. L 357 S. 33.
3 BMF-Schreiben v. 27.8.2004, BStBl 2004 I S. 864.

schon allein durch diese anteiligen Fahrten überschritten, wenn der Betrieb nicht in unmittelbarer Nähe zur Wohnung liegt.

311 Die ertragsteuerliche Behandlung (Betriebsvermögen oder Privatvermögen) ist umsatzsteuerlich ohne Bedeutung.

4. Änderung der Verhältnisse in der Folgezeit gegenüber dem Anschaffungszeitpunkt

312 Ändern sich bei einem Wirtschaftsgut, das nicht nur einmalig zur Ausführung von Umsätzen verwendet wird, innerhalb von 5 Jahren ab dem Zeitpunkt der erstmaligen Verwendung die für den ursprünglichen Vorsteuerabzug maßgebenden Verhältnisse, ist für jedes Kalenderjahr der Änderung ein Ausgleich durch eine Berichtigung des Abzugs der auf die Anschaffungskosten entfallenden Vorsteuerbeträge vorzunehmen (§ 15a Abs. 1 Satz 1 UStG). Durch diese Regelung werden Steuervorteile bzw. -nachteile bei einer Nutzungsänderung vermieden. Der Vorsteuerabzug aus der Anschaffung des Fahrzeugs wird in diesen Fällen zeitanteilig korrigiert, sofern die Nutzungsänderung innerhalb des Fünf-Jahres-Zeitraums eintrat. Die Korrekturbeträge sind regelmäßig im Rahmen der jeweiligen Umsatzsteuer-Jahreserklärung zu berücksichtigen (vgl. § 44 Abs. 4 UStDV) und stellen ertragsteuerlich Betriebseinnahmen bzw. -ausgaben dar. Eine Korrektur der ursprünglichen Anschaffungskosten erfolgt nicht. Die Vorsteuerbeträge aus den laufenden Kosten bleiben davon unberührt.

313 Der Zeitraum, für den eine Berichtigung des Vorsteuerabzugs durchzuführen ist, beträgt grundsätzlich volle fünf Jahre ab dem Beginn der Verwendung (§ 15a Abs. 1 Satz 1 UStG). Der Berichtigungszeitraum beginnt mit der erstmaligen Verwendung des Gegenstandes, d. h. unmittelbar nach Ingebrauchnahme des Wirtschaftsgutes und endet nach Ablauf des maßgeblichen Berichtigungszeitraums, ggf. auch innerhalb eines Kalenderjahres. Beginnt oder endet der Berichtigungszeitraum innerhalb eines Kalenderjahres, ist für diese Kalenderjahre jeweils nicht der volle Jahresanteil der Vorsteuerbeträge, sondern nur der Teil anzusetzen, der den jeweiligen Kalendermonaten entspricht. Bei einer erstmaligen Verwendung im Laufe eines Monats gilt die Vereinfachungsregelung des § 45 UStDV. Danach endet der Berichtigungszeitraum am letzten Tag des letzten Monats, wenn der Gegenstand nach dem 15. eines Monats erworben wurde.

BEISPIEL: U hat am 10.1.01 einen Lieferwagen angeschafft, den er zu 90 % zur Ausführung steuerpflichtiger Umsätze einsetzen will. Die Vorsteuern betragen insgesamt 8.000 €. Ab dem 1.8.01 nutzt er das Fahrzeug nur noch zu 10 % für steuerpflichtige Umsätze.

Die Vorsteuer ist bei der Anschaffung des Fahrzeugs zu 90 % abzugsfähig, da insoweit die Ausführung steuerpflichtiger Umsätze beabsichtigt ist: 7.200 €.

Der Berichtigungszeitraum läuft vom 10.1.01 bis zum 9.1.06, d.h. nach Korrektur i.S. des § 45 UStDV vom 1.1.01 bis zum 31.12.05.

Die Vorsteuer 01 beträgt insgesamt aufgrund der unterschiedlichen Nutzung (7 Monate 90 % steuerpflichtig, 5 Monate 10 % steuerpflichtig) = 56,7 %.

Die Vorsteuer ist daher für 01 zu Ungunsten des U um (90 – 56,7 =) $33^1/_3$, abgerundet auf 33 %[1] von 1.600 € (8.000 € : 5 Jahre) zu korrigieren = 528 €. Die Vorsteuer ist für die Jahre 02 bis 05 jeweils i.H.v. 80 % von 1.600 € = 1.280 € zu Ungunsten des U zu korrigieren.

Abwandlung: Die Anschaffung des Lieferwagens erfolgte am 20.1.01.

Der Berichtigungszeitraum läuft vom 1.2.01 bis zum 31.1.06.

Die Vorsteuer konnte bei Anschaffung im Januar zu 90 % abgezogen werden, die tatsächliche Vorsteuer für 01 beträgt nach Auffassung der Verwaltung in sinngemäßer Anwendung des § 45 UStDV somit (6 Monate 90 % steuerpflichtig, 5 Monate 10 % steuerpflichtig) 53,6 %. Die Vorsteuerkorrektur für 01 beträgt mithin (90 % – 53,6 % =) 36,4 %, gerundet 36 %. U hat für 01 einen Betrag von 36 % von 1.600 € = 576 €, davon $^{11}/_{12}$ = 528 € an das Finanzamt zurückzuzahlen. Für 02 bis 05 sind wie vor jeweils 1.280 € an das Finanzamt zu zahlen, für 06 ist ein Betrag von (1.600 € × 80 % × $^1/_{12}$ =) 106,67 € zu Ungunsten des U zu korrigieren.

Bei einer **kürzeren betriebsgewöhnlichen Nutzungsdauer** ist diese maßgebend 314
(§ 15a Abs. 5 Satz 2 UStG). Geht das Wirtschaftsgut vor dem Ende des maßgeblichen Berichtigungszeitraums unter oder wird es unbrauchbar (z.B. Totalschaden), so endet der Berichtigungszeitraum vorzeitig mit Eintritt des Ereignisses. Die Veräußerung der verwendungsfähigen Substanz (z.B. Schrottverkauf) liegt außerhalb des Berichtigungszeitraums und bleibt daher für die Vorsteuerberichtigung unberücksichtigt. Durch eine **Verkürzung des Berichtigungszeitraums** kann für die vorangegangenen Jahre eine Neuberechnung des Betrages erforderlich sein, was eine Änderung der ggf. bestandskräftigen Steuerfestsetzungen nach § 164 Abs. 2 oder § 175 Abs. 1 Nr. 2 AO nach sich zieht. Aus Vereinfachungsgründen können die Berichtigungsbeträge der Vorjahre bei der Steuerfestsetzung für das letzte Kalenderjahr des verkürzten Berichtigungszeitraums berücksichtigt werden.

Eine Änderung der Verhältnisse lag während der Geltungsdauer der Einschrän- 315
kung des Vorsteuerabzugs nach § 15a Abs. 1b UStG a.F. auch vor, wenn das Fahrzeug zunächst ausschließlich unternehmerisch (z.B. Dienstwagen), innerhalb des Berichtigungszeitraums später aber auch vom Unternehmer für private Zwecke verwendet wurde oder umgekehrt (§ 15a Abs. 3 Nr. 2 UStG a.F.). Dies gilt entsprechend, wenn das Fahrzeug, dessen Vorsteuer seinerzeit nur zu

1 Art. 175 Abs. 1 MwStSystRL entgegen BMF v. 6.12.2005, BStBl 2005 I S. 1068.

50 % abziehbar war, **nunmehr veräußert oder entnommen** wird (§ 15a Abs. 4 Satz 2 UStG a. F.). Die Veräußerung oder Entnahme unterliegt trotz des 50%igen Vorsteuerabzugs insgesamt (und nicht nur zu 50 %) der Umsatzsteuer, wodurch seinerzeit eine entsprechende Anpassung des § 15a UStG durch den Gesetzgeber erforderlich war. Fahrzeuge, die außerhalb des Berichtigungszeitraums veräußert oder entnommen werden, bleiben davon unberührt. Die Änderung des Vorsteuerabzugs ist bereits für den Voranmeldungszeitraum der Entnahme bzw. Veräußerung zu berücksichtigen (§ 44 Abs. 4 Satz 3 UStDV).

BEISPIEL: Der Unternehmer A erwarb am 12. 4. 01 einen Pkw für 100.000 € zuzüglich 16.000 € Umsatzsteuer, den er zunächst sowohl für unternehmerische als auch für private Zwecke nutzt. Am 30. 9. 02 verkauft er das Auto für 70.000 € zzgl. Umsatzsteuer.

Der Vorsteuerabzug aus der Anschaffung betrug im Voranmeldungszeitraum 4/01 8.000 € (16.000 € × 50 v. H.), der Vorsteuerabzug aus den laufenden Betriebskosten war auf 50 v. H. beschränkt (§ 15 Abs. 1b UStG a. F.). Die Privatnutzung wurde umsatzsteuerlich nicht erfasst (§ 3 Abs. 9a Satz 2 UStG a. F.).

Die Lieferung des Pkw (§ 3 Abs. 1 UStG) am 30. 9. 02 ist steuerbar (§ 1 Abs. 1 Nr. 1 UStG) und steuerpflichtig. Die Vorsteuer ist nach § 15a Abs. 4 Satz 2 UStG a. F. i. V. mit § 44 Abs. 4 Satz 3 UStDV zu Gunsten des Unternehmers im Voranmeldungszeitraum 9/02 zu berichtigen. Auf jedes Jahr des Berichtigungszeitraumes entfällt 1/5 des Vorsteuerabzuges aus der Anschaffung i. H. v. 16.000 € = 3.200 €. Die Vorsteuerberichtigung ist daher wie folgt zu ermitteln:

Jahr 02	(3 Monate)	3.200 € – 50 % × 3/12 =	400 €
Jahr 03	(12 Monate)	3.200 € – 50 % × 12/12 =	1.600 €
Jahr 04	(12 Monate)	3.200 € – 50 % × 12/12 =	1.600 €
Jahr 05	(12 Monate)	3.200 € – 50 % × 12/12 =	1.600 €
Jahr 06	(6 Monate)	3.200 € – 50 % × 6/12 =	800 €
Berichtigung für 45 Monate (in einer Summe)			6.000 €

316 Für Fahrzeuge des Unternehmers, die vor dem 1. 4. 1999 erworben wurden, regelte seinerzeit eine Übergangsregelung die Nichtanwendbarkeit der Neuregelungen (§ 27 Abs. 3 UStG i. d. F. des Steuerentlastungsgesetzes 1999/2000/2002). Diese Fahrzeuge werden bis zu ihrem Ausscheiden aus dem Unternehmen wie bisher behandelt, d. h. dem vollen Vorsteuerabzug aller Fahrzeugkosten (Anschaffung und laufender Betrieb) steht bei privater Verwendung des Fahrzeugs durch den Unternehmer die Erfassung einer unentgeltliche Wertabgabe (§ 3 Abs. 9a Nr. 1 UStG) gegenüber. Die Fahrten zwischen Wohnung und Betrieb waren jedoch auch bei diesen Altfahrzeugen nur noch bis zum 31. 3. 1999 als Eigenverbrauch zu versteuern (§ 1 Abs. 1 Nr. 2c UStG a. F.), durch den Wegfall dieses Repräsentations- oder Aufwendungseigenverbrauchs ohne Reduzierung des Vorsteuerabzugs nach § 15 Abs. 1a Nr. 1 UStG muss auch in diesen Altfällen insoweit keine Umsatzsteuer für vom Unternehmer verwendete Fahrzeuge mehr abge-

führt werden. Für die Frage, ob ein Fahrzeug ein Altfahrzeug ist, kommt es auf die Verschaffung der Verfügungsmacht an. Lag diese vor dem 1.4.1999, kommt die Übergangsregelung in § 27 Abs. 3 UStG a.F. zur Anwendung, solange sich dieses Fahrzeug im Unternehmensvermögen befindet. Die vorherige Bestellung des Fahrzeugs ist ebenso wenig von Bedeutung wie eine evtl. bis zum 31.3.1999 geleistete Anzahlung.[1] Bei der Anmietung ist auf den Zeitpunkt der Übergabe des Fahrzeugs am Beginn des Mietverhältnisses abzustellen.[2]

5. Exkurs: Innergemeinschaftlicher Erwerb neuer Fahrzeuge durch Privatpersonen

Seit dem 1.1.1993 werden ggf. auch Privatpersonen in das Umsatzsteuersys- 317
tem einbezogen, sofern sie neue Fahrzeuge in einem anderen EU-Mitgliedstaat erwerben oder an einen Abnehmer aus einem anderen EU-Mitgliedstaat veräußern. Diese Regelungen wurden auf Wunsch der meisten Mitgliedstaaten eingeführt, um bei der Lieferung neuer Fahrzeuge eine **Versteuerung im Bestimmungsland** sicherzustellen, um so bis zur Angleichung der Mehrwertsteuersätze Wettbewerbsverzerrungen zu vermeiden. Obwohl man bei dieser Regelung wohl in erster Linie an Pkw gedacht hat, wurden auch bestimmte Luft- und Wasserfahrzeuge in die Neuregelung einbezogen. Wegen der Erfassung im Bestimmungsland findet auch die Differenzbesteuerung auf die innergemeinschaftliche Lieferung neuer Fahrzeuge keine Anwendung (§ 25a Abs. 7 Nr. 1b UStG), die bei der Erwerbsbesteuerung für atypische Unternehmer geltenden Einschränkungen (Erwerbsschwelle oder Option) gelten nicht beim Erwerb neuer Fahrzeuge (§ 1a Abs. 5 UStG). Die Regelungen zu den neuen Fahrzeugen führen zu einer konsequenten Versteuerung des Erwerbs des Fahrzeugs im Land der erstmaligen Zulassung (Bestimmungsland), ganz gleich, von welcher Person das Fahrzeug erworben wurde.

Der innergemeinschaftliche Erwerb neuer Fahrzeuge **durch einen Unternehmer** 318
oder durch eine juristische Person fällt bereits unter § 1a UStG. Für diese Abnehmergruppe, die unter Angabe ihrer Umsatzsteuer-Identifikationsnummer einkauft, ergeben sich keine Besonderheiten, denn für diese Erwerber wird ein Fahrzeug wie jede andere Ware behandelt. Dies gilt auch für die sog. atypischen Unternehmer (§ 1a Abs. 3 UStG), denn diese müssen, wenn sie ein neues Fahrzeug für ihr Unternehmen erwerben, stets die Erwerbsbesteuerung des § 1a UStG beachten (§ 1a Abs. 5 UStG). Ein ergänzender § 1b UStG regelt den Erwerb **durch eine andere Person,** die nicht bereits unter § 1a UStG fällt. Damit wird der Tatbestand des innergemeinschaftlichen Erwerbs auch auf Privatpersonen

1 Urteil des Hessischen FG v. 28.2.2000, DStRE 2000 S. 373.
2 BMF-Schreiben v. 29.5.2000, BStBl 2000 I S. 819.

sowie nichtunternehmerisch tätige Personenzusammenschlüsse und Unternehmer, die neue Fahrzeuge für ihren privaten Bereich erwerben, erweitert und somit auf alle denkbaren Erwerber übertragen (Abschn. 15c UStR). Die Besteuerung erfolgt in dem Land, in dem die erste **Zulassung** erfolgt. Steuerschuldner ist derjenige, der die Erstzulassung vornimmt (§ 13a Abs. 1 Nr. 2 UStG). Dies entspricht der Behandlung bei der Einfuhr, denn auch insoweit sind Privatpersonen ggf. bereits Steuerschuldner (§ 1 Abs. 1 Nr. 4 UStG).

319 **Fahrzeuge** im Sinne dieser Vorschrift sind neben motorbetriebenen Landfahrzeugen mit einem Hubraum von mehr als 48 cm3 Hubraum oder einer Leistung von mehr als 7,2 kW auch bestimmte Wasser- und Luftfahrzeuge (§ 1b Abs. 2 UStG). Erfasst werden somit neben Pkw auch Motorräder, Wohnmobile, Caravane und dergleichen (Abschn. 15c Satz 3 UStR) sowie größere Motorboote, Segeljachten und z. B. Sportflugzeuge. Die straßenverkehrsrechtliche Zulassung ist nicht erforderlich. Keine Landfahrzeuge sind dagegen Wohnwagen, Packwagen und andere Anhänger ohne eigenen Motor, die nur von Kraftfahrzeugen mitgeführt werden können, und selbstfahrende Arbeitsmaschinen und land- und forstwirtschaftliche Zugmaschinen, die nach ihrer Bauart oder ihren besonderen, mit dem Fahrzeug fest verbundenen Einrichtung nicht zur Beförderung von Personen oder Gütern bestimmt und geeignet sind (Abschn. 15c Satz 5 UStR, Art. 2 Abs. 2 Buchst. a MwStSystRL). Für diese Fahrzeuge gelten die allgemeinen Grundsätze für den innergemeinschaftlichen Erwerb von Gegenständen, sie sind von der Sonderregelung des § 1b UStG ausgenommen.[1] Unter die Regelung des § 1b UStG fallen auch Wasserfahrzeuge mit einer Länge von mehr als 7,5 Metern sowie Luftfahrzeuge, deren Starthöchstmasse mehr als 1.550 Kilogramm beträgt.

320 **Neu** ist ein Fahrzeug unter bestimmten gesetzlichen Voraussetzungen (§ 1b Abs. 3 UStG). Danach ist z. B. ein Landfahrzeug neu, wenn zwischen dem Zeitpunkt der ersten Inbetriebnahme und des nun folgenden Erwerbs nicht mehr als sechs Monate liegen oder das Fahrzeug nicht mehr als 6.000 km zurückgelegt hat.

321 **Bemessungsgrundlage** ist das Entgelt (§ 10 Abs. 1 UStG) einschließlich der Nebenkosten, die der Lieferer dem Erwerber in Rechnung stellt. Ein Kaufpreis in fremder Währung ist umzurechnen (§ 16 Abs. 6 UStG). Es ist der Regelsteuersatz anzuwenden (§ 12 Abs. 1 UStG).

322 Die Steuer **entsteht** am Tag des Erwerbs (§ 13 Abs. 1 Nr. 7 UStG), weil eine sog. **Fahrzeugeinzelbesteuerung** durchgeführt wird (§ 16 Abs. 5a UStG). Der Erwerber ist Steuerschuldner (§ 13a Abs. 1 Nr. 2 UStG). Der genannte Personenkreis hat abweichend vom üblichen Anmeldungsverfahren für jeden einzelnen steu-

1 BMF-Schreiben v. 15. 4. 1993, StED 1993 S. 249.

erpflichtigen Erwerb die Steuer zu berechnen, auf amtlich vorgeschriebenem Vordruck anzumelden und zu entrichten (§ 18 Abs. 5a UStG). Die Abgabe weiterer Voranmeldungen entfällt. Die Steuererklärung ist vom Erwerber spätestens 10 Tage nach dem Tag des Erwerbs auf amtlich vorgeschriebenem Vordruck bei dem Finanzamt abzugeben, das auch für die Einkommensteuerfestsetzung des Erwerbers zuständig ist (§ 21 Abs. 2 AO). Gerade in diesem Zusammenhang ist zu beachten, dass bei Nichtabgabe der Steuererklärung Zwangsmittel (§§ 328 ff. AO) bzw. Verspätungszuschläge (§ 152 AO) festgesetzt werden können. Die vorsätzliche Nichtabgabe der Steuererklärung kann als Steuerhinterziehung geahndet werden (§ 370 Abs. 1 Nr. 2 AO).

Insbesondere zur **Sicherung des Steueranspruchs** in den Fällen des innerge- 323
meinschaftlichen Erwerbs von neuen Landfahrzeugen haben die für die Zulassung von Fahrzeugen zuständigen Behörden den Finanzbehörden die erstmalige Zulassung neuer Fahrzeuge mitzuteilen und dabei neben dem amtlichen Kennzeichen eine Reihe von Angaben zu übermitteln (§ 18 Abs. 10 UStG), z. B. Name und Anschrift des Antragstellers sowie des Lieferers, Tag der Lieferung und der ersten Inbetriebnahme sowie Kilometerstand am Tag der Lieferung. Die Zulassungsstelle darf den Fahrzeugschein erst aushändigen, wenn der Antragsteller die erforderlichen Angaben erteilt hat. Die Erstellung der Kontrollmitteilung knüpft dabei an die Ausgabe des Fahrzeugbriefes an. Bei Nichtentrichtung der fälligen Umsatzsteuer kann eine Abmeldung von Amts wegen erfolgen (§ 18 Abs. 10 Nr. 2b UStG).

Von der Fahrzeugeinzelbesteuerung nach § 16 Abs. 5a i. V. mit § 18 Abs. 5a UStG 324
kann abgesehen werden, wenn das betreffende Fahrzeug von einem anderen Unternehmer aus dem übrigen Gemeinschaftsgebiet über einen im Inland ansässigen Unternehmer geliefert wurde und der inländische Unternehmer sowohl den innergemeinschaftlichen Erwerb gemäß § 1 Abs. 1 Nr. 5 i. V. mit § 1a UStG als auch die Lieferung an den Letztverbraucher nach § 1 Abs. 1 Nr. 1 UStG der Umsatzsteuer unterworfen hat. Dabei ist unbeachtlich, ob gemäß vertraglicher Vereinbarung oder Rechnung der deutsche Zwischenhändler als Eigenhändler, als Kommissionär oder Vermittler gehandelt hat. § 14 Abs. 3 UStG ist insoweit nicht anzuwenden. Eine entsprechende Bescheinigung kann der Händler erstellen.[1]

(Einstweilen frei) 325–335

1 OFD Cottbus v. 13. 7. 1994, UR 1994 S. 411.

II. Laufende Nutzung eines Fahrzeugs

1. Unternehmerische Nutzung eines Fahrzeugs des Unternehmensvermögens

a) Vorsteuerabzug aus den laufenden Kosten

336 Hat ein Unternehmer ein Fahrzeug zulässigerweise dem Unternehmensvermögen zugeordnet, kann er die Vorsteuerbeträge aus den laufenden Kosten unter den allgemeinen Voraussetzungen des § 15 UStG abziehen. Dies gilt auch für ein gemischt-genutztes Fahrzeug, da die teilweise Nutzung eines insgesamt dem Unternehmen zugeordneten Fahrzeugs für nichtunternehmerische Zwecke eine unentgeltliche sonstige Leistung darstellt (§ 3 Abs. 9a Nr. 1 UStG), die steuerbar und steuerpflichtig ist. Daher ist der Vorsteuerabzug unter den üblichen Voraussetzungen aus allen Ausgaben möglich.

BEISPIEL: M ist Möbelhändler und Eigentümer eines Mietwohngrundstücks. Das Gebäude umfasst 300 m² Nutzfläche, davon sind 200 m² steuerpflichtig und 100 m² steuerfrei vermietet. Dem Unternehmen des M sind folgende Vorsteuern zuzurechnen:

Möbelhandel:

▸ Vorsteuern im Zusammenhang mit steuerpflichtigen Leistungen	40.000 €
▸ Vorsteuern im Zusammenhang mit nicht steuerbaren Lieferungen im Ausland	6.000 €
▸ Vorsteuern im Zusammenhang mit steuerfreien Ausfuhren und innergemeinschaftlichen Lieferungen	1.000 €

Vermietung:

▸ Vorsteuern im Zusammenhang mit ausschließlich steuerfreien Vermietungen	7.200 €
▸ Vorsteuern im Zusammenhang mit ausschließlich steuerpflichtigen Vermietungen	3.800 €

Das Dach des Hauses ist im Mai neu gedeckt worden. Die Vorsteuern aus dieser Reparatur betragen 5.100 €.

Dem Unternehmen des M ist auch ein Pkw zuzurechnen. Dieser Pkw wurde zu 20 % privat, zu 60 % für den Möbelhandel und zu 20 % für die Vermietungsleistungen genutzt. Die Vorsteuern im Zusammenhang mit diesem Pkw betrugen 1.500 €.

Die mit steuerpflichtigen Umsätzen im Zusammenhang stehenden Vorsteuerbeträge (40.000 €) sind uneingeschränkt abzugsfähig (§ 15 Abs. 1 Satz 1 Nr. 1 Satz 1 UStG), ebenso die Vorsteuern, die im Zusammenhang mit den nicht steuerbaren Lieferungen im Ausland stehen (6.000 €), die bei unterstellter Ausführung im Inland steuerpflichtig wären (§ 15 Abs. 2 Nr. 2 UStG). Die Vorsteuerbeträge hinsichtlich der steuerfreien Ausfuhren und innergemeinschaftlichen Lieferungen (1.000 €) sind ebenfalls abzugsfähig (§ 15 Abs. 3 Nr. 1 UStG). Die Vorsteuerbeträge im Zusammenhang mit der steuerpflichtigen Vermietung von Büroräumen (3.800 €) können auch uneingeschränkt berücksichtigt werden (§ 15 Abs. 1 Satz 1 Nr. 1 Satz 1 UStG). Die uneingeschränkt abzugsfähigen Vorsteuern betragen somit insoweit 50.800 €.

Die mit der Dachreparatur zusammenhängenden Vorsteuerbeträge sind nach dem Verhältnis der Nutzflächen aufzuteilen, so dass ein Betrag von 1.700 € nicht abzugsfähig ist (100 m² = ⅓) und ein Betrag von 3.400 € berücksichtigt werden kann (§ 15 Abs. 4 UStG).

Die mit dem Pkw im Zusammenhang stehenden Vorsteuerbeträge i. H. v. 1.500 € sind nach § 15 Abs. 1 Satz 1 Nr. 1 Satz 1 UStG abziehbar, da der Pkw für das Unternehmen des M erworben wurde. Da der Pkw sowohl zur Ausführung steuerfreier als auch zur Ausführung steuerpflichtiger Umsätze verwendet wird, ist die Vorsteuer nach § 15 Abs. 4 UStG aufzuteilen, als Aufteilungsmaßstab ist die Nutzung heranzuziehen. Die private Nutzung von 20 % ist als unentgeltliche Wertabgabe nach § 3 Abs. 9a Nr. 1 UStG zu versteuern, der Vorsteuerabzug bleibt insoweit unberührt (= 300 €). Da das Fahrzeug zudem zu 60 % zur Ausführung von Umsätzen genutzt wird, die in Verbindung mit dem Möbelhandel stehen, der nur zum Vorsteuerabzug berechtigte Ausgangsumsätze erbringt, kann auch dieser Anteil uneingeschränkt berücksichtigt werden (= 900 €). Der Anteil von 20 % im Zusammenhang mit den Vermietungsumsätzen ist dagegen wiederum aufzuteilen, da die Vermietungsumsätze nur teilweise zum Vorsteuerabzug berechtigen. Der Betrag von (20 % von 1.500 € = 300 €) ist nach der Nutzfläche aufzuteilen, und zwar 200 m² : 100 m², d. h. ⅔ dieses Vorsteuerbetrages sind abzugsfähig (200 €). Somit sind von den nach § 15 Abs. 2 und 4 UStG aufzuteilenden Vorsteuerbeträgen i. H. v. 1.500 € insgesamt 1.400 € abzugsfähig und 100 € nicht abzugsfähig.

Hat ein Unternehmer ein gemischt-genutztes Fahrzeug nur teilweise dem Unternehmen zugeordnet (vgl. Abschn. 192 Abs. 21 Buchst. c UStR), ist auch der Vorsteuerabzug aus den laufenden Kosten nur entsprechend dieses Anteils möglich. Nach Auffassung der Verwaltung hat ein Unternehmer, der auch Umsätze ausführt, die den Vorsteuerabzug ausschließen (§ 15 Abs. 2 UStG), anschließend eine Aufteilung der sich darauf ergebenden verbleibenden Beträge nach § 15 Abs. 4 UStG vorzunehmen.[1] 337

Überlässt der Unternehmer seinen Mitarbeitern Fahrzeuge sowohl für betriebliche Zwecke als auch für private Zwecke der Mitarbeiter, liegt aus Sicht des Unternehmers ausschließlich eine unternehmerische Nutzung vor. Hinsichtlich der Nutzungsüberlassung durch den Unternehmer an den Mitarbeiter für dessen private Zwecke ist wirtschaftlich eine Vermietung durch den Arbeitgeber gegeben. Somit kann der Vorsteuerabzug aus den Anschaffungskosten als auch aus den laufenden Ausgaben in Anspruch genommen werden. Dies gilt auch für die Überlassung von Fahrzeugen als Gesellschafter-Geschäftsführer von Kapitalgesellschaften. 338

1 BMF-Schreiben v. 27. 8. 2004, BStBl 2004 I S. 864; vgl. auch Rdn. 300.

b) Entgeltliche Fahrzeugüberlassung an das Personal

aa) Leistung gegen Entgelt

339 Wird für eine Leistung des Arbeitgebers gegenüber einem Arbeitnehmer ein **besonderes Entgelt** berechnet, kommt es zu einem Leistungsaustausch wie bei fremden Dritten. Bei der Ermittlung der Bemessungsgrundlage ist grundsätzlich das Entgelt maßgebend, d. h. der vom Arbeitnehmer für die Leistung tatsächlich aufgewendete Betrag abzüglich der Umsatzsteuer (§ 10 Abs. 1 UStG). Der einkommensteuerlich zu berücksichtigende „Rabatt-Freibetrag“ (§ 8 Abs. 3 EStG) ist umsatzsteuerlich ohne Bedeutung, bei verbilligten Leistungen an Arbeitnehmer ist aber ggf. die Mindest-Bemessungsgrundlage zu beachten (§ 10 Abs. 5 Nr. 2 i. V. mit Abs. 4 UStG).

340 Ein besonders berechnetes Entgelt i. S. des § 1 Abs. 1 Nr. 1 UStG kann dabei auch in der **Erbringung der Arbeitsleistung** des Arbeitnehmers bestehen, wenn aufgrund des Arbeitsvertrages ein Teil der Dienstleistung der Leistung des Arbeitgebers gegenübersteht. Das wird dann der Fall sein, wenn die Sachzuwendung als Lohnbestandteil mit dem Ziel der Erlangung eines Teils der Arbeitsleistung bewirkt wird,[1] z. B. bei freier Kost und Logis oder bei der Überlassung von Firmenwagen.[2] Eine im Arbeitsvertrag vereinbarte private Pkw-Nutzung stellt einen einklagbaren Sachbezug dar.[3] Von Entgeltlichkeit ist immer auszugehen, wenn das Kraftfahrzeug für eine gewisse Dauer und nicht nur gelegentlich zur Privatnutzung überlassen wird. Es handelt sich dann um **tauschähnliche Umsätze** (§ 3 Abs. 12 UStG), denn in diesen Fällen wendet der Unternehmer für geleistete Dienste neben dem Barlohn auch eine Sachzuwendung auf, die regelmäßig eine Leistung im umsatzsteuerlichen Sinne darstellt.

341 Bei Montagefahrzeugen ist eine unentgeltliche Überlassung in aller Regel nicht steuerbar, da die betrieblichen die privaten Interessen überlagern.[4]

bb) Ermittlung der Bemessungsgrundlage

342 Der Wert der Nutzungsüberlassung bemisst sich grundsätzlich nach den tatsächlich gefahrenen privaten Kilometern des Arbeitnehmers und anhand der anteiligen Kosten, die dem Arbeitnehmer für die Haltung und den Betrieb eines eigenen Pkw des gleichen Typs an Aufwendungen entstanden wären, kann aber aus Vereinfachungsgründen ggf. auch im Wege der **Schätzung** bestimmt werden.[5]

1 BFH v. 10. 6. 1999, BStBl 1999 II S. 580.
2 BMF-Schreiben v. 27. 8. 2004, BStBl 2004 I S. 864.
3 BAG-Urteil v. 11. 10. 2000 – 5 AZR 240/99.
4 BFH v. 16. 12. 1999, UR 2000 S. 426.
5 Hinweis auf BFH v. 10. 5. 1990, BFH/NV 1992 S. 845.

Folgende Berechnungsmethoden zur Ermittlung der umsatzsteuerlichen Bemessungsgrundlage bei der entgeltlichen Überlassung eines Fahrzeugs an Arbeitnehmer sind umsatzsteuerlich möglich: 343

(1) **pauschale Ermittlung des Sachbezugs**

Monatlich 1 v. H. des auf volle 100 € abgerundeten Bruttolistenpreises des Fahrzeugs einschließlich der Sonderausstattung für die private Nutzung **zuzüglich**

monatlich 0,03 v. H. des abgerundeten Bruttolistenneupreises nebst Sonderausstattung u Entfernungskilometer für die Fahrten zwischen Wohnung und Arbeitsstätte;

(2) **Fahrtenbuchregelung**

dabei kann das aufgrund des Fahrtenbuches für ertragsteuerliche Zwecke ermittelte Nutzungsverhältnis auch bei der Umsatzsteuer zugrunde gelegt werden;

(3) **Schätzung** des privaten Nutzungsanteils.

Wird der lohnsteuerliche Wert der Fahrzeugüberlassung mit dem vom Listen- 344
preis abgeleiteten **Pauschalwert** von monatlich 1 % des Bruttolistenneupreises angesetzt (R 8.1 Abs. 9 Nr. 1 LStR), kann von diesem Wert auch bei der Umsatzbesteuerung als (fiktives) Entgelt ausgegangen werden (Abschn. 12 Abs. 8 UStR). Diese Werte sind dann als **Bruttowerte** anzusehen, aus denen die Umsatzsteuer herauszurechnen ist, denn die Ermittlung der lohnsteuerlichen Werte bewirkt eine fiktive Entgeltsberechnung. Der umsatzsteuerliche Wert für Familienheimfahrten kann aus Vereinfachungsgründen mit 0,002 v. H. des Listenpreises für jeden Kilometer der Entfernung zwischen dem Ort des eigenen Hausstandes und dem Beschäftigungsort angesetzt werden. Der Umsatzsteuer unterliegen die auf die Familienheimfahrt entfallenden Kosten auch dann, wenn ein lohnsteuerlicher Wert nach § 8 Abs. 2 EStG nicht anzusetzen ist. Aus dem so ermittelten Betrag ist die Umsatzsteuer herauszurechnen. Ein pauschaler Abschlag für nicht mit Vorsteuern belastete Kosten ist in diesen Fällen nicht zulässig.[1]

BEISPIEL: Arbeitgeber U überließ seinem Verkaufsleiter V im Jahre 05 lt. Arbeitsvertrag einen betrieblichen Pkw für Fahrten von der Wohnung zur Arbeitsstätte, für tägliche Mittagsheimfahrten und sonstige private Fahrten. Der Pkw wurde von V an 180 Tagen für Fahrten zwischen Wohnung und Arbeitsstätte benutzt (Entfernung 12 km). Die Dienstreisen des V betragen 70 v. H. der gesamten Nutzung. Über die Mittagsheimfahrten und übrigen Privatfahrten sowie über die Gesamtkosten fehlen Aufzeichnungen. Der Listenpreis des neuen Pkw (Erstzulassung 2. 1. 05) betrug 30.000 €.

1 BMF-Schreiben v. 27. 8. 2004, BStBl 2004 I S. 864.

U erbringt gegenüber V eine sonstige Leistung (§ 3 Abs. 9 UStG) durch Überlassung des Fahrzeugs. Der Ort der sonstigen Leistung liegt im Inland (§ 3a Abs. 1 UStG), die sonstige Leistung ist daher steuerbar und mangels Befreiung steuerpflichtig zu 19 % (§ 12 Abs. 1 UStG). Es liegt ein tauschähnlicher Umsatz vor (§ 3 Abs. 12 UStG), da die Gegenleistung in der (anteiligen) Arbeitsleistung des V besteht. Der Wert dieser Gegenleistung ist zu schätzen, da er nicht ermittelt werden kann. Da kein Fahrtenbuch und keine Aufzeichnungen geführt werden, ist der Wert der Gegenleistung anhand der in R 8.1 Abs. 9 LStR vorgegebenen Pauschalen zu ermitteln:

private Fahrten: Bruttolistenneupreis 30.000 € × 1 % monatlich =	300,00 €
Fahrten Wohnung – Arbeitsstätte: 30.000 € × 0,03 % × 12 km =	108,00 €
Gesamtbetrag des fiktiven monatlichen Entgelts i. S. des § 10 Abs. 2 Satz 1 UStG =	408,00 €
darin enthaltene Umsatzsteuer	65,14 €
Bemessungsgrundlage	342,86 €

345 Wird der private Nutzungswert mit Hilfe eines ordnungsgemäßen **Fahrtenbuchs** anhand der durch Belege nachgewiesenen Gesamtkosten ermittelt (R 8.1 Abs. 9 Nr. 2 LStR), ist das aufgrund des Fahrtenbuchs ermittelte Nutzungsverhältnis auch bei der Umsatzsteuer zugrunde zu legen (zur Ordnungsmäßigkeit eines Fahrtenbuchs vgl. Rz. 180 ff.). Die Fahrten zwischen Wohnung und Arbeitsstätte sowie die Familienheimfahrten aus Anlass einer doppelten Haushaltsführung werden umsatzsteuerlich den Privatfahrten des Arbeitnehmers zugerechnet. Aus Vereinfachungsgründen kann das nach § 10 Abs. 1 und Abs. 2 UStG zu bestimmende Entgelt auch nach den Werten des § 10 Abs. 4 Nr. 2 UStG bemessen werden, d. h. der Wert kann nach den Gesamtkosten des Fahrzeugs geschätzt werden. Aus den Gesamtkosten dürfen allerdings keine Kosten ausgeschieden werden, bei denen ein Vorsteuerabzug nicht möglich ist, weil entgeltliche sonstige Leistungen nicht von einer solchen Voraussetzung abhängen. Bei der Schätzung des Werts der Gegenleistung anhand der entstandenen Kosten kommt es nicht darauf an, ob (ganz oder teilweise) ein Recht auf Vorsteuerabzug bestanden hat.[1] Der so anhand der Gesamtkosten ermittelte Wert ist ein **Nettowert,** auf den die Umsatzsteuer mit dem allgemeinen Steuersatz aufzuschlagen ist.

BEISPIEL 1: U überlässt einem Mitarbeiter ein Fahrzeug für unternehmerische Zwecke, aber auch für private Zwecke des Mitarbeiters. Nach einem ordnungsgemäßen Fahrtenbuch beträgt die Gesamtfahrleistung eines Fahrzeugs 18.000 km. Davon entfallen 3.240 km auf private Fahrten des Mitarbeiters. Außerdem hat er das Fahrzeug an 180 Tagen für die Fahrten zwischen Wohnung und Arbeitsstätte genutzt, die einfache Entfernung beträgt 6 km. Die Kosten des Fahrzeugs betrugen:

Abschreibung	6.000 €
laufende Kosten	4.000 €
Steuern und Versicherung	1.000 €

1 BFH v. 10. 6. 1999, BStBl 1999 II S. 580.

Von den gesamten gefahrenen Kilometer entfallen auf private Fahrten des Arbeitnehmers einschließlich Fahrten Wohnung – Arbeitsstätte 30 % (5.400 km : 18.000 km). Die Gesamtkosten des Fahrzeugs betragen 11.000 €, davon entfallen somit 30 % = 3.300 € auf die privaten Fahrten des Mitarbeiters. Dies ist die umsatzsteuerliche Gegenleistung für die Fahrzeugüberlassung (brutto), die Umsatzsteuer beträgt mithin für das Kalenderjahr 526,89 €, das Entgelt 2.773,11 €. Da die Umsatzsteuer monatlich oder vierteljährlich entsteht (§ 13 Abs. 1 Nr. 1a Satz 1 UStG), ist sie für den Voranmeldungszeitraum ggf. zu schätzen und die endgültige Berechnung im Rahmen der Umsatzsteuer-Jahreserklärung vorzunehmen.

BEISPIEL 2: Ein Arbeitnehmer mit einer im letzten Jahr begründeten doppelten Haushaltsführung nutzt einen Firmenwagen mit einem Bruttolistenneupreis von 30.000 € im gesamten Folgejahr zu Privatfahrten, zu Fahrten zwischen Wohnung und der 10 km entfernten Arbeitsstätte und zu 20 Familienheimfahrten zum 150 km entfernten Familienwohnsitz. Aufzeichnungen für die Einzelfahrten wurden nicht geführt, die Kosten des Fahrzeugs wurden nicht getrennt ermittelt.

Die Umsatzsteuer für die Firmenwagenüberlassung ist wie folgt zu ermitteln:

für die allgemeine Privatnutzung 1 % × 30.000 € × 12 Monate =	3.600 €
für Fahrten Wohnung – Arbeitsstätte 0,03 % × 30.000 € × 12 Monate × 10 km =	1.080 €
für Familienheimfahrten 0,002 % × 30.000 € × 150 km × 20 Fahrten =	1.800 €
Bruttowert der sonstigen Leistung an den Arbeitnehmer	6.480 €
Darin enthaltene Umsatzsteuer mit 19 %	1.034,62€

Wird die Bemessungsgrundlage anhand der tatsächlichen Kosten berechnet, ist 346
zu beachten, dass umsatzsteuerlich für die Abschreibung eine betriebsgewöhnliche Nutzungsdauer von 5 Jahren zugrunde zu legen ist.[1]

Es bestehen aus Sicht der Verwaltung auch keine Bedenken, den Wert der 347
Gegenleistung anhand der Gesamtkosten des Arbeitgebers für die Überlassung des Fahrzeugs zu **schätzen,** da das Umsatzsteuerrecht eine Verpflichtung zur pauschalen Ermittlung (1%-Regelung) nicht kennt.[2] Aus den Gesamtkosten dürfen allerdings dabei keine Kosten ausgeschieden werden, bei denen ein Vorsteuerabzug nicht möglich ist, weil keine Entnahme, sondern ein Leistungsaustausch vorliegt (vgl. Art. 26 Abs. 1 Buchst. b MwStSystRL). Der so ermittelte Wert ist ein Nettowert, auf den die Umsatzsteuer aufzuschlagen ist. Treffen die Parteien Aussagen über den Wert der Arbeitsleistungen, so ist dieser Wert als Bemessungsgrundlage für die Überlassung der Fahrzeuge zugrunde zu legen, wenn er die Kosten für die Fahrzeugüberlassung übersteigt.[3]

1 § 10 Abs. 4 Nr. 2 Satz 3 i.V.m. § 15a Abs. 1 Satz 1 UStG, BFH v. 19.4.2007, BStBl 2007 II S. 676.
2 Vgl. auch Urteil des FG Niedersachen v. 19.5.2005, DStRE 2005 S. 1156.
3 BMF-Schreiben v. 27.8.2004, BStBl 2004 I S. 864.

c) Unentgeltliche Fahrzeugüberlassung an das Personal

aa) Steuerbarkeit

348 Einer sonstigen Leistung gegen Entgelt ist gleichgestellt die Verwendung eines dem Unternehmen zugeordneten Gegenstandes durch einen Unternehmer für Zwecke, die außerhalb des Unternehmens liegen (§ 3 Abs. 9a Nr. 1 UStG). Auch die unentgeltliche Überlassung eines Gegenstandes des Unternehmens zur Nutzung durch das Personal für dessen privaten Bedarf fällt unter diese Regelung. Da ein besonderes Entgelt auch in der Erbringung der Arbeitsleistung bestehen kann, wenn aufgrund des Arbeitsvertrages ein Teil der Dienstleistung der Leistung des Arbeitgebers gegenübersteht, kommt die Regelung über die unentgeltliche Überlassung von Fahrzeugen nur in Ausnahmefällen zur Anwendung, da die Fahrzeugüberlassung zum regelmäßig Gebrauch grundsätzlich vertraglich vereinbart wurde. Von einer **unentgeltlichen** Überlassung von Kraftfahrzeugen an das Personal kann ausgegangen werden, wenn die vereinbarte private Nutzung des Fahrzeugs derart gering ist, dass sie für die Gehaltsbemessung keine wirtschaftliche Rolle spielt, und nach den objektiven Gegebenheiten eine weitergehende private Nutzungsmöglichkeit ausscheidet.[1] Dies kann unterstellt werden, wenn das Fahrzeug aus besonderem Anlass nur gelegentlich an nicht mehr als fünf Kalendertagen im Monat für private Zwecke überlassen wird.[2] Eine Aufmerksamkeit i. S. des § 3 Abs. 9a Nr. 1 UStG ist nicht gegeben.

349 Erhalten freie Mitarbeiter zur Ausübung ihrer Tätigkeit einen Pkw des Auftraggebers kostenfrei zur Nutzung, so stellt die unentgeltliche Gebrauchsüberlassung zur Durchführung von Fahrten im betrieblichen Interesse des Auftraggebers keine Leistung dar (Abschn. 12 Abs. 4 UStR). Es liegt vielmehr eine Beistellung i. S. des Abschn. 27 Abs. 2 UStR vor.[3] Ist der freie Mitarbeiter berechtigt, das Fahrzeug auch privat zu nutzen, liegt insoweit eine sonstige Leistung i. S. des § 3 Abs. 9 (entgeltliche Überlassung) bzw. Abs. 9a UStG (unentgeltliche Überlassung) vor. Als Wert der Dienstleistung ist aus Vereinfachungsgründen von den dem Auftraggeber entstandenen Kosten auszugehen (Abschn. 153 Abs. 1 Sätze 3 und 4 UStR).

350 Voraussetzung für die Steuerbarkeit ist aber, dass der Unternehmer hinsichtlich des verwendeten Gegenstands zumindest teilweise zum Vorsteuerabzug berechtigt war. Sind diese Voraussetzungen nicht erfüllt (z. B. beim Kauf eines Gegenstandes von einer Privatperson), unterliegt die spätere Verwendung nicht der Umsatzsteuer (Abschn. 24c Abs. 2 Satz 3 UStR).

---

1 BFH-Urteil v. 4.10.1984, BStBl 1984 II S. 808.
2 BMF-Schreiben v. 27.8.2004, BStBl 2004 I S. 864 sowie v. 29.5.2000, BStBl 2000 I S. 819.
3 OFD Karlsruhe v. 5.3.2001, DStR 2001 S. 943.

Die unentgeltliche Beförderung von Arbeitnehmern von ihrer Wohnung zur Arbeitsstätte und zurück durch den Arbeitgeber ist regelmäßig steuerbar, da sie den privaten Interessendes Arbeitnehmers dient.[1] Im Ausnahmefall kann eine Beförderungsleistung wegen eines außergewöhnlichen Arbeitseinsatzes oder bei der Mitnahme von Arbeitnehmern während eines Materialtransports eine Leistung im überwiegend betrieblichen Interesse sein (Abschn. 12 Abs. 15 UStR). Sie sind darüber hinaus nicht steuerbar, wenn besondere Umstände die Beförderung durch den Unternehmer erforderlich machen, z. B. wechselnde Arbeitsstätten oder Probleme mit öffentlichen Verkehrsmitteln.[2] Auch das Gemeinschaftsrecht geht in derartigen Fällen davon aus, dass die entsprechenden Fahrten grundsätzlich in vollem Umfang unternehmensfremd sind. Die Anreise des Arbeitnehmers zur Arbeitsstätte ist grundsätzlich seine eigene Angelegenheit und führt daher in der Regel zu einer Leistung des Arbeitgebers. 351

bb) Bemessungsgrundlage

Ist die Kfz-Überlassung an Arbeitnehmer ausnahmsweise als unentgeltliche Leistung anzusehen, gelten für die Ermittlung der Bemessungsgrundlage die Grundsätze für unentgeltliche Wertabgaben (§ 10 Abs. 4 Nr. 2 UStG). Bemessungsgrundlage sind danach die Ausgaben, soweit sie zum vollen oder teilweisen Vorsteuerabzug berechtigt haben. Aus der Bemessungsgrundlage sind die nicht mit Vorsteuern behafteten Kosten auszuscheiden. Der so ermittelte Wert ist ein Nettowert, auf den die Umsatzsteuer aufzuschlagen ist. 352

BEISPIEL: U überlässt einem Mitarbeiter für dessen privaten Umzug für ein Wochenende einen betrieblichen Lieferwagen. Die anteiligen Kosten für diese 2 Tage der Nutzung betragen:

anteilige Abschreibung	45 €
anteilige laufende Kosten	55 €
anteilige Steuern, Versicherung	10 €

Es liegt keine entgeltliche Nutzungsüberlassung vor, da die Überlassung des Fahrzeugs nicht arbeitsrechtlich vereinbart wurde und keine regelmäßige Überlassung stattfindet. Die unentgeltliche Wertabgabe des U an seinen Mitarbeiter ist steuerbar nach § 3 Abs. 9a Nr. 1 UStG. Bemessungsgrundlage sind die Ausgaben, die mit Vorsteuerbeträgen belastet sind (§ 10 Abs. 4 Nr. 2 UStG). Dazu gehören die laufenden Kosten (Benzin, Inspektionen, Reparaturen) sowie die anteilige Abschreibung, wenn das Fahrzeug von einem anderen Unternehmer mit Vorsteuerabzug erworben wurde. Dabei ist eine Nutzungsdauer von 5 Jahren zugrunde zu legen (§ 10 Abs. 4 Nr. 2 Satz 3 UStG). Steuern und Versicherung gehören nicht zu den Ausgaben in diesem Sinne. Die unent-

1 BFH v. 9.7.1998, BStBl 1998 II S. 635.

2 Vgl. Urteil des EuGH v. 16.10.1997, DStR 1997 S. 930 sowie BFH v. 10.6.1999, BStBl 1999 II S. 582.

geltliche Wertabgabe ist daher im vorliegenden Fall mit 100 € zu bewerten, die Umsatzsteuer beträgt 19 €.

353 Aus Vereinfachungsgründen wird es nicht beanstandet, wenn bei der Ermittlung der Bemessungsgrundlage von den lohnsteuerlichen Werten ausgegangen wird, aus denen die Umsatzsteuer dann herauszurechnen ist. Wird in derartigen Fällen der Nutzungswert pauschal mit 0,001 % des Bruttolistenneupreises je Fahrtkilometer bewertet, kann für die nicht mit Vorsteuern belasteten Kosten ein Abschlag von 20 % vorgenommen werden.

d) Berichtigung des Vorsteuerabzugs durch Änderung der Verhältnisse

354 Bei einem Wirtschaftsgut, das der Unternehmer über einen längeren Zeitraum nutzt, können sich im Laufe der Jahre die steuerlichen Verhältnisse ändern. Daher bestimmt § 15a UStG, dass in derartigen Fällen der Vorsteuerabzug ggf. korrigiert wird, wenn sich im Laufe der unterstellten umsatzsteuerlichen Nutzungsdauer (Berichtigungszeitraum) Änderungen ergeben. Dies sind bei einem Pkw regelmäßig 5 Jahre (§ 15a Abs. 1 Satz 1 UStG), ein tatsächlich kürzerer Nutzungszeitraum ist zu berücksichtigen (§ 15a Abs. 5 Satz 2 UStG).

BEISPIEL: Ein neu angeschaffter Pkw wird ab dem 1.1.06 ausschließlich für die Ausführung steuerpflichtiger Umsätze verwendet. Die Vorsteuerbeträge betrugen 15.000 €. Im Jahr 07 werden zudem erstmalig steuerfreie Umsätze getätigt, nach den Aufzeichnungen des Unternehmers zu 5 %. Ab 08 wird der Pkw zu 11 % für steuerfreie Umsätze genutzt.

Die Vorsteuer ist im Jahre 06 uneingeschränkt abzugsfähig (§ 15 Abs. 1 Satz 1 Nr. 1 UStG), da ausschließlich steuerpflichtige Umsätze beabsichtigt sind. Die Änderung der Verhältnisse in 07 (erstmalige Ausführung auch von steuerfreien Umsätzen) führt zu einer Vorsteuerkorrektur nach § 15a UStG. Der anteilige Vorsteuerbetrag für 07 beträgt $^1/_5$ = 3.000 € (§ 15a Abs. 1 Satz 1 UStG). Grundsätzlich ist eine Korrektur von 5 % von 3.000 € = 150 € vorzunehmen (§ 15a Abs. 5 Satz 1 UStG). Da der zu berichtigende Betrag aber weniger als 10 % beträgt und 1.000 € nicht übersteigt, unterbleibt für 07 die entsprechende Korrektur (§ 44 Abs. 2 UStDV). Im Jahre 08 beträgt der Korrekturbetrag nach § 15a UStG 11 % von 3.000 € = 330 €. Es wurde zwar nicht die absolute Grenze von 1.000 € erreicht, allerdings die relative Grenze von 10 %. Daher ist die Berichtigung für 08 durchzuführen, die Vorsteuerkorrektur entsprechend in der Steuererklärung zu berücksichtigen.

355 Der Berichtigungszeitraum beginnt mit der erstmaligen Verwendung des Gegenstandes, d. h. unmittelbar nach Ingebrauchnahme des Wirtschaftsgutes und endet nach Ablauf des maßgeblichen Berichtigungszeitraums, ggf. auch innerhalb eines Kalenderjahres. Beginnt oder endet der Berichtigungszeitraum innerhalb eines Kalenderjahres, ist für diese Kalenderjahre jeweils nicht der volle Jahresanteil der Vorsteuerbeträge, sondern nur der Teil anzusetzen, der den jeweiligen Kalendermonaten entspricht.

BEISPIEL: U schafft am 1.3.01 einen Pkw an, den er im ersten Jahr zu 80 % für steuerpflichtige Umsätze (Maklertätigkeit) und zu 20 % für steuerfreie Umsätze (Tätigkeit als Versicherungsagent) verwendet. Die Vorsteuern aus der Anschaffung betragen 6.000 €, dementsprechend macht U 4.800 € beim Finanzamt geltend. In den nächsten Jahren ändern sich die Verwendungsverhältnisse wie folgt:

02: 30 % steuerfreie Umsätze
03: 10 % steuerfreie Umsätze
04: 10 % steuerfreie Umsätze
05: 20 % steuerfreie Umsätze
06: ausschließlich steuerpflichtige Umsätze

U hat zutreffend in 01 4.800 € Vorsteuern berücksichtigt (§ 15 Abs. 1 Satz 1 Nr. 1 i.V. mit § 15 Abs. 2 Nr. 1 i.V. mit § 15 Abs. 4 UStG). Da sich in den Folgejahren die Verwendungsverhältnisse geändert haben, kommt eine Berichtigung der Vorsteuerbeträge ab 02 in Betracht (§ 15a Abs. 1 Satz 1 UStG). Es ergeben sich folgende Berichtigungsbeträge, wobei zu beachten ist, dass für Zwecke des § 15a UStG vom Gesamtbetrag der Vorsteuern i. H. v. 6.000 € – ungeachtet ihrer Abzugsfähigkeit – auszugehen ist:

Zeitraum	anteilige Vorsteuer	nicht abzugsfähig	Änderung	Korrekturbetrag
1.3.–31.12.01	1.000 €	20 %	–	–
02	1.200 €	30 %	10 %	./. 120 €
03	1.200 €	10 %	10 %	+ 120 €
04	1.200 €	10 %	10 %	+ 120 €
05	1.200 €	20 %	–	–
1.1.–28.2.06	200 €	0 %	20 %	+ 40 €
	6.000 €			+ 160 €

Wurde ein Fahrzeug ursprünglich nicht für das Unternehmen angeschafft, ist auch keine Berichtigung des Vorsteuerabzugs nach § 15a UStG möglich.[1] 356

BEISPIEL: Möbelhändler M hat am 14.3.04 einen Pkw für 30.000 € zzgl. USt erworben. Das Fahrzeug wurde uneingeschränkt von der Ehefrau und der Tochter des M zu privaten Zwecken genutzt. Ab dem 21.7.05 wurde der Pkw in vollem Umfang für den Möbelhandel genutzt.

Die Vorsteuerkorrektur nach § 15a UStG setzt voraus, dass das betreffende Wirtschaftsgut im Unternehmen ganz oder teilweise genutzt worden ist. Dies ist nicht der Fall, da der Gegenstand im Erstjahr ausschließlich im nichtunternehmerischen Bereich genutzt und später dem Unternehmen zugeführt wurde. Bei einer Einlage ist § 15a UStG nicht anwendbar.

Unternehmer, die sowohl steuerfreie als auch steuerpflichtige Umsätze ausführen und diese Umsatzgrößen einer ständigen Änderung unterliegen, haben demzufolge regelmäßig in jedem Kalenderjahr Korrekturen nach § 15a UStG vorzunehmen. 357

1 Abschn. 214 Abs. 6 Satz 2 Nr. 1 und Nr. 2 UStR, EuGH-Urteil v. 2.6.2005 – Rs. C-378/02, DStR 2005 S. 902; v. 11.7.1991 – Rs. C-97/90, HFR 1991 S. 730.

BEISPIEL: Die Baugesellschaft B aus Bochum tätigt sowohl steuerfreie als auch steuerpflichtige Umsätze. Zum 11.2.01 erwarb die Gesellschaft ein Fahrzeug, wofür 6.400 € Umsatzsteuer in Rechnung gestellt wurden. Die Rechnung wurde der Gesellschaft noch am 2.3.01 erteilt, der Betrag wurde noch im März überwiesen. Das Fahrzeug hat eine betriebsgewöhnliche Nutzungsdauer von 4 Jahren. Das Fahrzeug wird auf nahezu allen Baustellen der Gesellschaft eingesetzt. Die Gesellschaft ging bei der Anschaffung des Fahrzeugs im Schätzungswege zutreffend anhand der Vorjahreszahlen davon aus, dass das Fahrzeug wohl zu 60 % im Zusammenhang mit ihren steuerpflichtigen und zu 40 % im Zusammenhang mit steuerfreien Umsätzen eingesetzt werden wird. Tatsächlich ergab sich folgende Verwendung:

im Jahr 01 50 % steuerpflichtige Umsätze
im Jahr 02 40 % steuerpflichtige Umsätze
im Jahr 03 30 % steuerpflichtige Umsätze

Zum 31.03.03 wurde das Fahrzeug für 18.000 € veräußert.

Nach § 15 Abs. 1 Satz 1 Nr. 1 Satz 1 UStG ist B anlässlich des Erwerbs des Fahrzeugs grundsätzlich im Februar 01 zum Vorsteuerabzug berechtigt. Dabei ist zu berücksichtigen, dass die Nutzung des Fahrzeugs, soweit sie sich auf steuerfreie Umsätze bezieht, den Vorsteuerabzug nach § 15 Abs. 2 Nr. 1 UStG ausschließt, so dass der Gesamtbetrag der in Rechnung gestellten USt i. H. v. 6.400 € aufgeteilt werden muss (§ 15 Abs. 4 UStG).

Aufgrund der Verwendung im Vorjahr und der gleich bleibenden Verwendungsabsicht ergibt sich eine Aufteilung für den Voranmeldungszeitraum März (§ 15 Abs. 1 Satz 1 Nr. 1 Satz 2 UStG) i. H. v. 60:40, so dass B hier 3.840 € (60 %) Vorsteuern geltend machen kann. Da sich nach Ablauf des Jahres 01 herausstellt, dass das Fahrzeug in 01 tatsächlich nur zu 50 % steuerpflichtigen Zwecken gedient hat, muss der in Anspruch genommene Vorsteuerabzug im Rahmen der USt-Jahreserklärung für 01 nach § 15a Abs. 1 und 5 UStG korrigiert werden (§ 44 Abs. 4 Satz 1 UStDV). Die Tatsache, dass sich die Nutzungsverhältnisse in den Folgejahren erneut ändern, führt erneut zur Anwendung des § 15a UStG für diese Folgejahre. Obwohl § 15a Abs. 1 Satz 1 UStG grundsätzlich von einer Verwendungsdauer von fünf Jahren ausgeht, ist die kürzere betriebsgewöhnliche Nutzungsdauer zu berücksichtigen (§ 15a Abs. 5 Satz 2 UStG). Der Berichtigungszeitraum beträgt somit 4 Jahre und dauert vom 1.2.01 (erstmalige Verwendung) bis zum 31.1.05 (§ 45 UStDV). Die Veräußerung des Fahrzeugs während des Berichtigungszeitraums führt nicht zu einer Verkürzung des Berichtigungszeitraums (§ 15a Abs. 8 UStG). Insoweit ist jedoch zu beachten, dass die Veräußerung des Fahrzeugs einen steuerpflichtigen Hilfsumsatz darstellt, der wiederum für den Vorsteuerabzug anders zu beurteilen ist als die Verwendungsabsicht des Fahrzeugs bei Anschaffung im Jahre 01, in dem es lediglich zu 60 % steuerpflichtigen Zwecken gedient hat. Damit liegen erneut geänderte Verhältnisse i. S. des § 15a Abs. 1 UStG vor. Die Berichtigung des Vorsteuerabzugs ist so vorzunehmen, als würde der Pkw ab dem Zeitpunkt der Veräußerung bis zum Ablauf des Berichtigungszeitraums zu 100 % steuerpflichtigen Zwecken dienen (§ 15a Abs. 9 UStG). Es ergeben sich folgende zu korrigierende Vorsteuerbeträge:

Zeitraum	anteilige Vorsteuer	nicht abzugsfähig	Änderung	Korrekturbetrag
1.2.–31.12.01	1.467 €	50%	10%	⁒ 146,70 €
1.1.–31.12.02	1.600 €	60%	20%	⁒ 320,00 €
1.1.–31.03.03	400 €	70%	30%	⁒ 120,00 €
1.4.–31.12.03	1.200 €	0%	40%	480,00 €
1.1.–31.12.04	1.600 €	0%	40%	640,00 €
1.1.–31.01.05	133 €	0%	40%	53,20 €
	6.400 €			1.053,20 €

Die Beträge für 01 und 02 sind von B jeweils im Rahmen der USt-Jahreserklärung für diese Jahre als weitere Zahllast an das Finanzamt anzumelden (§ 44 Abs. 4 Satz 1 UStDV). Im Rahmen der USt-Voranmeldung für den Monat 3/03 sind die übrigen Korrekturbeträge anzumelden (§ 44 Abs. 4 Satz 3 UStDV), d. h. B erhält einen zusätzlichen Vorsteuerbetrag von 1.053,20 €. Somit hat die Gesellschaft insgesamt einen Vorsteuerabzug aus der Anschaffung des Fahrzeugs von 4.426,50 € (3.840 € ⁒ 146,70 € ⁒ 320,00 € + 1.053,20 €).

2. Nutzung eines Fahrzeugs des Unternehmensvermögens für außerunternehmerische Zwecke des Unternehmers

a) Begriff

Einer sonstigen Leistung gegen Entgelt ist gleichgestellt die Verwendung eines 358 dem Unternehmen zugeordneten Gegenstandes durch einen Unternehmer für Zwecke, die außerhalb des Unternehmens liegen (§ 3 Abs. 9a Nr. 1 UStG). Die Regelung hat Bedeutung für Gegenstände des Unternehmens, für die der Unternehmer zumindest teilweise zum Vorsteuerabzug berechtigt war, also eben auch für Fahrzeuge. Keine fiktive sonstige Leistung nach § 3 Abs. 9a Nr. 1 UStG liegt vor hinsichtlich des „privaten Teils" von nur zum Teil dem Unternehmen zugeordneten Gegenständen, die auch für außerunternehmerische Zwecke verwendet werden (Abschn. 192 Abs. 21 Nr. 2 Buchst. c Satz 4, Abschn. 24b Abs. 1 UStR). Stattdessen ist die auf die Eingangsleistung entfallende Umsatzsteuer in einen abziehbaren und einen nichtabziehbaren Vorsteueranteil aufzuteilen, die Erfassung einer fiktiven sonstigen Leistung entfällt insoweit.

Die Fahrten eines Unternehmers zwischen **Wohnung und Betriebsstätte** sowie 359 Familienheimfahrten wegen einer aus betrieblichem Anlass begründeten doppelten Haushaltsführung sind umsatzsteuerlich im Gegensatz zum Ertragsteuerrecht seit dem 1.4.1999 ohne Bedeutung. Diese Fahrten sind der unternehmerischen Nutzung des Fahrzeugs zuzurechnen. Es ist auch keine Kürzung des Vorsteuerabzugs aus den Eingangsleistungen vorzunehmen, weil § 15 Abs. 1a Nr. 1 UStG nur auf nicht abzugsfähige Betriebsausgaben i. S. des § 4 Abs. 5 Nr. 1 bis 4 und Nr. 7 EStG verweist.

b) Voraussetzungen

360 Die Verwendung eines Gegenstandes aus dem Unternehmen für außerhalb des Unternehmens liegende Zwecke unterliegt nur der Umsatzsteuer, wenn dem Unternehmer für den Erwerb oder die Herstellung des Gegenstandes zumindest teilweise ein **Vorsteuerabzug** zustand. Sind diese Voraussetzungen nicht erfüllt (z. B. beim Kauf eines Gegenstandes von einer Privatperson), unterliegt die spätere Verwendung nicht der Umsatzsteuer (Abschn. 24c Abs. 2 Satz 3 UStR).

BEISPIEL: U kauft einen Pkw von einer Privatperson und ordnet das Fahrzeug seinem Unternehmen zu. Aus den laufenden Kosten (Benzin, Inspektionen, Reparaturen) macht U den Vorsteuerabzug geltend.

Folgt man konsequent dem Gesetzeswortlaut in § 3 Abs. 9a Nr. 1 UStG und der in Abschn. 192 Abs. 21 Nr. 2 Buchst. c und Abschn. 24c Abs. 2 Satz 3 UStR festgelegten Auffassung der Finanzverwaltung, so liegt durch die private Verwendung des Fahrzeugs keine unentgeltliche Wertabgabe vor. Die private Verwendung des Fahrzeugs ist insgesamt nicht steuerbar, da U für die Anschaffung des Gegenstandes selbst nicht vorsteuerabzugsberechtigt war.

§ 3 Abs. 9a Nr. 1 UStG (vgl. auch Art. 26 Abs. 1 Buchst. a MwStSystRL) sieht eine Besteuerung der privaten Verwendung nur vor, wenn der Unternehmer für den Gegenstand selbst zum Vorsteuerabzug berechtigt war. Eine unentgeltliche Wertabgabe nach § 3 Abs. 9 Nr. 2 UStG (vgl. Art. 26 Abs. 1 Buchst. b MwStSystRL) ist bei Durchführung einer Inspektion des betrieblichen Pkw, der teilweise privat genutzt wird, wohl kaum anzunehmen. Gleiches gilt für das Betanken das Fahrzeugs, das keine unentgeltliche Wertabgabe nach § 3 Abs. 1b Nr. 1 UStG (vgl. Art. 16 MwStSystRL) darstellt. Zutreffend wäre u. E. in all diesen Fällen eine Aufteilung des Vorsteuerabzugs bereits aus der Eingangsleistung, zumal Art. 173 Abs. 1 Satz 1 MwStSystRL ausdrücklich eine Aufteilung zulässt („soweit Gegenstände und Dienstleistungen"). Gerade diese Einschränkung wurde aber nicht in das deutsche Umsatzsteuergesetz übernommen, wird aber von der Rechtsprechung angewandt. So bezieht ein Unternehmer Telefondienstleistungen nur insoweit für sein Unternehmen, als diese Eingangsleistungen auch unternehmerisch veranlasst sind, d. h. die auf die Grund- und Gesprächsgebühren entfallenden Umsatzsteuerbeträge der entsprechenden Eingangsrechnungen sind in einen abziehbaren und einen nichtabziehbaren (Vorsteuer-)Anteil aufzuteilen. Eine unentgeltliche sonstige Leistung i. S. des § 3 Abs. 9a Nr. 2 UStG liegt dann hinsichtlich der privaten Gesprächsanteile nicht mehr vor, da die entsprechenden Eingangsleistungen von vornherein nicht für das Unternehmen bezogen wurden.[1] Übertragen auf die Pkw-Nutzung heißt dies, dass bei einem ohne Vorsteuerabzug angeschafften Fahrzeug keine unentgeltliche Wertabgabe vorliegt, dafür sind die Eingangsleistungen hinsichtlich ihres Vorsteuerabzugs aufzuteilen.[2]

361 Überlässt eine Personengesellschaft ihrem Gesellschafter einen Pkw, den dieser sowohl für Zwecke der Gesellschaft als auch für seine eigenen privaten Zwecke

1 Vgl. auch Urteil des Hessischen FG v. 21. 11. 2005 – 6 K 1058/03, EFG 2006 S. 614; BFH v. 29. 6. 2007, BFH/NV 2007 S. 1899.

2 Vgl. auch Sikorski, NWB F. 7 S. 6751.

nutzt, hängt die umsatzsteuerliche Beurteilung davon ab, ob die Überlassung unentgeltlich oder entgeltlich erfolgt. In aller Regel hat der Gesellschafter die private Nutzung des Pkw zu bezahlen, z.B. durch Belastung seines Kapitalkontos. Die Überlassung erfolgt dann entgeltlich. Hinsichtlich der Privatfahrten des Gesellschafters liegt sodann eine Vermietung des Pkw durch die Gesellschaft an den Gesellschafter vor. Ist das Entgelt niedriger als die Mindestbemessungsgrundlage, ist diese anzusetzen (§ 10 Abs. 5 Nr. 1 i.V. mit § 10 Abs. 4 Nr. 2 UStG). Der Gesellschaft steht der Vorsteuerabzug aus der Anschaffung und Nutzung des Fahrzeugs zu.

Erfolgt die Überlassung eines Fahrzeugs einer Gesellschaft an einen Gesell- 362
schafter unentgeltlich, kann die Gesellschaft das Fahrzeug ihrem Unternehmen zuordnen, wenn das Fahrzeug neben der Überlassung zu mindestens 10% für Zwecke der Gesellschaft genutzt wird (§ 15 Abs. 1 Satz 2 UStG). Dem Vorsteuerabzug der Gesellschaft steht die Versteuerung der unentgeltlichen Wertabgabe hinsichtlich der Privatfahrten des Gesellschafters gegenüber (§ 3 Abs. 9a Nr. 1 UStG). Überlässt eine Gesellschaft ihrer Komplementär-GmbH einen Pkw und wird dieser Pkw durch den Gesellschafter-Geschäftsführer der GmbH für berufliche und private Zwecke genutzt, gelten für das Verhältnis Gesellschaft/GmbH die vorstehenden Ausführungen entsprechend. Hinsichtlich des Verhältnisses Komplementär-GmbH/Gesellschafter-Geschäftsführer kann regelmäßig von einer Überlassung an Mitarbeiter ausgegangen werden.[1] Umsatzsteuerlich liegt bei der Überlassung eines Fahrzeugs an den Gesellschafter-Geschäftsführer einer GmbH für dessen private Zwecke regelmäßig eine entgeltliche Leistung der GmbH vor, wenn die Überlassung Teil des Arbeitsvertrages ist. Liegen dagegen keine klaren arbeitsrechtlichen Vereinbarungen vor und hat die GmbH aus der Pkw-Überlassung keine Folgerungen gezogen, d.h. hat sie weder Lohnsteuer einbehalten noch das Verrechnungskonto des Gesellschafter-Geschäftsführers belastet, liegt hinsichtlich der Pkw-Überlassung eine verdeckte Gewinnausschüttung vor. Fehlen dagegen bei einem nicht beherrschenden Gesellschafter-Geschäftsführer klare Vereinbarungen, liegt unabhängig von der lohnsteuerlichen Behandlung Arbeitslohn und keine verdeckte Gewinnausschüttung vor)[2]. Umsatzsteuerlich ist zu prüfen, ob eine entgeltliche Leistung oder eine unentgeltliche Wertabgabe nach § 3 Abs. 9a Nr. 1 UStG gegeben ist. Entrichtet der Gesellschafter-Geschäftsführer für die private Nutzung des Fahrzeugs ein Entgelt, liegt hinsichtlich der Privatfahrten eine Vermietung des Fahrzeugs durch

1 OFD Hannover v. 29.6.2005, DStR 2005 S. 1364; OFD Frankfurt/Main v. 23.4.2007, DStR 2007 S. 1677.

2 OFD Hannover v. 29.6.2005, a.a.O., OFD Frankfurt/Main v. 23.4.2007, DStR 2007 S. 1677, gl.A. FG Köln v. 26.3.2008 – 5 K 1599/07, EFG 2008 S. 1204, Rev. eingelegt, Az. des BFH: VI R 19/08.

die GmbH an den Gesellschafter vor. Ist das Entgelt niedriger als die Mindestbemessungsgrundlage, ist diese anzusetzen (§ 10 Abs. 5 Nr. 1 i.V. mit Abs. 4 Nr. 2 UStG, Abschn. 158 Abs. 1 UStR).

363 Ist der Gesellschafter selbst Unternehmer und erbringt er gegenüber der Gesellschaft Leistungen im Leistungsaustausch (z. B. Architekt gegenüber seiner Bauträgergesellschaft) und nutzt der Gesellschafter für diese Zwecke das Fahrzeug der Gesellschaft, ist von einem tauschähnlichen Umsatz auszugehen.[1] Das Entgelt für die Gebrauchsüberlassung besteht in einem Teil der Dienstleistung des Gesellschafters (§ 10 Abs. 2 UStG).

c) Umsatzsteuerliche Sonderregelung für Fahrzeuge in der Zeit vom 1.4.1999 bis zum 31.12.2003

364 Die umsatzsteuerliche Behandlung der privaten Pkw-Nutzung in den letzten Jahren war aufgrund der mehrfachen Gesetzesänderungen etwas unübersichtlich und verwirrend. Bis zum 31.3.1999 und wiederum seit dem 1.1.2004 steht dem uneingeschränkten Vorsteuerabzug für derartige Fahrzeuge nach § 15 Abs. 1 Satz 1 Nr. 1 Satz 1 UStG unter den üblichen Voraussetzungen die Versteuerung des privaten Nutzungsanteils nach § 3 Abs. 9a Nr. 1 UStG gegenüber. Es gelten die vorstehenden Ausführungen. Für die Zeit vom 1.4.1999 bis zum 31.12.2003 war der Vorsteuerabzug für derartige Fahrzeuge auf 50 % beschränkt (§ 15 Abs. 1b UStG a.F.), die Besteuerung eines privaten Nutzungsanteils entfiel (§ 3 Abs. 9a Satz 2 UStG a. F.). Der von der Bundesregierung im Rahmen des JStG 2009 vorgesehenen Wiedereinführung der Einschränkung des Vorsteuerabzugs für entsprechende Fahrzeuge wurde vom Bundesrat widersprochen und das Vorhaben wurde aufgegeben.

365 Die zum 1.4.1999 in Deutschland eingeführte Regelung – die in ähnlicher Form in zahlreichen Mitgliedsstaaten besteht – führte zu unzähligen Rechtsbehelfen und Anträgen, wurde aber zwischenzeitlich vom Europäischen Gerichtshof dem Grunde nach bestätigt.[2] Die Regelung über die Einschränkung des Vorsteuerabzugs wurde mit der Zustimmung der Europäischen Kommission zu einer wirksamen nationalen gesetzlichen Bestimmung, die es zu beachten galt, allerdings erst mit der am 4.3.2000 veröffentlichten Zustimmung der Europäischen Kommission vom 28.2.2000. Sie endete mit der entsprechend befristeten Genehmigung zum 31.12.2002,[3] da die Bundesrepublik Deutschland diese Sonderregelung nur für diese Frist beantragt hatte und ein Fristverlängerungsantrag nicht

1 OFD Hannover v. 29.6.2005, DStR 2005 S. 1363 sowie DStR 2005 S. 1364.
2 EuGH-Urteil v. 29.4.2004, DStR 2004 S. 860; Nachfolgeurteil des BFH v. 15.7.2004, BStBl 2004 II S. 1025; vgl. auch BFH v. 30.6.2004, BFH/NV 2006 S. 137.
3 2000/186/EG, ABl EG 2000 Nr. L 59 S. 12.

gestellt wurde. Daher gilt für den Vorsteuerabzug und die Besteuerung des privaten Nutzungsanteils von Fahrzeugen, die durch den Unternehmer auch zu außerunternehmerischen Zwecken verwendet werden, trotz des anderweitigen Gesetzeswortlauts bei der Anschaffung eines Fahrzeugs in nachstehenden Zeiträumen folgende Behandlung:

- **1.4.1999 bis 4.3.2000:**

  Dem vollen Vorsteuerabzug aus den Anschaffungskosten und den laufenden Kosten steht als Ausgleich die Besteuerung der unentgeltlichen Wertabgabe entgegen. Hat der Unternehmer bei der Anschaffung eines Fahrzeugs in Anwendung der nationalen Vorschrift nur den hälftigen Vorsteuerabzug aus der Anschaffung geltend gemacht, entfällt für diese Zeiträume die Besteuerung einer unentgeltlichen Wertabgabe.

- **5.3.2000 bis 31.12.2002:**

  Bei der Anschaffung eines Fahrzeugs stand dem Unternehmer in dieser Zeitspanne nur der hälftige Vorsteuerabzug zu, da § 15 Abs. 1b UStG a. F. für diese Zeit europarechtlich abgesichert war. Gleiches gilt für den Vorsteuerabzug aus den laufenden Ausgaben. Für derartige Fahrzeuge muss in dieser Zeit keine unentgeltliche Wertabgabe versteuert werden (§ 3 Abs. 9a Satz 2 UStG a. F.). Für die Vorsteuerbeträge aus den laufenden Ausgaben und die private Nutzung eines in diesem Zeitraum angeschafften und noch immer im Unternehmensvermögen befindlichen Fahrzeugs gilt eine umstrittene Übergangsregelung bis zum Ausscheiden des Fahrzeugs aus dem Unternehmen (§ 27 Abs. 5 UStG a. F.). Nach dem Urteil des BFH vom 19.4.2007 kann für die Zeit ab dem 1.1.2003 der Vorsteuerabzug aus den Anschaffungskosten für diese Fahrzeuge nach § 15a UStG berichtigt werden, gleichzeitig ist aber dann der private Nutzungsanteil als unentgeltliche Wertabgabe zu versteuern.[1]

- **1.1.2003 bis 31.12.2003:**

  Aufgrund der sich widersprechenden Regelung im Europarecht und im nationalen Recht bestand für den Unternehmer bei einer Anschaffung eines Fahrzeugs im Jahre 2003 ein Wahlrecht. Er kann entweder wie bei Variante 1 (1.4.1999 bis 4.3.2000) die gesamte Vorsteuer aus der Anschaffung und den laufenden Ausgaben berücksichtigen und eine Versteuerung des privaten Nutzungsanteils vornehmen oder wie bei Variante 2 (5.3.2000 bis 31.12.2002) die hälftige Vorsteuer aus der Anschaffung und den laufenden Ausgaben in Anspruch nehmen und auf die Versteuerung des privaten Nutzungsanteils verzichten.

1 BStBl 2007 II S. 801.

- **ab 1.1.2004:**

  § 15 Abs. 1b UStG a.F. wurde zum 1.1.2004 durch das StÄndG 2003 wieder aufgehoben, was dazu führt, dass ein im Übrigen vorsteuerabzugsberechtigter Unternehmer den Vorsteuerabzug für das seinem Unternehmen zugeordnete Fahrzeug bei Anschaffung ab dem 1.1.2004 wieder in voller Höhe in Anspruch nehmen kann. Die private Nutzung ist als unentgeltliche Wertabgabe nach § 3 Abs. 9a Nr. 1 UStG der Besteuerung zu unterwerfen. Damit wurde der Rechtszustand wiederhergestellt, der bis zum 31.3.1999 galt.

366 Die Verwendung von Fahrzeugen des Unternehmens für außerunternehmerische Zwecke war für die Zeit vom 1.4.1999 bis zum 31.12.2003 durch den Gesetzgeber in Deutschland ausdrücklich von der Besteuerung ausgenommen, wenn bei der Anschaffung oder Herstellung der Fahrzeuge lediglich 50% der Vorsteuerbeträge geltend gemacht werden konnten (§ 15 Abs. 1b i.V. mit § 3 Abs. 9a Satz 2 UStG i.d.F. des Steuerentlastungsgesetzes 1999/2000/2002). Aufgrund der Rechtsprechung des EuGH[1] gilt dies de facto zwingend für Fahrzeuge, die vom 5.3.2000 bis zum 31.12.2002 angeschafft wurden. Der Vorsteuerabzug aus der Anschaffung, Miete und den Betriebskosten für Kraftfahrzeuge, Boote und Flugzeuge wurde auf 50% beschränkt, sofern diese Fahrzeuge auch für unternehmensfremde Zwecke genutzt wurden, ungeachtet des tatsächlichen Umfangs der privaten Nutzung. In derartigen Fällen entfiel die Besteuerung einer (fiktiven) sonstigen Leistung nach § 3 Abs. 9a Nr. 1 UStG. Gleichwohl wurden diese Fahrzeuge von der Finanzverwaltung uneingeschränkt dem Unternehmen zugeordnet.[2] Die private Nutzung war jedoch ein nicht steuerbarer Vorgang.

367 Bei Fahrzeugen, die ausschließlich für unternehmerische Zwecke genutzt werden (z.B. Lieferwagen, Fahrzeugvermieter), konnte der Vorsteuerabzug sowohl aus den Anschaffungskosten als auch aus den laufenden Unterhaltskosten in voller Höhe in Anspruch genommen werden. Aus Vereinfachungsgründen konnte eine außerunternehmerische Nutzung von bis zu 5% als unschädlich für den Ausschluss vom Vorsteuerabzug i.S. des § 15 Abs. 1b UStG a.F. angesehen werden. Eine eventuelle nichtunternehmerische Nutzung unterlag dann nach § 3 Abs. 9a Nr. 1 UStG als fiktive sonstige Leistung der Umsatzbesteuerung.[3]

---

1 Urteile v. 29.4.2004, BStBl 2004 II S. 806 und v. 15.7.2004, BStBl 2004 II S. 1025.
2 BMF-Schreiben v. 29.5.2000, BStBl 2000 I S. 819.
3 BMF-Schreiben v. 29.5.2000, BStBl 2000 I S. 819.

d) Übergangsregelung für Altfahrzeuge

Die Geschichte der „halben" Fahrzeuge im Umsatzsteuerrecht ist weiß Gott kein Ruhmesblatt deutscher Steuergesetzgebung. Nach der Einführung von § 15 Abs. 1b UStG durch das Steuerentlastungsgesetz 1999/2000/2002 waren seit dem 1.4.1999 Vorsteuerbeträge, die auf die Anschaffung, Miete oder den Betrieb von Fahrzeugen fielen, die auch für den privaten Bedarf des Unternehmers verwendet wurden, nur zu 50 % abziehbar. Hinsichtlich der privaten Verwendung des Fahrzeugs lag dann aber auch keine steuerbare unentgeltliche Wertabgabe vor (§ 3 Abs. 9a Satz 2 UStG a. F.). Tatsächlich galt die gesetzliche Einschränkung des Vorsteuerabzugs in Deutschland aufgrund der zeitlich abweichenden Zustimmung der Europäischen Kommission zu dieser Rechtsfrage für Fahrzeuge, die zwischen dem 5.3.2000 und dem 31.12.2002 angeschafft wurden.[1] Für Fahrzeuge, die in dieser Zeitspanne angeschafft wurden und die sich nach dem 31.12.2002 immer noch im Unternehmensvermögen befinden, schaffte der Gesetzgeber eine umstrittene Übergangsregelung (§ 27 Abs. 5 UStG a. F.). Das Schreiben des BMF v. 27.8.2004[2] zeigt gerade im Hinblick auf die umsatzsteuerliche Behandlung für Fahrzeuge, die während des Geltungsbereiches der Einschränkung des Vorsteuerabzugs nach § 15 Abs. 1b UStG a. F. angeschafft wurden und die noch weiter verwendet werden, erhebliche Mängel. Diese Mängel sind in erster Linie auf die mangelnde Sorgfalt des Gesetzgebers beim Formulieren einer Übergangsregelung zurückzuführen. In der Literatur blieb dieser Problemkreis weitgehend unbeachtet, frühzeitig nahmen Stellung Nieskens[3], Golz[4], und Sikorski[5]. 368

Ist dieses Fahrzeug, für das der Vorsteuerabzug ursprünglich auf 50 % begrenzt war, in der Folgezeit **weiterhin im Unternehmensvermögen vorhanden,** ist nach § 27 Abs. 5 Satz 1 UStG a. F. diese Rechtslage grds. auch in künftigen Jahren fortzusetzen, denn für diese Fahrzeuge gilt das Umsatzsteuergesetz in der ursprünglichen Fassung des Steuerentlastungsgesetzes 1999/2000/2000. Danach wäre bei derartigen Fahrzeugen weiterhin der Vorsteuerabzug aus den laufenden Kosten auf 50 % beschränkt und es wäre keine unentgeltliche Wertabgabe zu versteuern. In § 27 Abs. 5 Satz 2 UStG hat der Gesetzgeber jedoch festgelegt, dass dies „nicht gilt für nach dem 1.1.2004 anfallende Vorsteuerbeträge, die auf die Miete oder den Betrieb dieser Fahrzeuge entfallen." Die Vorsteuer aus den laufenden Kosten ist damit auch für Altfahrzeuge zu 100 % abzugsfähig. Dazu gehören ggf. auch Leasingraten. 369

1 EuGH-Urteil v. 29.4.2004, BStBl 2004 II S. 1025.
2 BStBl 2004 I S. 864.
3 UR 2004 S. 105.
4 DStR 2004 S. 624.
5 NWB 2004 S. 805.

370 § 27 Abs. 5 UStG beinhaltet den Versuch einer Übergangsregelung des Gesetzgebers. Aber sowohl die verunglückte Datumsangabe des Satzes 2 („nach dem 1.1.2004" statt folgerichtig 31.12.2003), als auch die erneute Nichtberücksichtigung der zeitlichen Einschränkung der Übergangsregelung aufgrund der Genehmigung durch die Europäische Kommission nur zum 31.12.2002 zeigen die mangelnde Sorgfalt des Gesetzgebers. Zutreffend wäre die Formulierung des Satzes 2 wie folgt: „Dies gilt nicht für nach dem 31.12.2002 anfallende Vorsteuerbeträge, die auf die Miete oder den Betrieb dieser Fahrzeuge entfallen." Neben dieser formellen Ungenauigkeit kommt zudem noch der materielle Streitgegenstand. Fasst man nunmehr beide Sätze des § 27 Abs. 5 UStG zusammen, kommt man zu folgendem Ergebnis: Die Vorsteuer aus den laufenden Kosten ist zu 100 % abzugsfähig, ein privater Nutzungsanteil ist gleichwohl für diese Fahrzeuge nicht anzusetzen.

Nach dem Urteil des BFH vom 19.4.2007 kann für die Zeit ab dem 1.1.2003 der Vorsteuerabzug aus den Anschaffungskosten für diese Fahrzeuge nach § 15a UStG berichtigt werden, gleichzeitig ist dann aber auch der private Nutzungsanteil als unentgeltliche Wertabgabe zu verteuern.[1] Nicht Stellung genommen hat der BFH zu der Frage, ob bei Nichtansatz der Korrekturbeträge nach § 15a UStG überhaupt eine Versteuerung des privaten Nutzungsanteils erfolgen muss.

Der volle Vorsteuerabzug aus den **laufenden Kosten** dieser Fahrzeuge ist aufgrund der klaren Vorgabe in § 27 Abs. 5 Satz 2 UStG wohl kein Streitpunkt. Hinsichtlich der Frage, ob eine unentgeltliche Wertabgabe zu versteuern ist, vertritt die Finanzverwaltung die Auffassung, dass die Vorsteuerbeträge aus den Anschaffungskosten und den laufenden Kosten zu trennen seien und verlangt eine Besteuerung der **unentgeltlichen Wertabgabe** zumindest i.H.v. 50 % der laufenden Kosten. Dabei übersieht sie, dass es für eine solche Trennung des einheitlichen Sachverhalts „Pkw-Nutzung" keine gesetzliche Grundlage gibt. Dieser scheinbare Widerspruch ist u.E. sogar durchaus gewollt und das Ergebnis zutreffend, fährt der Unternehmer doch weiterhin mit einem Auto i.S. des § 15 Abs. 1b UStG a.F., bei dem er seinerzeit den halben Vorsteuerabzug aus der Anschaffung verloren hat. Insoweit gilt eben u.E. gerade weiterhin § 3 Abs. 9a Satz 2 UStG a.F. und die Nichtsteuerbarkeit des privaten Nutzungsanteils, was sich der Unternehmer durch den Verlust des hälftigen Vorsteuerabzugs erkauft hat. Insoweit gilt der Anwendungsvorrang des günstigeren nationalen Rechts.[2]

371 Nicht gewollt hat der Gesetzgeber u.E., dass für solche Fahrzeuge dann **§ 15a UStG** zusätzlich zum Tragen kommt bei gleichzeitigem Nichtansatz des privaten

1 BStBl 2007 II S. 801.
2 BFH v. 18.10.2001, BStBl 2002 II S. 551.

Nutzungsanteils,[1] was die Finanzverwaltung insoweit folgerichtig umgesetzt hat. Dem Urteil des BFH vom 19.4.2007, wonach für die für die Zeit ab dem 1.1.2003 der Vorsteuerabzug aus den Anschaffungskosten für diese Fahrzeuge nach § 15a UStG berichtigt werden kann, sofern der Unternehmer gleichzeitig dann den privaten Nutzungsanteil als unentgeltliche Wertabgabe versteuert, ist u. E. zu folgen.[2]

e) Bemessungsgrundlage für die unentgeltliche Wertabgabe

aa) Allgemeines

Bemessungsgrundlage für die unentgeltliche Wertabgabe nach § 3 Abs. 9a 372
Nr. 1 UStG sind die durch die Wertabgabe zu außerunternehmerischen Zwecken entstandenen (anteiligen) Ausgaben, soweit sie zum vollen oder teilweisen **Vorsteuerabzug** berechtigt haben (§ 10 Abs. 4 Nr. 2 Satz 1 UStG).

Ausgaben im Sinne dieser Vorschrift sind dabei grundsätzlich die nach ertrag- 373
steuerlichen Grundsätzen zu ermittelnden Aufwendungen. Auszugehen ist von den Gesamtkosten (fixen und variablen Kosten) einschl. der Gemeinkosten, wenn sie mit der fiktiven sonstigen Leistung im Zusammenhang stehen, allerdings ohne die kalkulatorischen Kosten (Abschn. 155 Abs. 12 Satz 4 UStR). Nicht zur Bemessungsgrundlage gehören solche Kosten, bei denen kein Vorsteuerabzug möglich ist. Dabei ist es ohne Bedeutung, ob das Fehlen der Abzugsmöglichkeit darauf zurückzuführen ist, dass für die Leistung durch den Leistenden keine Umsatzsteuer geschuldet wird, die Umsatzsteuer für die empfangene Leistung nach § 15 Abs. 2 UStG vom Vorsteuerabzug ausgeschlossen ist oder die Aufwendungen in öffentlichen Abgaben bestehen (Abschn. 155 Abs. 3 Satz 6 UStR). Wird ein Gegenstand sowohl zur Ausführung steuerfreier als auch zur Ausführung steuerpflichtiger Umsätze verwendet, bleiben die grundsätzlich mit Vorsteuern behafteten Kosten gleichwohl uneingeschränkt Teil der Bemessungsgrundlage, auch wenn für diesen Gegenstand und seine Kosten nur der anteilige Vorsteuerabzug zulässig ist, denn eine Sonderregelung besteht nur hinsichtlich der Kosten, für die überhaupt kein Vorsteuerabzug möglich war.[3]

Zu den Ausgaben gehören auch die Anschaffungs- oder Herstellungskosten 374
eines Gegenstandes, wenn sie mindestens 500 € betragen. Sie sind abweichend vom Ertragsteuerrecht gleichmäßig auf den nach § 15a UStG für diesen

1 BT-Drucksache 15/1562.
2 BStBl 2007 II S. 801.
3 BMF v. 23.9.1994, UR 1994 S. 440; OFD Hannover v. 19.2.1997, DStR 1997 S. 968.

Gegenstand jeweils maßgeblichen Berichtigungszeitraum zu verteilen.[1] Nach Ablauf des Berichtigungszeitraums sind die auf den Gegenstand entfallenden Ausgaben insoweit vollständig in die Bemessungsgrundlage eingeflossen und in den Folgejahren nicht mehr als Bemessungsgrundlage zu berücksichtigen. Bei Anschaffungs- oder Herstellungskosten unter 500 € sind diese nur im Jahr der Anschaffung oder Herstellung aus Ausgabe zur berücksichtigen. Nach § 15 UStG abziehbare Vorsteuerbeträge sind keine Ausgaben i. S. des § 10 Abs. 4 Nr. 2 UStG.

bb) Ermittlung der Bemessungsgrundlage

375 Da bei der außerunternehmerischen Pkw-Nutzung nur die auf die Wertabgabe entstandenen anteiligen Ausgaben zu berücksichtigen sind, soweit sie zum vollen oder teilweisen Vorsteuerabzug berechtigt haben, weichen die ertragsteuerliche und die umsatzsteuerliche Bemessungsgrundlage voneinander ab.

376 Bei der privaten bzw. außerunternehmerischen Verwendung eines Pkw des Unternehmens ist zu beachten, dass ertragsteuerlich der private Nutzungsanteil des Fahrzeugs nur dann anhand der tatsächlichen Kosten zu ermitteln ist, wenn der Steuerpflichtige ein **ordnungsgemäßes Fahrtenbuch** geführt hat (§ 6 Abs. 1 Nr. 4 Satz 3 EStG). Bei Führung eines ordnungsgemäßen Fahrtenbuches kann auch für die Berechnung der Umsatzsteuer von diesem privaten Nutzungsanteil ausgegangen werden.[2] Beim Einzelnachweis gelten hinsichtlich der Ermittlung der Bemessungsgrundlage die vorgenannten Grundsätze hinsichtlich der Nichtberücksichtigung der nicht vorsteuerbehafteten Kosten, daher sind getrennte Aufzeichnungen erforderlich, eine Voraussetzung, die aber bereits ertragsteuerlich erfüllt sein wird. Zur umsatzsteuerlichen Bemessungsgrundlage gehören auch die Kosten für die Beseitigung von (privaten und betrieblichen) Unfallschäden, da der Unternehmer insoweit grundsätzlich uneingeschränkt zum Vorsteuerabzug berechtigt ist.[3] Dies gilt unabhängig davon, ob diese Unfallkosten ertragsteuerlich uneingeschränkt abzugsfähig sind und nicht die Bemessungsgrundlage für die Privatentnahme erhöhen. Für die Berechnung der Abschreibung hat eine Verteilung der Anschaffungs- oder Herstellungskosten auf den nach § 15a UStG maßgeblichen Berichtigungszeitraum zu erfolgen (§ 10 Abs. 4 Nr. 2 Satz 3 UStG), dieser beträgt regelmäßig 5 Jahre (§ 15a Abs. 1 Satz 1 UStG).

1 § 10 Abs. 4 Nr. 2 Sätze 2 und 3 i.V. mit § 15a Abs. 1 Satz 1 UStG, Abschn. 155 Abs. 3 Satz 3 UStR, BFH v. 19.4.2007, BStBl 2007 II S. 676.
2 BMF-Schreiben v. 27.8.2004, BStBl 2004 I S. 864.
3 BMF-Schreiben v. 16.2.1999, DStR 1999 S. 281.

BEISPIEL: Ein betrieblicher Pkw, der vor 2 Jahren mit entsprechendem Vorsteueranspruch von einem Kfz-Händler für 45.000 € netto erworben wurde (Bruttolistenneupreis 60.000 €), hat im laufenden Geschäftsjahr folgende Aufwendungen verursacht:

laufende Kosten, netto	5.000 €
Reparaturrechnung (betrieblich veranlasster Unfall), noch nicht bezahlt, netto	500 €
Versicherungsprämien und Steuern	2.000 €
Abschreibung (20 %)	9.000 €

Nach einem vom Unternehmer ordnungsgemäß geführten Fahrtenbuch wurde das Fahrzeug im abgelaufenen Jahr zu 30 % für private Fahrten verwendet.

Es liegt eine unentgeltliche Wertabgabe vor (§ 3 Abs. 9a Nr. 1 UStG), die Bemessungsgrundlage bestimmt sich anhand der anteiligen Ausgaben (§ 10 Abs. 4 Nr. 2 UStG), allerdings sind die nicht mit Vorsteuerbeträgen behafteten Kosten auszuscheiden (Abschn. 155 Abs. 3 Satz 5 UStR). Die Unfallkosten gehören dagegen im Gegensatz zum Ertragsteuerrecht zur umsatzsteuerlichen Bemessungsgrundlage, da insoweit der Vorsteuerabzug uneingeschränkt bestehen bleibt. Die Bemessungsgrundlage beträgt somit (5.000 € + 500 € + 9.000 € =) 14.500 €, davon 30 % = 4.350 €. Es entsteht eine Umsatzsteuer von 826,50 € (§ 13 Abs. 1 Nr. 2 UStG).

Ermittelt der Unternehmer den Wert der Nutzungsentnahme ertragsteuerlich 377
im Wege der Schätzung nach der sog. **1 %-Regelung** (§ 6 Abs. 1 Nr. 4 Satz 2 EStG), so kann er auch bei der Umsatzsteuer von diesem Wert ausgehen. Für evtl. nicht vorsteuerbehaftete Beträge kann ein pauschaler Abschlag von 20 % vorgenommen werden.[1] Er kann umsatzsteuerlich jedoch gleichwohl die tatsächlichen Kosten zugrunde legen.[2] Bei diesem so ermittelten Ausgangswert handelt es sich um einen Nettowert, auf den die Umsatzsteuer aufzuschlagen ist.[3] Nach § 6 Abs. 1 Nr. 4 Satz 2 EStG ist die private Nutzung für jeden Kalendermonat mit 1 % des inländischen Listenpreises im Zeitpunkt der Zulassung zuzüglich der Kosten für Sonderausstattung einschließlich Umsatzsteuer anzusetzen (Bruttolistenneupreis). Dies gilt auch dann, wenn das Fahrzeug gebraucht erworben wurde. Mit dieser Methode sind sämtliche privat veranlasste Aufwendungen abgegolten.

BEISPIEL: Wie vor, der Steuerpflichtige hat für das abgelaufene Kalenderjahr kein Fahrtenbuch geführt.

Der Unternehmer kann die unentgeltliche Wertabgabe anhand der 1 %-Regelung berechnen. Die umsatzsteuerliche Bemessungsgrundlage beträgt dann 12 % von 60.000 € = 7.200 €. Davon ist für nicht vorsteuerbehaftete Kosten ein Abschlag von 20 % vorzunehmen (1.440 €), so dass eine Bemessungsgrundlage i. H. v. 5.760 € verbleibt. Die Umsatzsteuer beträgt 16 % und somit 1.094,40 €.

1 BMF-Schreiben v. 27. 8. 2004, DStR 2004 S. 1562.
2 FG Köln, Urteil vom 2. 6. 2008, 15 K 2935/09; Revision eingelegt, Az. des BFH: XI R 32/08.
3 BFH v. 6. 3. 2003, BStBl 2003 II S. 704.

378 Gegebenenfalls kommt auch eine **Schätzung** der anteiligen Kosten in Betracht, weil im Gegensatz zum Ertragsteuerrecht keine Verpflichtung zur Führung eines Fahrtenbuches bei der Geltendmachung anderer Berechnungsgrundlagen besteht und das Umsatzsteuerrecht eine pauschale Ermittlung (1%-Regelung) nicht kennt.[1] In derartigen Fällen ist jedoch nach Auffassung der Finanzverwaltung von einem Privatanteil von mindestens 50% auszugehen, falls keine geeigneten Schätzungsgrundlagen vorhanden sind.[2] Die Grundsätze der Schätzung gelten auch in den Fällen, in denen ertragsteuerlich die Kostendeckelung zur Anwendung kommt.[3] Aus den Gesamtaufwendungen sind die nicht mit Vorsteuern behafteten Ausgaben auszuscheiden.

379 Für Gesellschafter von **Personengesellschaften** gelten die vorstehenden Ausführungen entsprechend.

BEISPIEL: Ein Pkw einer KG wird vom Kommanditisten genutzt. Nach dem Inhalt des Gesellschaftsvertrages steht das für einen Preis von 50.000 € zzgl. 9.500 € USt (Bruttolistenneupreis 60.000 €) angeschaffte Fahrzeug dem Gesellschafter auch für seine privaten Zwecke zur Verfügung. Die Kfz-Aufwendungen haben für diesen Pkw in der Zeit vom 1.1. bis 31.12. insgesamt 33.680 € betragen. In diesem Betrag sind die AfA mit 10.000 € (Nutzungsdauer 5 Jahre), die Kfz-Steuer und die Kfz-Versicherungen mit zusammen 2.880 € enthalten. Die im Zusammenhang mit der Nutzung des Fahrzeugs der KG gesondert in Rechnung gestellte Vorsteuer betrug im fraglichen Zeitraum 3.952 €. Mit dem Pkw wurden lt. Fahrtenbuch vom 1.1. bis 31.12. nachweislich 36.000 km im Interesse der KG zurückgelegt. Die Gesamtfahrleistung betrug in diesem Jahr insgesamt 48.000 km. Die private Nutzung durch den Kommanditisten wurde in der Buchführung der KG nicht berücksichtigt.

Die unentgeltliche Überlassung des Pkw an den Kommanditisten für Privatfahrten stellt eine unentgeltliche sonstige Leistung nach § 3 Abs. 9a Nr. 1 UStG für die KG dar, denn auch Personengesellschaften können Wertabgaben für außerunternehmerische Zwecke haben. Der Ort der unentgeltlichen Wertabgabe liegt im Inland (§ 3f UStG), die Leistung ist mithin nach § 1 Abs. 1 Nr. 1 UStG steuerbar und mangels Steuerbefreiung i. S. des § 4 UStG steuerpflichtig zu 19% (§ 12 Abs. 1 UStG). Die Bemessungsgrundlage bestimmt sich nach § 10 Abs. 4 Nr. 2 UStG und somit nach den vorsteuerbehafteten Ausgaben für die private Nutzung. Da der Kommanditist ein Fahrtenbuch geführt hat (vgl. § 6 Abs. 1 Nr. 4 EStG), kann dieses auch für umsatzsteuerliche Zwecke zugrunde gelegt werden.[4] Zu den Ausgaben in diesem Sinne gehören die laufenden Kosten i. H. v. 33.680 € abzüglich der Kfz-Steuer und der Kfz-Versicherung i. H. v. 2.880 €, mithin 30.800 €. Bei einem privaten Nutzungsanteil von (12.000 km : 48.000 km × 100 =) 25% ergibt sich eine Bemessungsgrundlage von 7.700 €, die Umsatzsteuer beträgt somit 1.463 €. Sie ist mit Ablauf jedes Voranmeldungszeitraums der Nutzung entstanden, d. h. anteilig mit jeweils rund 122 € von 1/–12/02 (§ 13 Abs. 1 Nr. 2 UStG).

1 Vgl. auch Urteil des FG Niedersachen v. 19. 5. 2005, DStRE 2005 S. 1156.
2 BMF-Schreiben v. 27. 8. 2004, BStBl 2004 I S. 864.
3 Vgl. BMF-Schreiben v. 12. 5. 1997, BStBl 1997 I S. 562 sowie Rdn. 121.
4 BMF-Schreiben v. 27. 8. 2004, BStBl 2004 I S. 864.

Die Grundsätze zur Ermittlung der umsatzsteuerlichen Ausgaben sind auch bei der Ermittlung der **Mindest-Bemessungsgrundlage** (§ 10 Abs. 5 Nr. 1 i.V. mit § 10 Abs. 4 Nr. 2 UStG) zu beachten. 380

BEISPIEL: Eine OHG stellt ihrem Gesellschafter A einen Pkw für Privatfahrten zur Verfügung. Das Konto des A wird im Rahmen des Jahresabschlusses mit 6.000 € zzgl. 19 % USt belastet. Die Kosten des Pkw betrugen insoweit: 2.000 € laufende Kosten, 4.800 € Abschreibung, 1.800 € Steuern und Versicherung. Fahrtenbücher werden für alle betrieblichen Fahrzeuge ordnungsgemäß geführt. Das Fahrzeug wurde seinerzeit mit Vorsteuerabzug erworben. Die betriebsgewöhnliche Nutzungsdauer wurde mit 5 Jahren angenommen.

Die OHG erbringt ihrem Gesellschafter gegenüber eine sonstige Leistung (§ 3 Abs. 9 UStG), die steuerbar (§ 1 Abs. 1 Nr. 1 UStG) und mangels Befreiung steuerpflichtig ist. Die Bemessungsgrundlage beträgt nach § 10 Abs. 1 UStG 6.000 €. Da dieses Entgelt jedoch niedriger ist als die angefallenen Kosten, für die ein Vorsteuerabzug zulässig war, kommt die Mindestbemessungsgrundlage zum Ansatz (§ 10 Abs. 5 Nr. 1 UStG); diese beträgt 6.800 € (§ 10 Abs. 4 Nr. 2 UStG). Die USt beträgt somit 1.292 € (§ 12 Abs. 1 UStG).

f) Änderung der Verhältnisse

Nach geltender Rechtslage stellt die außerunternehmerische Verwendung eines Fahrzeugs des Unternehmensvermögens einen steuerbaren und steuerpflichtigen Umsatz dar. Die private Pkw-Nutzung ist daher ganz allgemein den steuerpflichtigen Umsätzen zuzurechnen. 381

Während der Geltung des § 15 Abs. 1b UStG a. F. und der damit verbundenen Begrenzung des Vorsteuerabzugs auf 50 % ergaben sich weitere Fallgestaltungen im Hinblick auf die Änderung der Verhältnisse i. S. des § 15a UStG, die ggf. eine Korrektur des Vorsteuerabzugs nach sich zogen. Eine Änderung der Verhältnisse lag auch vor, wenn das Fahrzeug zunächst ausschließlich unternehmerisch (z. B. als Dienstwagen), innerhalb des Berichtigungszeitraums später aber auch vom Unternehmer für private Zwecke verwendet wurde oder umgekehrt (§ 15a Abs. 3 Nr. 2 UStG a. F.). 382

3. Nutzung eines Fahrzeugs des Privatvermögens für unternehmerische Zwecke

Hat ein Unternehmer ein Fahrzeug, das er sowohl beruflich als auch privat nutzt, nicht dem Unternehmen zugeordnet, gehört das Fahrzeug umsatzsteuerlich zum „Privatvermögen". Indiz dafür ist ein nicht vorgenommener Vorsteuerabzug bei der Anschaffung.[1] Gleiches gilt, wenn ein Unternehmer ein Fahrzeug nicht dem Unternehmen zuordnen kann, weil es zu weniger als 10 % für 383

1 BFH v. 31. 1. 2002, BStBl 2002 II S. 813 und v. 28. 2. 2002, BStBl II 2003 S. 815.

unternehmerische Zwecke verwendet wird (§ 15 Abs. 1 Satz 2 UStG). Für diese Fahrzeuge steht dem Unternehmer aus den Anschaffungskosten des Fahrzeugs kein Vorsteuerabzug zu. Die Zuordnungsbeschränkung erstreckt sich jedoch nicht auf die Leistungen, die der Unternehmer im Zusammenhang mit dem Betrieb des Fahrzeugs bezieht. Der Unternehmer kann daher unter den übrigen Voraussetzungen des § 15 UStG Vorsteuerbeträge aus den **laufenden Kosten** (z. B. Benzin, Inspektion, Pflege, Wartung) im Verhältnis der unternehmerischen Nutzung zur nichtunternehmerischen Nutzung abziehen.[1]

BEISPIEL: U ist angestellter Steuerberater und ist zudem selbständig Autor von Beiträgen in Fachzeitschriften zu steuerlichen Themen. Für gelegentliche Besprechungen im Verlag benutzt er sein privates Fahrzeug, das er im laufenden Jahr für 40.000 € angeschafft hat. Nach seinen formlosen Aufzeichnungen hat er das Fahrzeug im laufenden Jahr zu 6 % für unternehmerische Fahrten eingesetzt. Die laufenden Kosten betrugen 2.856 € (einschl. Umsatzsteuer), Steuern und Versicherungen belaufen sich auf 600 €.

Das Fahrzeug kann nicht dem Unternehmensvermögen zugeordnet werden, da die unternehmerische Nutzung weniger als 10 % beträgt (§ 15 Abs. 1 Satz 2 UStG). Ein Vorsteuerabzug aus der Anschaffung des Fahrzeugs ist nicht möglich. Aus den laufenden Kosten kann U jedoch einen anteiligen Vorsteuerabzug geltend machen, soweit sie auf die unternehmerischen Fahrten entfallen. Dazu reichen einfache Aufzeichnungen auf, um die Nutzung glaubhaft zu machen, denn es handelt sich um ein Fahrzeug des Privatvermögens, für das eine Verpflichtung zur Führung eines Fahrtenbuches nicht besteht. Die Vorsteuern aus den laufenden Kosten betragen 456 €, davon können 6 % = 27,36 € von U geltend gemacht werden.

384 Vorsteuerbeträge, die gar unmittelbar und ausschließlich auf die unternehmerische Verwendung des privaten Fahrzeugs entfallen, können in voller Höhe abgezogen werden (z. B. Vorsteuer aus Reparaturaufwendungen in Folge eines Unfalls während einer unternehmerisch veranlassten Fahrt, Vorsteuerbeträge aus Benzinkosten aus einer längeren Geschäftsreise).

► **Hinweis:** Für die Verpflichtung zur Führung eines Fahrtenbuches eines Fahrzeugs des Privatvermögens gibt es keine gesetzliche Grundlage. Vielmehr kann der Unternehmer den unternehmerischen Anteil seiner Fahrten durch geeignete Unterlagen auch im Schätzungswege ermitteln. Insoweit ist jedoch zu beachten, dass es um die Frage der Berücksichtigung von Vorsteuerbeträgen geht, also steuermindernden Tatsachen, für die der Unternehmer nach der Rechtsprechung des BFH die objektive Beweislast trägt.[2] Entsprechende Beweisvorsorge ist also angebracht. Die Aufzeichnung der Gesamtfahrleistung und der unternehmerischen Fahrziele mit Datum und

1 BMF-Schreiben v. 27. 8. 2004, BStBl 2004 I S. 864.

2 Vgl. z. B. BFH v. 29.12.1998 – III B 90/98, n.v.; v. 27.10.1998, BStBl 1999 II S. 676; v. 24.4.1997, BStBl 1997 II S. 682.

Entfernungsangabe (z. B. in einer Excel-Tabelle) reichen dazu allemal aus. Die Kosten des Fahrzeugs sind getrennt aufzuzeichnen, falls der Unternehmer in seinem Haushalt über mehrere Fahrzeuge verfügt.

Vorsteuerbeträge aus Unfallkosten, die unmittelbar im Zusammenhang mit einer unternehmerischen Fahrt stehen, können uneingeschränkt geltend gemacht werden. Bei Ansprüchen gegenüber Versicherungsgesellschaften ist insoweit zu beachten, dass nur der Nettobetrag als Schadenersatz gefordert werden kann.

(Einstweilen frei) 385–405

III. Veräußerung oder Entnahme eines Fahrzeugs

1. Veräußerung eines Fahrzeugs im Rahmen einer Geschäftsveräußerung

Wird ein Unternehmen oder ein in der Gliederung des Unternehmens gesondert 406
geführter Betrieb im Ganzen übereignet, liegt regelmäßig eine Geschäftsveräußerung im Ganzen vor. Ist diese unter den Voraussetzungen des § 1 Abs. 1a UStG nicht steuerbar, wird auch ein mit übertragener Pkw nicht steuerbar veräußert. Umsatzsteuerliche Folgen ergeben sich für den Veräußerer daraus nicht. Der erwerbende Unternehmer tritt an die Stelle des Veräußerers (§ 1 Abs. 1a Satz 3 UStG), er hat insbesondere einen möglicherweise noch laufenden Berichtigungszeitraum im Rahmen des § 15a UStG fortzuführen (§ 15a Abs. 10 UStG).

Wird im Rahmen einer Geschäftsveräußerung im Ganzen ein Pkw aus der 407
Geschäftsveräußerung ausgenommen und dieses Fahrzeug stattdessen vom Unternehmer ins Privatvermögen überführt, liegt eine Entnahme i. S. des § 3 Abs. 1b Nr. 1 UStG vor (vgl. dazu ausführlich Rdn. 429 ff.).

2. Lieferung eines Fahrzeugs im Rahmen des Unternehmens

a) Begriff

Wird ein Fahrzeug des Anlagevermögens (Unternehmensvermögens) durch 408
den Unternehmer veräußert, liegt umsatzsteuerlich eine Lieferung vor (§ 3 Abs. 1 UStG), unabhängig davon, ob der Unternehmer selbst oder ein Mitarbeiter dieses Fahrzeug gefahren hat. Auch sog. gemischt-genutzte Fahrzeuge, die der Unternehmer sowohl für unternehmerische als auch für private Zwecke verwendet und die er uneingeschränkt dem Unternehmen zugeordnet hat, fallen darunter. Der erzielte Preis für das Fahrzeug beinhaltet die Umsatzsteuer,

unabhängig davon, ob mit oder ohne Umsatzsteuer abgerechnet wurde (§ 10 Abs. 1 Satz 2 UStG).

409 Auch die Veräußerung eines Fahrzeugs, für das der Vorsteuerabzug beim Erwerb auf 50 % eingeschränkt war (§ 15 Abs. 1b UStG a. F.), unterliegt uneingeschränkt der Umsatzsteuer. Es sind aber Korrekturen nach § 15a UStG möglich, falls die Veräußerung im Berichtigungszeitraum erfolgt.

410 Hat ein Unternehmer ein Fahrzeug, das er sowohl unternehmerisch als auch privat nutzt, nicht dem Unternehmen zugeordnet, ist die spätere Veräußerung keine steuerbare Lieferung i. S. des § 3 Abs. 1 UStG. Indiz dafür ist ein nicht vorgenommener Vorsteuerabzug bei der Anschaffung.[1] Hat der Unternehmer ausnahmsweise ein solches Fahrzeug quotal dem Unternehmen zugeordnet, liegt nur hinsichtlich des dem Unternehmen zugeordneten Anteils eine steuerbare Lieferung vor. Der nicht dem Unternehmen zugeordnete Teil des Fahrzeugs wird nicht steuerbar veräußert.[2]

b) Steuerbare Lieferung unabhängig vom vorherigen Vorsteuerabzug

411 Im Gegensatz zu unentgeltlichen Wertabgaben enthält weder die MwStSystRL noch das deutsche Umsatzsteuergesetz bei Lieferungen einen Bezug auf einen vorherigen Vorsteuerabzug (Art. 16 Satz 1 MwStSystRL, § 3 Abs. 1 UStG). Entsprechende Hilfsumsätze eines Unternehmers sind daher steuerbar und regelmäßig auch steuerpflichtig, ungeachtet dessen, ob der Steuerpflichtige bei der Anschaffung des Fahrzeugs nicht oder nur zum Teil zum Vorsteuerabzug berechtigt war. So entschied auch der EuGH mit Urteil v. 8. 3. 2001,[3] dass die Veräußerung eines Wirtschaftsgutes, das der Steuerpflichtige in vollem Umfang seinem Unternehmen zugeordnet hat, auch in vollem Umfang der Umsatzsteuer unterliegt. Diese Lösung ergibt sich aus dem System der Mehrwertsteuer, denn nicht alle Eingangsleistungen rechtfertigen beim Steuerpflichtigen den Vorsteuerabzug. Gleichwohl hat er seine Ausgangsleistungen der Umsatzsteuer zu unterwerfen.

BEISPIEL: Der Steuerpflichtige hat einen Pkw von einer Privatperson für 30.000 € erworben und das Fahrzeug seinem Unternehmen zugeordnet. Der private Nutzungsanteil beträgt 30 %. Nach 6 Jahren verkauft der Steuerpflichtige das Fahrzeug wieder für 14.000 € an eine Privatperson.

Die Veräußerung des Fahrzeugs unterliegt als steuerbarer Umsatz uneingeschränkt der Umsatzsteuer, da der Steuerpflichtige eine Lieferung eines Gegenstandes seines

1 BFH v. 31. 1. 2002, BStBl 2002 II S. 813 und v. 28. 2. 2002, BStBl 2003 II S. 815.
2 EuGH-Urteil v. 4. 10. 1992 – Rs. C-291/92, Ambrecht, BStBl 1996 II S. 392.
3 Rs. C-415/98, Bakesi, DStRE 2001 S. 419.

Unternehmens ausführt. Die Tatsache, dass er bei der Anschaffung des Fahrzeugs nicht zum Vorsteuerabzug berechtigt war, ändert an dieser Entscheidung nichts. Er schuldet daher (14.000 € : 1,19 × 19 % =) 2.235,29€.

Abwandlung: U hat das Fahrzeug nicht seinem Unternehmen zugeordnet, aber die Vorsteuerbeträge aus den laufenden Kosten anteilig berücksichtigt.

Die Lieferung des Fahrzeugs ist nicht steuerbar, da kein Gegenstand des Unternehmensvermögens veräußert wurde. U kann gleichwohl die Vorsteuerbeträge aus den laufenden Kosten berücksichtigen, allerdings nur anteilig.[1]

Gerade ein Einzelunternehmer muss sich daher ernsthaft die Frage stellen, 412
warum er einen Pkw, den er ohne Vorsteuerabzug erworben hat, überhaupt seinem Unternehmen zuordnen will. Ordnet der Unternehmer das Fahrzeug nicht seinem Unternehmen zu, veräußert er das Fahrzeug später als Privatperson nicht steuerbar. Er hat also darauf zu achten, entsprechende Abrechnungen als Privatperson ohne Umsatzsteuerausweis zu erteilen, insbesondere bei Abrechnungen im Wege der Gutschrift durch den Veräußerer eines Neufahrzeug bei Inzahlungnahme des alten Fahrzeugs.

Der Steuerpflichtige hat jedoch das Recht, ein Wirtschaftsgut, das er sowohl für 413
unternehmerische als auch für nichtunternehmerische Zwecke erworben hat (gemischt-genutztes Wirtschaftsgut), in vollem Umfang seinem Privatvermögen zuzuordnen und dem Bereich der Mehrwertsteuer damit insgesamt zu entziehen.[2] Indiz für eine solche Zuordnung ist die Behandlung des Wirtschaftsgutes bei der Anschaffung, nicht aber die Behandlung der laufenden Kosten (vgl. auch Abschn. 192 Abs. 21 UStR sowie ausführlich Rdn. 301 ff.).

c) Anwendung der Differenzbesteuerung

Zu beachten ist in diesem Zusammenhang eine Billigkeitsmaßnahme der Finanz- 414
verwaltung in Abschn. 276a Abs. 4 Satz 3 UStR. Danach lässt die Verwaltung die Anwendung der Differenzbesteuerung nach § 25a UStG auf Hilfsgeschäfte des Anlagevermögens eines Wiederverkäufers zu, auch wenn der Unternehmer mit diesen Wirtschaftsgütern nicht gewerbsmäßig im Grundgeschäft handelt. Diese „Abmilderungsregelung" ist u. E. systemwidrig, denn § 25a UStG wurde als besondere Besteuerungsform für den Verkauf von gebrauchter Handelsware ohne vorherigen Vorsteuerabzug geschaffen.

BEISPIEL: Der Steuerpflichtige hat einen Pkw von einer Privatperson für 30.000 € erworben und das Fahrzeug seinem Unternehmen zugeordnet. Der private Nutzungsanteil beträgt 30 %. Nach 6 Jahren verkauft der Steuerpflichtige das Fahrzeug wieder für 14.000 € an eine Privatperson. Der Steuerpflichtige ist

1 BMF-Schreiben v. 27.8.2004, BStBl 2004 I S. 864.
2 EuGH v. 4.10.1995 – Rs C-291/92, Ambrecht, BStBl 1996 II S. 392.

a) **Gebrauchtmöbelhändler**

b) **Steuerberater.**

Der Steuerpflichtige führt in beiden Fällen eine steuerbare und steuerpflichtige Lieferung aus. Im Falle a) kann jedoch der Gebrauchtmöbelhändler die Anwendung der Differenzbesteuerung wählen, weil er ein Wiederverkäufer ist. Obwohl er nicht mit Fahrzeugen handelt, wird er de facto von der Verwaltung begünstigt, denn bei Anwendung des § 25a Abs. 3 UStG ergibt sich eine Steuerlast von 0 €.

Folgt man der restriktiven Auslegung dieser Verwaltungsanweisung – was bei rechtswidrigen Anweisungen nach dem bekannten Grundsatz „keine Gleichheit im Unrecht" nicht anders möglich ist – kommt völlig systemwidrig die Begünstigung im Falle a) in Betracht, während im Falle b) die Regelbesteuerung zu beachten ist. Der Steuerberater ist kein Wiederverkäufer und kann daher die Vereinfachungsregelung des Abschn. 276a Abs. 4 Satz 3 UStR für sich nicht reklamieren.

415 Die Anwendung der Differenzbesteuerung auf Wirtschaftsgüter des Anlagevermögens wird von der Rechtsprechung zutreffend abgelehnt. So ist auf die Veräußerung eines zum Anlagevermögen gehörenden Pkw einer Gesellschaft, der ohne Vorsteuerabzug erworben wurde, die Regelbesteuerung anzuwenden, da es an der für die Annahme des Tätigwerdens als Wiederverkäufer i. S. des § 25a UStG nötigen Gewerbsmäßigkeit des Handelns fehlt. Dass die Veräußerung des ohne Vorsteuerabzugsberechtigung erworbenen Pkw im vollen Umfang der Umsatzsteuer unterliegt, ist gemeinschaftsrechtlich unbedenklich und zu unterscheiden von der nicht der Umsatzsteuer unterliegenden Entnahme eines solchen Gegenstandes.[1]

416 Weiter geht da die aktuelle Rechtsprechung des Europäischen Gerichtshofs. Nach dem Urteil EuGH v. 8.12.2005[2] ist die Vorschrift des Artikels 314 MwStSystRL (entspricht im Wesentlichen § 25a UStG) dahin auszulegen, dass als „steuerpflichtiger Wiederverkäufer" ein Unternehmer angesehen werden kann, der im Rahmen seiner normalen Tätigkeit Fahrzeuge wieder verkauft, die er für seine Leasingtätigkeit als Gebrauchtwagen erworben hatte. Auch der Europäische Gerichtshof lässt daher die Anwendung der Differenzbesteuerung auf Anlagevermögen zu, sieht aber im permanenten An- und Verkauf der Fahrzeuge durch einen Leasingunternehmer eine Art Wiederverkäufertätigkeit. Ob der Europäische Gerichtshof auch einen Steuerpflichtigen, der einen einmaligen Hilfsumsatz tätigt, als Wiederverkäufer in diesem Sinne ansieht, erscheint zweifelhaft.

417 Bei möglicher Anwendung der Differenzbesteuerung wird die Umsatzsteuer nach der Differenz zwischen Einkaufspreis (Anschaffungskosten) und Veräußerungspreis berechnet (§ 25a Abs. 3 UStG). Da die Anschaffungskosten aufgrund des Preisverfalls dieser Wirtschaftsgüter regelmäßig über dem Veräußerungs-

1 BFH v. 2.3.2006 – V R 35/04, DStR 2006 S. 1324.

2 Rs. C-280/04, Jyske Finans, DStRE 2006 S. 369.

preis liegen dürften, beträgt die Bemessungsgrundlage de facto 0 €, da es negative Bemessungsgrundlagen im Rahmen des § 25a Abs. 3 UStG nicht gibt. Ist ausnahmsweise der Veräußerungspreis höher als die ursprünglichen Anschaffungskosten, beinhaltet der Differenzbetrag („Marge") die Umsatzsteuer.

Sind die Voraussetzungen für die Differenzbesteuerung erfüllt, kann der Unter- 418
nehmer wählen, ob er die Differenzbesteuerung wählt oder aber eine Besteuerung nach den allgemein gültigen Regelungen des Umsatzsteuergesetzes (§ 25a Abs. 8 Satz 1 UStG). Erfolgt der Wiederverkauf an eine Privatperson, wird regelmäßig die Anwendung der Differenzbesteuerung sinnvoll sein. Gleiches gilt für die Veräußerung an einen anderen Unternehmer, wenn der Veräußerer keinen positiven Unterschiedsbetrag zwischen Verkaufs- und Einkaufspreis erzielt. Sollte dies der Fall sein, wäre hinsichtlich des in der Marge enthaltenen Umsatzsteuerbetrages beim Erwerber der Vorsteuerabzug nicht möglich (vgl. § 14a Abs. 6 Satz 2, § 15 Abs. 1 Satz 1 Nr. 1 Satz 2 UStG, Abschn. 192 Abs. 1 Satz 2 UStR). In diesem Fall wäre zu prüfen, ob die Anwendung der Regelbesteuerung und die dann mögliche Ausstellung einer Rechnung mit offenem Steuerausweis sinnvoll ist, um dem Erwerber den Vorsteuerabzug zu ermöglichen.

d) Steuerfreie Lieferung eines Fahrzeugs

Für die steuerbare Lieferung eines Fahrzeugs ist unter den üblichen Vorausset- 419
zungen zu prüfen, ob Befreiungsvorschriften in Betracht kommen. So kann die Lieferung eines Fahrzeugs als Ausfuhrlieferung nach § 4 Nr. 1a i.V. mit § 6 UStG oder als innergemeinschaftliche Lieferung nach § 4 Nr. 1b i.V. mit § 6a UStG steuerfrei sein.

Befördert oder versendet der Lieferer den Gegenstand vom Inland in das Dritt- 420
landsgebiet, so liegt der Ort der Lieferung grundsätzlich im Inland (§ 3 Abs. 6 Satz 1 UStG) und die Lieferung ist steuerbar (§ 1 Abs. 1 Nr. 1 UStG). Der Umsatz ist regelmäßig als **Ausfuhrlieferung** steuerfrei (§ 4 Nr. 1a i.V. mit § 6 Abs. 1 Nr. 1 UStG), auf die Person des Abnehmers kommt es nicht an. Eine Be- oder Verarbeitung vor der Ausfuhr ist unschädlich (§ 6 Abs. 1 Satz 2 UStG). Holt der Abnehmer den Gegenstand der Lieferung selbst oder durch einen Erfüllungsgehilfen ab oder beauftragt er einen selbständigen Unternehmer mit dem Transport der Ware, so ist die Lieferung steuerfrei, wenn der Gegenstand in das Drittlandsgebiet gelangt **und** es sich bei dem Abnehmer um einen ausländischen Abnehmer handelt (§ 6 Abs. 1 Nr. 2 UStG). Während der Liefergegenstand in das **Drittlandsgebiet** gelangen muss, ist hinsichtlich der Person des Abnehmers Voraussetzung, dass es sich um einen **ausländischen** Abnehmer handelt.

BEISPIEL: B aus Bern erwirbt in München bei Unternehmer M dessen gebrauchten Lieferwagen und beauftragt M, das Fahrzeug nach Rosenheim zu befördern, wo es von Unternehmer R im Auftrag des B mit Reklameschriftzügen des Unternehmens des B lackiert werden soll. Anschließend holt B das Fahrzeug bei R ab und bringt es zu seiner Betriebsstätte nach Bern.

M erbringt eine Lieferung (§ 3 Abs. 1 UStG). Der Ort der Lieferung liegt im Inland, da M dem Abnehmer B bereits mit der Übergabe des Fahrzeugs an R die Verfügungsmacht verschafft (§ 3 Abs. 6 Satz 1 UStG). Die Lieferung ist daher steuerbar (§ 1 Abs. 1 Nr. 1 UStG), allerdings als Ausfuhrlieferung steuerfrei (§ 4 Nr. 1a i.V. mit § 6 Abs. 1 Nr. 2 UStG). Der Gegenstand gelangt nach seiner (unschädlichen) Be- oder Verarbeitung (§ 6 Abs. 1 Satz 2 UStG) in das Drittlandsgebiet und der Abnehmer ist ein ausländischer Abnehmer (§ 6 Abs. 2 Nr. 1 UStG). M benötigt allerdings die Ausfuhrnachweise (§ 6 Abs. 4 UStG). Die zeitliche Verzögerung infolge der Bearbeitung ist ohne Bedeutung.

R erbringt eine sonstige Leistung in Form einer Werkleistung (§ 3 Abs. 9 und 4 UStG), die ebenfalls steuerbar (§ 3a Abs. 2 Nr. 3c UStG) und als Lohnveredelung steuerfrei ist (§ 7 Abs. 1 Nr. 2 UStG). Der Gegenstand der Ausfuhr wurde im Inland erworben, für einen ausländischen Auftraggeber be- oder verarbeitet und gelangte anschließend ins Drittland.

421 **Lohnveredelungen** an Gegenständen der Ausfuhr sind steuerfrei (§ 4 Nr. 1a i.V. mit § 7 UStG). Die Steuerbefreiung setzt voraus, dass der Auftraggeber die Gegenstände zum Zwecke der Bearbeitung oder Verarbeitung in das Gemeinschaftsgebiet eingeführt oder zu diesem Zweck im Gemeinschaftsgebiet erworben hat und der Gegenstand anschließend in das Drittlandsgebiet gelangt (§ 7 Abs. 1 Nr. 1 UStG). Falls der Auftraggeber den be- oder verarbeiteten Gegenstand selbst in das Drittlandsgebiet befördert, muss er ein ausländischer Abnehmer sein (§ 7 Abs. 1 Nr. 2 UStG). Die Absicht, den Gegenstand be- oder verarbeiten zu lassen, muss jedoch beim Auftraggeber bereits zum Zeitpunkt der Einfuhr oder des Erwerbs bestehen (Abschn. 141 Abs. 2 UStR). Die Steuerbefreiung gilt daher insbesondere nicht, wenn der Gegenstand aus anderen Gründen in das Gemeinschaftsgebiet gelangt, z. B. bei der Reparatur eines Reisebusses aus dem Drittlandsgebiet bei der Durchreise. Hinsichtlich der Grundvoraussetzungen, der Qualifikation des Auftraggebers und der Führung des Nachweises der Steuerfreiheit entsprechen die Voraussetzungen denen des Nachweises bei Ausfuhrlieferungen.

422 Da trotz des Wegfalls der Grenzen und der Einfuhrumsatz mit der Einführung des Europäischen Binnenmarktes zum 1.1.1993 die meisten Mitgliedstaaten beim gewerblichen Warenverkehr am Bestimmungslandprinzip festhalten wollten, ist die Lieferung eines Unternehmers an einen anderen Unternehmer vom Inland in das übrige Gemeinschaftsgebiet unter folgenden Voraussetzungen steuerfrei (§ 4 Nr. 1b i.V. mit § 6a UStG):

- Der Gegenstand der Lieferung gelangt von einem Mitgliedsland in das übrige Gemeinschaftsgebiet,
- der Abnehmer ist ein Unternehmer, der den Gegenstand für sein Unternehmen erwirbt **oder** eine juristische Person des öffentlichen Rechts, die nicht Unternehmer ist,
- der Erwerb des Gegenstandes unterliegt im Bestimmungsland den Vorschriften über die Erwerbsbesteuerung.

Die **innergemeinschaftliche Lieferung** eines Fahrzeugs an einen anderen 423 Unternehmer aus dem übrigen Gemeinschaftsgebiet ist daher regelmäßig steuerfrei, unabhängig davon, um welches Fahrzeug es sich handelt und ob es neu oder gebraucht ist. Darüber hinaus ist die Lieferung eines **neuen Fahrzeugs** auch steuerfrei, wenn der Abnehmer eine Privatperson ist (§ 6a Abs. 1 Nr. 2 Buchst. c UStG).

Eine innergemeinschaftliche Lieferung ist steuerfrei, wenn der Gegenstand in 424 das übrige Gemeinschaftsgebiet gelangt, unabhängig davon, wer befördert oder versendet. Unschädlich ist eine Be- oder Verarbeitung des Liefergegenstandes durch einen Dritten im Auftrag des Abnehmers (§ 6a Abs. 1 Satz 2 UStG). Der Abnehmer der innergemeinschaftlichen Lieferung muss zu einem bestimmten Personenkreis gehören (§ 6a Abs. 1 Nr. 2 UStG). Dazu gehören in erster Linie Unternehmer, die den Gegenstand für ihr Unternehmen erworben haben (§ 6a Abs. 1 Nr. 2a UStG). Davon kann in der Praxis regelmäßig ausgegangen werden, wenn der Abnehmer seine Umsatzsteuer-Identifikationsnummer angibt und sich aus der Art und Menge der erworbenen Gegenstände keine Zweifel an der unternehmerischen Verwendung ergeben. Bleiben dann Zweifel an der Unternehmereigenschaft des Abnehmers, kann sich der Lieferer die Umsatzsteuer-Identifikationsnummer des Abnehmers beim Bundeszentralamt für Steuern bestätigen lassen (§ 18e UStG). Der liefernde Unternehmer hat in jedem Fall die Umsatzsteuer-Identifikationsnummer des Abnehmers aufzuzeichnen (§ 14a Abs. 3 UStG). Darüber hinaus haben ein Buch- und Belegnachweis zu erfolgen (§ 6a Abs. 3 UStG i.V. mit §§ 17a bis c UStDV). Abnehmer kann auch eine juristische Person des öffentlichen oder des privaten Rechts sein, die nicht Unternehmer ist oder die den Gegenstand für ihren nichtunternehmerischen Bereich erworben hat (§ 6a Abs. 1 Nr. 2b UStG). Bei der Lieferung neuer Fahrzeuge kommt auch jede andere Person als Abnehmer in Betracht (§ 6a Abs. 1 Nr. 2c UStG), insbesondere private Abnehmer. In diesem Fall entfällt die Aufzeichnung einer Umsatzsteuer-Identifikationsnummer, da dieser Abnehmerkreis nicht über dieses Ordnungsmerkmal verfügt.

425 Beim **Reihengeschäft** liegt nur eine Warenbewegung vor, denn der Liefergegenstand gelangt vom ersten Unternehmer in der Reihe unmittelbar zum letzten Abnehmer. Gleichwohl sind alle Lieferungen hinsichtlich ihrer Steuerbarkeit und ihrer Steuerpflicht selbständig zu beurteilen. Hinsichtlich der Frage der Ausfuhrlieferung i. S. des § 6 UStG ist für jeden Umsatz getrennt die in Betracht kommende Befreiungsvorschrift zu prüfen. Auch Ausfuhrlieferungen im Rahmen eines Reihengeschäftes setzen voraus, dass der Gegenstand der Lieferung unmittelbar in das Ausland befördert oder versendet wird.[1] Dabei ist zu beachten, dass der Frage, welcher der beteiligten Unternehmer die Warenbewegung durchgeführt hat, entscheidende Bedeutung beizumessen ist. Wird der Gegenstand der Lieferung nicht befördert oder versendet i. S. des § 3 Abs. 6 UStG, kann keine Steuerbefreiung greifen, denn diese steht in Abhängigkeit zur Warenbewegung. Die Steuerbefreiung nach § 4 Nr. 1a UStG kommt nur bei der Beförderungs- oder Versendungslieferung zur Anwendung (Abschn. 31a Abs. 2 UStR). Auf „ruhende" oder „unbewegte" Lieferungen finden weder die Steuerbefreiungen für Ausfuhrlieferungen (§ 6 UStG) noch für innergemeinschaftliche Lieferungen (§ 6a UStG) Anwendung.

BEISPIEL: Der deutsche Unternehmer U bestellt beim Dortmunder Unternehmer D einen Pkw, den dieser wiederum beim Autohaus B in Belgien anfordert. Der belgische Unternehmer B befördert das Fahrzeug unmittelbar zum Abnehmer U.

Da B die Ware befördert, ist ihm auch die bewegte Lieferung zuzurechnen (§ 3 Abs. 6 Satz 5 UStG). Er führt seine Lieferung daher in Belgien aus (§ 3 Abs. 6 Satz 1 UStG). Sie ist als innergemeinschaftliche Lieferung in Belgien steuerfrei, denn die Ware gelangt von Belgien nach Deutschland und B hat einen Abnehmer, der einen innergemeinschaftlichen Erwerb zu versteuern hat (§ 4 Nr. 1b i.V. mit § 6a Abs. 1 UStG). D hat in Deutschland einen innergemeinschaftlichen Erwerb zu versteuern (§ 1a Abs. 1 i.V. mit § 3d Satz 1 UStG), der wegen des gleichzeitig bestehenden Vorsteuerabzugs (§ 15 Abs. 1 Nr. 3 UStG) de facto ohne Auswirkung bleibt. Die Lieferung des D an U gilt nach § 3 Abs. 7 Satz 2 Nr. 2 UStG als in Deutschland ausgeführt. Sie ist steuerpflichtig als „bewegungslose" Lieferung im Inland.

Abwandlung: wie vor, jedoch holt U den Pkw unmittelbar in Belgien bei B ab.

Da U nunmehr die Ware befördert, ist die Lieferung mit Warenbewegung der Lieferung des D an U zuzurechnen (§ 3 Abs. 6 Satz 5 UStG). Die Lieferung des B an D ist somit nach § 3 Abs. 7 Satz 2 Nr. 1 UStG in Belgien ausgeführt und mangels Warenbewegung in Belgien steuerpflichtig. Die „bewegte" Lieferung des D an U ist in Belgien ausgeführt (§ 3 Abs. 6 Satz 1 UStG) und dort als innergemeinschaftliche Lieferung (Warenbewegung von Belgien nach Deutschland) steuerfrei (§ 6a Abs. 1 UStG). Somit hat U einen innergemeinschaftlichen Erwerb in Deutschland bewirkt (§ 1a Abs. 1 UStG). D muss sich in Belgien als Unternehmer registrieren lassen und dort Steuererklärungen hinsichtlich der von ihm ausgeführten innergemeinschaftlichen Lieferung abgeben. In

1 BFH v. 15. 3. 1994, BStBl 1994 II S. 956.

diesem Zusammenhang kann er in Belgien die ihm von B in Rechnung gestellte USt als Vorsteuer abziehen (vgl. auch Abschn. 31a Abs. 13 UStR).

Auch eine steuerfreie Lieferung als Hilfsumsatz nach § 4 Nr. 28 UStG, bei Unternehmern, die nur steuerfreie Umsätze ausführen, ist denkbar. 426

BEISPIEL: Der praktische Arzt Dr. U aus Neuss verkauft seinen Pkw an einen Gebrauchtwagenhändler für 12.500 €. Der Pkw wurde zu 40% privat und zu 60% beruflich genutzt. Den Pkw hat Dr. U seinerzeit für sein Unternehmen erworben.

Die Lieferung des Dr. U ist steuerbar (§ 1 Abs. 1 Nr. 1 UStG), aber steuerfrei (§ 4 Nr. 28 UStG). Aus systematischen Gründen ist die Lieferung von Gegenständen, die der Unternehmer ausschließlich für eine steuerfreie Tätigkeit nach § 4 Nr. 8 bis 27 UStG verwendet hat, steuerfrei. Dadurch werden Belastungen in den Fällen vermieden, in denen der Unternehmer Umsätze mit Gegenständen tätigt, bei deren Anschaffung oder Herstellung der Vorsteuerabzug vollkommen ausgeschlossen war (§ 15 Abs. 2 Nr. 1 UStG). Andernfalls wären bei Veräußerungen im Berichtigungszeitraum Korrekturen nach § 15a UStG erforderlich. Die Voraussetzung der Verwendung für steuerfreie Umsätze nach § 4 Nr. 8 bis 27 UStG muss während des gesamten Verwendungszeitraums vorgelegen haben, wobei aus Vereinfachungsgründen eine geringfügige anderweitige Verwendung bis zu 5% unschädlich ist (Abschn. 122 Abs. 2 UStR).

Da bei steuerfreien Umsätzen nach § 4 Nr. 1 bis 7 UStG trotz der Steuerbefreiung in voller Höhe der Vorsteuerabzug möglich ist (§ 15 Abs. 3 Nr. 1 UStG), besteht insoweit für eine Steuerbefreiung der Umsätze von gebrauchten Anlagegütern für diese Unternehmer kein Anlass. 427

BEISPIEL: Ein Exportunternehmen, das ausschließlich steuerfreie Ausfuhrlieferungen erbringt, verkauft einen betrieblichen Lieferwagen.

Bei dem Hilfsgeschäfts handelt es sich um eine steuerbare Lieferung (§ 3 Abs. 1, § 1 Abs. 1 Nr. 1 UStG). Der Umsatz ist mangels Befreiung auch steuerpflichtig, insbesondere findet § 4 Nr. 28 UStG nur Anwendung auf Umsätze, die nach § 4 Nr. 8 bis 27 UStG von der Umsatzsteuer befreit sind. Das Unternehmen erbringt jedoch Umsätze nach § 4 Nr. 1a i.V. mit § 6 Abs. 1 UStG. Da bei steuerfreien Umsätzen nach § 4 Nr. 1 bis 7 UStG trotz der Steuerbefreiung in voller Höhe der Vorsteuerabzug möglich ist (§ 15 Abs. 3 Nr. 1 UStG), besteht für eine (spätere) Befreiung der Umsätze von gebrauchten – in der Regel vorsteuerbehafteten – Anlagegütern kein Anlass.

Bei der Ausfuhr von Gegenständen, die der **Ausrüstung oder Versorgung eines Beförderungsmittels** dienen, sind die Lieferungen in Abholfällen nur dann steuerfrei, wenn der Abnehmer ausländischer Unternehmer ist und das Beförderungsmittel den Zwecken seines Unternehmens dient (§ 6 Abs. 3 UStG). Zu den Gegenständen zur Ausrüstung eines privaten Kraftfahrzeugs gehören alle Kfz-Teile einschließlich Ersatzteile und Zubehörteile. Werden diese Teile aber im Rahmen einer Werklieferung geliefert, ist die Steuerbefreiung nicht ausgeschlossen (Abschn. 130 Abs. 1 Satz 3 UStR). Zu den Gegenständen zur Versorgung eines privaten Kraftfahrzeugs gehören insbesondere Treibstoff, Öle und 428 dergleichen. Dient das Beförderungsmittel dem Unternehmen eines ausländischen Abnehmers, hat der inländische Unternehmer Gewerbezweig oder Beruf des Abnehmers festzuhalten (Abschn. 130 Abs. 3 UStR). Darüber hinaus ist die Steuerbefreiung im nichtkommerziellen Reiseverkehr mit Drittlandsgebieten weiter eingeschränkt (§ 6 Abs. 3a UStG). Führt ein Abnehmer Gegenstände, die er nicht für unternehmerische Zwecke erworben hat, persönlich in seinem Reisegepäck in ein Drittland aus, liegt eine steuerfreie Ausfuhrlieferung im Reiseverkehr nur vor, wenn der Abnehmer nicht im Gemeinschaftsgebiet ansässig ist und er den Liefergegenstand vor Ablauf des dritten auf die Lieferung folgenden Kalendermonats im persönlichen Reisegepäck ins Drittland befördert (vgl. auch § 8 Abs. 1, § 9 Abs. 1, § 13 Abs. 4a UStDV sowie Abschn. 137 UStR).

3. Entnahme von Fahrzeugen aus dem Unternehmensvermögen

a) Allgemeines

429 Als Lieferung gegen Entgelt gilt die Entnahme eines Gegenstandes durch einen Unternehmer aus seinem Unternehmen für Zwecke, die außerhalb des Unternehmens liegen (§ 3 Abs. 1b Nr. 1 UStG). Voraussetzung ist, dass für den Gegenstand oder seine Bestandteile der Vorsteuerabzug zumindest teilweise zulässig war (§ 3 Abs. 1b Satz 2 UStG). Steuerbare Entnahmen sind regelmäßig steuerfrei, insbesondere sind die Steuerbefreiungen nach § 6 und § 6a UStG ausdrücklich ausgeschlossen (vgl. § 6 Abs. 5 sowie § 6a Abs. 1 Nr. 2 UStG). Bemessungsgrundlage einer steuerbaren und steuerpflichtigen Entnahme ist der Einkaufspreis zuzüglich der Anschaffungsnebenkosten für dieses Fahrzeug (Abschn. 155 Abs. 1 UStR).

430 Auch die Entnahme eines Fahrzeugs, für das der Vorsteuerabzug beim Erwerb auf 50 % eingeschränkt war (§ 15 Abs. 1b UStG a. F.), unterliegt uneingeschränkt der Umsatzsteuer. Es sind aber Korrekturen nach § 15a UStG möglich, falls die Veräußerung im Berichtigungszeitraum erfolgt.

b) Zuordnung zum Unternehmen

431 Da im Gegensatz zum Ertragsteuerrecht die Zuordnungsentscheidung des Unternehmers bei einem gemischt-genutzten Pkw nicht ohne weiteres erkennbar ist, können umsatzsteuerlich nur Indizien zur Beweisführung herangezogen werden (vgl. ausführlich Rdn. 301 ff.). Die Geltendmachung des Vorsteuerabzugs ist ein gewichtiges Indiz für, die Unterlassung eines (möglichen) Vorsteuerabzugs ein ebenso gewichtiges Indiz gegen die Zuordnung des Fahrzeugs

zum Unternehmen. Auch die Umstände, dass der Unternehmer beim An- und Verkauf des gemischt-genutzten Fahrzeugs unter seinem Firmennamen aufgetreten ist und ob er den Gegenstand betrieblich oder privat versichert hat, sind entsprechende Beweisanzeichen. Die ertragsteuerliche Behandlung ist dagegen umsatzsteuerlich nicht hilfreich. Allerdings kann z.B. die Tatsache, dass der Unternehmer gewillkürtes Betriebsvermögen nicht bilanziert hat, ein Indiz dafür sein, dass er es auch umsatzsteuerrechtlich nicht seinem Unternehmen zuordnen wollte. Bei einer von der ertragsteuerlichen Behandlung abweichenden teilweisen Zuordnung des Gegenstandes muss der Unternehmer die Berechnungsgrundlagen für eine Vorsteuerberichtigung gesondert aufzeichnen (§ 22 Abs. 4 UStG).

Wurde ein Gegenstand nicht dem Unternehmen zugeordnet, kann seine spätere 432
Veräußerung oder Entnahme nicht steuerbar sein, da dieser Vorgang auf der privaten Vermögensebene stattfindet. Wurde ein Gegenstand dem Unternehmen zugeordnet, unterliegt seine spätere Veräußerung als steuerbarer Vorgang der Umsatzsteuer. Entnimmt der Unternehmer jedoch einen Gegenstand, der nicht zum Abzug der Mehrwertsteuer als Vorsteuer berechtigt hat, aus seinem Unternehmen, ist es unzulässig, die Entnahme zu besteuern (Art. 16 Satz 1 MwStSystRL, § 3 Abs. 1b Satz 2 UStG). Die unterschiedliche Behandlung von Lieferung und unentgeltlicher Lieferung muss man nicht verstehen, nur kennen.

c) Vorheriger Vorsteuerabzug als Voraussetzung für die Steuerbarkeit der Entnahme

Die Entnahme eines Gegenstandes aus dem Unternehmen unterliegt nur 433
der Umsatzsteuer, wenn dem Unternehmer für den **Erwerb oder die Herstellung** des Gegenstandes zumindest teilweise ein **Vorsteuerabzug** zustand (§ 3 Abs. 1b Satz 2 UStG). Sind diese Voraussetzungen nicht erfüllt (z.B. beim Kauf eines Gegenstandes von einer Privatperson oder bei Kauf eines Pkw durch einen Unternehmer mit ausschließlich steuerfreien Umsätzen nach § 4 Nr. 8 bis 27 UStG), unterliegt die spätere Entnahme nicht der Umsatzsteuer.[1]

BEISPIEL: U kauft einen gebrauchten Pkw von einem Arzt für 20.000 €. Die Vorsteuerbeträge aus den laufenden Kosten zieht er ab. Zwei Jahre später inseriert U das Auto in der Zeitung unter „Verkauf von Privat" und veräußert das Fahrzeug an einem Samstag an einen Privatkunden.

U hat das Fahrzeug nach Auffassung der Finanzverwaltung seinem Unternehmen zugeordnet, da er die Vorsteuern aus den laufenden Kosten berücksichtigt hat.[2] U hat

1 BFH v. 20.12.2001, BStBl 2002 II S. 557; v. 31.1.2002, BStBl 2003 II S. 813 und v. 28.2.2002, BStBl 2003 II S. 815.

2 BMF-Schreiben v. 29.5.2000, BStBl 2000 I S. 819 sowie v. 27.8.2004, BStBl 2004 I S. 864.

das Fahrzeug aber vor seiner Veräußerung entnommen, denn der Verkauf erfolgt nach seinem Willen offenbar privat. Es empfiehlt sich, insoweit auch eine Entnahmebuchung durchzuführen, um spätere Zweifel gar nicht erst aufkommen zu lassen. Hat ein Gegenstand bei seiner Anschaffung nicht zum Abzug der Mehrwertsteuer als Vorsteuer berechtigt, ist es nach der Rechtsprechung des Europäischen Gerichtshofs unzulässig, „die Entnahme zu versteuern".[1] Wörtlich führt der Europäische Gerichtshof zudem aus: „Wenn der Steuerpflichtige den entnommenen Gegenstand später veräußert, so ist diese Leistung seinem privaten Bereich zuzurechnen, sie unterliegt daher nicht dem Mehrwertsteuersystem". Dieser Auffassung hat sich der BFH mit seinem Urteil v. 31.1.2002[2] angeschlossen und sieht in der Tatsache, dass der Unternehmer eine Rechnung ohne Umsatzsteuer-Ausweis erteilt, einen Beleg für eine vorangegangene Entnahme des Fahrzeugs aus dem Unternehmen, die einer Besteuerung der Veräußerung entgegensteht. Die Anregung des Bundesfinanzhofs, das Fahrzeug unmittelbar vor der Veräußerung nicht steuerbar zu entnehmen, ist schon deshalb bemerkenswert, da der Unternehmer im Streitfall in der Steuererklärung vermerkt hatte: „steuerfreier Umsatz, Pkw wurde gebraucht von einer Privatperson gekauft". Eine steuerfreie Lieferung setzt aber gerade einen steuerbaren Umsatz voraus.

434 Hat ein Unternehmer nur steuerfreie Umsätze (z. B. Ärzte, Versicherungsvertreter), ist wegen des fehlenden Vorsteuerabzugs für den Gegenstand (vgl. § 15 Abs. 2 Nr. 1 UStG) die spätere Entnahme ebenfalls nicht steuerbar. Verwendet dagegen der Unternehmer einen Gegenstand sowohl für die Ausführung steuerpflichtiger als auch steuerfreier Umsätze, war er zumindest teilweise zum Vorsteuerabzug berechtigt und die entsprechende spätere Entnahme ist insgesamt der Umsatzsteuer zu unterwerfen. Die Steuerbefreiung des § 4 Nr. 28 UStG kommt ebenfalls nicht zur Anwendung.

d) Entnahme von nachträglich eingebauten Bestandteilen

435 War der Unternehmer zwar für den Gegenstand selbst nicht zum Vorsteuerabzug berechtigt, wohl aber für die später darin eingegangenen Bestandteile, unterliegt die spätere Entnahme dieser Bestandteile als fiktive Lieferung nach § 3 Abs. 1b UStG der Umsatzsteuer, nicht aber die Entnahme des Gegenstandes selbst (Abschn. 24b Abs. 2 Satz 2 UStR). Letztlich geht die Finanzverwaltung umsatzsteuerlich aus Vereinfachungsgründen von **zwei entnommenen Gegenständen** aus. Als Bestandteile gelten alle nicht selbständig nutzbaren Wirtschaftsgüter, die mit dem gelieferten Gegenstand in einem einheitlichen Nutzungs- und Funktionszusammenhang stehen, auch wenn sie in den Gegenstand erst später eingegangen sind und zu einer dauerhaften, im Zeitpunkt der Entnahme nicht vollständig verbrauchten Werterhöhung des Wirtschaftsgutes

1 Urteil v. 8.3.2001 – Rs. C-415/98, Bakcsi, UR 2001 S. 149.
2 BStBl 2003 II S. 813.

geführt haben (Abschn. 24b Abs. 2 Satz 3 UStR). Nicht zu einem Bestandteil führen daher Aufwendungen für den Gebrauch und die Erhaltung des Gegenstandes (Abschn. 24b Abs. 2 Satz 4 UStR).

BEISPIEL: Der Unternehmer legt einen Pkw in sein Unternehmensvermögen ein und entnimmt diesen zwei Jahre später wieder. Die Vorsteuerbeträge aus den laufenden Kosten (Benzin, Inspektionen) hat U abgezogen.

Bei der „Anschaffung" des Fahrzeugs bestand keine Möglichkeit des Vorsteuerabzugs, da U keine Leistung eines anderen Unternehmers erhalten hat (§ 15 Abs. 1 Satz 1 Nr. 1 Satz 1 UStG). Die spätere Entnahme ist nicht steuerbar (§ 3 Abs. 1b Satz 2 UStG). Die Tatsache, dass U für laufende Aufwendungen, die im Zusammenhang mit dem Gegenstand stehen, den Vorsteuerabzug vorgenommen hat, ist insoweit ohne Bedeutung. Insoweit hat eine Aufteilung der Vorsteuerbeträge in einen abziehbaren und einen nicht abziehbaren Teil zu erfolgen. Die Regelung in § 3 Abs. 1b Satz 2 UStG knüpft ausdrücklich an den Gegenstand selbst an – und der wurde ohne Vorsteuerabzug erworben.

Abwandlung: U hat nach Anschaffung durch seine Vertragswerkstatt in das Fahrzeug ein „Multimediacentrum" mit CD-Player, Telefon und Navigationsgerät für 3.500 € einbauen lassen und dafür den Vorsteuerabzug geltend gemacht. Nach der „Schwacke-Liste" zum Zeitpunkt der Entnahme hätte dieses Multimediacentrum noch Wert von 2.000 €.

Der Vorsteuerabzug für den nachträglichen Einbau der Bestandteile steht U zu (§ 15 Abs. 1 Satz 1 Nr. 1 UStG). Der Einbau des Multimediacentrums führt jedoch zu einer Wertsteigerung des Fahrzeugs, die auch bei der Entnahme noch vorhanden ist. Die Entnahme (des Bestandteils) ist somit steuerbar (§ 3 Abs. 1b Nr. 1 UStG) und steuerpflichtig. Bemessungsgrundlage ist der Teilwert dieses Multimediacentrums im Zeitpunkt der Entnahme (§ 10 Abs. 4 Nr. 1 UStG), mithin 2.000 €. Die Umsatzsteuer beträgt 19 % = 380 € (§ 12 Abs. 1 UStG).

Der Einbau eines Bestandteils in ein Wirtschaftsgut führt nur dann zu einer 436
dauerhaften Werterhöhung, wenn es nicht lediglich zur Werterhaltung des Wirtschaftsgutes beigetragen hat. Aus Vereinfachungsgründen wird von der Verwaltung keine dauerhafte Werterhöhung eines Wirtschaftsgutes angenommen, wenn die Aufwendungen für den Einbau von Bestandteilen 20 % der Anschaffungskosten des Wirtschaftsgutes oder einen Betrag von 1.000 € nicht übersteigen. In diesen Fällen kann auf eine Besteuerung der Bestandteile bei der Entnahme des Wirtschaftsgutes verzichtet werden (Abschn. 24b Abs. 4 UStR).

Die Auffassung der Finanzverwaltung mag eine Vereinfachung mit sich bringen, 437
ist beim Überschreiten der Grenze aber nicht unbedenklich. Der Europäische Gerichtshof führte aus, dass ein Steuerpflichtiger, der einen Pkw, den er ohne Berechtigung zum Vorsteuerabzug erworben hat und der nach seiner Anschaffung Gegenstand von Arbeiten war, für die die Mehrwertsteuer als Vorsteuer

abgezogen wurde, zu unternehmensfremden Zwecken entnimmt, die geschuldete Mehrwertsteuer nur für die Bestandteile zu entrichten hat, die zum Vorsteuerabzug berechtigt haben. Selbständig zu entnehmende Bestandteile des einheitlichen Gegenstandes „Pkw" sind dann diejenigen gelieferten Gegenstände, die zum einen aufgrund ihres Einbaus in den Pkw ihre körperliche und wirtschaftliche Eigenart endgültig verloren und zum anderen zu einer dauerhaften, im Zeitpunkt der Entnahme nicht vollständig verbrauchten Werterhöhung des Gegenstandes geführt haben. Nur wenn ein nachträglich in einen Pkw eingebauter Bestandteil im Zeitpunkt der Entnahme des Pkw noch einen Restwert hat, kann dies Auswirkung auf die Steuerbarkeit des entnommenen Gegenstandes haben. Nur wenn der eingebaute Bestandteil im Zeitpunkt der Entnahme noch nicht verbraucht ist, kommt es zur steuerbaren Entnahme dieses Bestandteils.

438 **Dienstleistungen** einschließlich der Lieferung von Gegenständen, die lediglich zur Werterhaltung des Pkw beigetragen haben, sind keine Bestandteile im Sinne dieser Vorschrift. Ob ein bestimmter Umsatz eine Lieferung eines Gegenstandes oder eine Dienstleistung ist, hängt von seinen charakteristischen Merkmalen ab. Wenn die Lieferung nur einen Teil des Umsatzes darstellt, die Dienstleistungen aber überwiegen, ist der Umsatz als Dienstleistung anzusehen.[1] Dienstleistungen können beispielsweise die Lieferung von Schrauben, Ölfiltern oder Zündkerzen voraussetzen, Lackierarbeiten setzen eine Farblieferung voraus. Sind Aufwendungen mit einer geringfügigen zusätzlichen Lieferungen von Gegenständen verbunden, die untrennbar mit den betreffenden Dienstleistungen zusammenhängen, müssen diese Aufwendungen insgesamt als Dienstleistungen angesehen werden. Dementsprechend hat der Bundesfinanzhof eine **Pkw-Inspektion** mit Ölwechsel als sonstige Leistung beurteilt.[2]

439 Nachträglich in einen Pkw eingebaute Bestandteile verlieren ihre körperliche und wirtschaftliche Eigenart nicht endgültig, wenn sie leicht von dem Fahrzeug getrennt werden und Gegenstand unabhängiger Geschäfte sein können. Deshalb schafft etwa der Einbau eines Autotelefons oder Navigationsgerätes keine Bestandteile des betreffenden Fahrzeugs. Sie sind ebenfalls als eigenständige Liefergegenstände anzusehen.

440 **Bemessungsgrundlage** im Falle einer steuerbaren und steuerpflichtigen Entnahme ist der Restwert des Pkw bzw. seiner Bestandteile im Zeitpunkt der Entnahme. Diese Schätzung kann durch Heranziehung anerkannter Marktüber-

1 EuGH v. 2.5.1996 – Rs. C-231/94, Faarborg-Gelting Linien, BStBl 1998 II S. 282.
2 BFH v. 30.9.1999, BStBl 2000 II S. 14.

sichten für den Wert gebrauchter Pkw (z. B. „Schwacke-Liste" oder vergleichbare Übersichten) geschehen.[1]

e) Unentgeltliche Übertragung eines Fahrzeugs im Rahmen von Verlosungen und Preisausschreiben

Werden umsatzsteuerliche Leistungen unentgeltlich erbracht, stellt sich die Frage, worauf diese Unentgeltlichkeit beruht. Unter diese Regelung fällt regelmäßig die Entnahme eines Gegenstandes des Unternehmens für Zwecke, die außerhalb des Unternehmens liegen (§ 3 Abs. 1b Nr. 1 UStG). Ganz allgemein hat der Gesetzgeber aber auch die Zuwendung eines Gegenstandes, die aus **unternehmerischen** Gründen erfolgt, diesen Besteuerungsregeln unterworfen (§ 3 Abs. 1b Nr. 3 UStG). Von dieser Vorschrift werden auch Schenkungen von Gegenständen aus betrieblichem Anlass erfasst. 441

Hierzu gehört die Abgabe von Gegenständen insbesondere zu Werbezwecken, zur Verkaufsförderung oder zur Imagepflege, Sachspenden an Vereine, Warenabgaben anlässlich von Preisausschreiben oder Verlosungen. Die Steuerbarkeit entfällt nicht, wenn der Empfänger die zugewendeten Gegenstände in seinem Unternehmen verwendet (Abschn. 24b Abs. 8 Satz 5 UStR). Ausgenommen von der Besteuerung werden lediglich Geschenke von **geringem Wert** (Gegenstände bis netto 35 €) oder die Abgabe von Warenmustern wie Probierpackungen, Verkaufskataloge, Veranstaltungskalender, Verkaufshilfen, nicht aber für Gegenstände, die für den Empfänger nach Ablauf der Werbeaktion noch einen tatsächlichen Gebrauchswert haben (Abschn. 24b Abs. 9 bis 15 UStR). Geschenke und andere unternehmerisch veranlasste unentgeltliche Warenabgaben sind nur steuerbar, wenn die Anschaffungs- oder Herstellungskosten des abgegebenen Gegenstandes oder seiner Bestandteile mit Umsatzsteuer belastet waren und der Unternehmer hinsichtlich dieser Steuer zumindest teilweise zum Vorsteuerabzug berechtigt war (§ 3 Abs. 1b Satz 2 UStG). Bei Geschenken, die ertragsteuerlich nicht abzugsfähige Betriebsausgaben darstellen (§ 4 Abs. 5 Nr. 1 EStG), sind die damit zusammenhängenden Vorsteuerbeträge bereits nicht abziehbar (§ 15 Abs. 1a Nr. 1 UStG), eine steuerbare unentgeltliche Leistung nach § 3 Abs. 1b Nr. 3 UStG ist daher insoweit nicht mehr anzunehmen. 442

BEISPIEL: Ein Energie-Konzern verlost im Rahmen einer Werbeaktion einen Pkw, den ein privater Kunde gewinnt.

Der Energie-Konzern kann den Vorsteuerabzug aus der Anschaffung des Fahrzeugs berücksichtigen (§ 15 Abs. 1 Satz 1 Nr. 1 UStG). Hinsichtlich der Übertragung des Pkw

1 BFH v. 18. 10. 2001, BStBl 2002 II S. 551.

an den Gewinner der Verlosung liegt eine unentgeltliche Wertabgabe vor, die der Umsatzsteuer unterliegt (§ 3 Abs. 1b Nr. 3 UStG). Regelmäßig kann davon ausgegangen werden, dass der Teilwert des Fahrzeugs den ursprünglichen Anschaffungskosten entspricht, so dass sich keine Belastung für das Unternehmen ergibt. Aber eben auch keine Entlastung.

4. Berichtigung des Vorsteuerabzugs nach § 15a UStG

a) Änderung der Verhältnisse durch Veräußerung oder Entnahme

443 Über die Frage der Abzugsfähigkeit der Vorsteuerbeträge i. S. des § 15 Abs. 1 Nr. 1 UStG ist sowohl dem Grunde als auch der Höhe nach bereits im Zeitpunkt des Leistungsbezugs und der beabsichtigten Verwendung des Eingangsumsatzes zu entscheiden.[1] Ändern sich die für den ursprünglichen Vorsteuerabzug maßgebenden Verhältnisse später, ist der Vorsteuerabzug nach § 15a UStG zu berichtigen. Dies ist insbesondere bei Wirtschaftsgütern der Fall, die der Unternehmer langfristig verwendet, also auch bei Fahrzeugen des Anlagevermögens (§ 15a Abs. 1 und 5 UStG). Als Verwendung sind auch die Veräußerung und die Entnahme eines Gegenstandes anzusehen (§ 15a Abs. 8 UStG). Veräußerung und Entnahme sind dabei so anzusehen, als ob das Wirtschaftsgut bis zum Ablauf des maßgeblichen Berichtigungszeitraums entsprechend der umsatzsteuerlichen Behandlung dieser Umsätze weiterhin innerhalb des Unternehmens verwendet wird (§ 15a Abs. 9 UStG). Vorrangig ist jedoch § 1 Abs. 1a UStG zu beachten, d. h. bei einer Übertragung eines Pkw im Rahmen einer Geschäftsveräußerung im Ganzen entfällt die Vorsteuerkorrektur nach § 15a UStG, da die weitere Verpflichtung innerhalb des ursprünglichen Berichtigungszeitraums auf den Erwerber übergeht (§ 15a Abs. 10 Satz 1 UStG).

BEISPIEL: Der Unternehmer A, der ausschließlich steuerpflichtige Umsätze ausführt, erwirbt am 10. 7. 05 einen Pkw für 100.000 € zzgl. 19.000 € Umsatzsteuer, den er auch privat nutzt. Am 30. 9. 06 wird dieser Pkw zum Preis von 83.300 € veräußert.

Der Vorsteuerabzug aus der Anschaffung beträgt im Voranmeldungszeitraum Juli 05 19.000 € (§ 15 Abs. 1 Satz 1 Nr. 1 UStG). Die Lieferung des Pkw (§ 3 Abs. 1 UStG) am 30. 9. 06 ist steuerbar (§ 1 Abs. 1 Nr. 1 UStG) und steuerpflichtig. Der Steuersatz beträgt 19 % (§ 12 Abs. 1 UStG). Die Bemessungsgrundlage beträgt 70.000 €, die Umsatzsteuerschuld beträgt 13.300 € (83.300 € : 1,19 × 19 %). Da der Pkw steuerpflichtig veräußert wurde, liegt keine Änderung der Verhältnisse vor (bisher wurde der Pkw ebenfalls für steuerpflichtige Umsätze verwendet).

444 Da die Veräußerung eines Pkw regelmäßig steuerpflichtig ist, hat die Regelung des § 15a UStG insbesondere Bedeutung für Unternehmer, die nur teilweise zum

1 EuGH-Urteil v. 8. 6. 2000, BStBl 2003 II S. 313; BFH-Urteil v. 22. 2. 2001, BStBl 2003 II S. 426.

Vorsteuerabzug berechtigt sind, weil sie auch vorsteuerschädliche Umsätze i. S. des § 15 Abs. 2 UStG erbringen.

BEISPIEL: U hat am 10.1.01 einen Lieferwagen angeschafft, den er zu 90 % zur Ausführung steuerpflichtiger Umsätze einsetzen will. Die Vorsteuern betragen insgesamt 8.000 €. Ab dem 1.8.01 nutzt er das Fahrzeug nur noch zu 10 % für steuerpflichtige Umsätze. Am 2.1.02 wird das Fahrzeug für 40.000 € zzgl. 7.600 € Umsatzsteuer veräußert.

Die Vorsteuer ist bei der Anschaffung des Fahrzeugs im Voranmeldungszeitraum 1/01 zu 90 % abzugsfähig, da insoweit die Ausführung steuerpflichtiger Umsätze beabsichtigt ist: 7.200 € (§ 15 Abs. 1 Satz 1 Nr. 1 i.V. mit Abs. 2 Nr. 1 Buchst. a UStG). Der Berichtigungszeitraum des § 15a Abs. 1 und 5 UStG läuft vom 10.1.01 bis zum 9.1.06, d.h. nach Korrektur i.S. des § 45 UStDV vom 1.1.01 bis zum 31.12.05. Da innerhalb des Berichtigungszeitraums eine Änderung der Verhältnisse stattfand, ist eine entsprechende Korrektur vorzunehmen. Die Korrektur ist im Rahmen der Jahreserklärung 01 vorzunehmen (§ 44 Abs. 4 Satz 1 UStDV). Die Vorsteuer 01 beträgt insgesamt aufgrund der unterschiedlichen Nutzung (7 Monate 90 % steuerpflichtig, 5 Monate 10 % steuerpflichtig) = 56,7 %.

Die Vorsteuer ist daher für 01 zu Ungunsten des U um (90 % in Anspruch genommene Vorsteuer – 56,7 % tatsächlich möglicher Vorsteuerabzug =) 33¹⁄₃, abgerundet auf 33 %[1] zu korrigieren: 1.600 € (8.000 € : 5 Jahre) – 33 % = 528 €. Die Vorsteuer für die Jahre 02 bis 05 wäre grundsätzlich jeweils i.H.v. 80 % (90 % in Anspruch genommene Vorsteuer – 10 % tatsächlich möglicher Vorsteuerabzug) von 1.600 € = 1.280 € zu Ungunsten des U zu korrigieren.

Die Veräußerung des Fahrzeugs am 2.1.02 erfolgt steuerbar und steuerpflichtig, die Umsatzsteuer beträgt 7.600 €. Die Veräußerung führt zu einer Änderung der Verhältnisse i.S. des § 15a Abs. 1 UStG (§ 15a Abs. 8 UStG), dabei wird die uneingeschränkte steuerpflichtige Verwendung bis zum Ende des Berichtigungszeitraums unterstellt (§ 15a Abs. 9 UStG). Der Korrekturbetrag beträgt 10 % von 8.000 € für die verbleibenden 48 Monate (Nutzungsdauer 5 Jahre) = 640 €.

Vorsteuerabzug 1/01	7.200 €
Vorsteuerkorrektur für 01	./. 528 €
tatsächlicher Vorsteuerabzug für 01	6.672 €
Korrektur für 02	640 €
Vorsteuerabzug Pkw insgesamt	7.312 €

De facto verliert U 688 € von 8.000 €. Dies entspricht für die Zeit vom 1.1.01 bis 31.7.01 (7 Monate) 10 % von 8.000 € und für die Zeit vom 1.8.01 bis 31.12.01 (5 Monate) 90 % von 8.000 €.

Die Veräußerung oder Entnahme von Fahrzeugen, bei denen **Vorsteuerbeträge nach § 15 Abs. 1b UStG a. F. nur zu 50 % abziehbar** waren, führt ebenfalls zu einer Änderung der Verhältnisse (§ 15a Abs. 4 Satz 2 UStG in der bis zum 31.12.2003 445

1 Art. 19 Abs. 1 letzter Satz der 6. EG-Richtlinie entgegen BMF v. 6.12.2005, BStBl 2005 I S. 1068.

geltenden Fassung). Die Finanzverwaltung hat mit BMF-Schreiben v. 29. 5. 2000[1] unterstellt, dass Fahrzeuge – auch wenn nur der 50%ige Vorsteuerabzug geltend gemacht werden konnte – gleichwohl zu 100 % dem Unternehmen zugeordnet werden (vgl. auch Abschn. 192 Abs. 18 Nr. 2c UStR 2000). Daher unterliegt die Veräußerung oder Entnahme trotz des nur 50%igen Vorsteuerabzugs insgesamt (und nicht nur zu 50 %) der Umsatzsteuer. Für Fahrzeuge, die noch unter die Begrenzung des § 15 Abs. 1b UStG a. F. fielen, gilt § 15a Abs. 4 UStG a. F. weiterhin (§ 27 Abs. 5 Satz 1 UStG a. F.).

446 Bei einer Veräußerung oder Entnahme des noch verwendungsfähigen Wirtschaftsgutes im Berichtigungszeitraum (§ 15a Abs. 8 UStG) ist eine Weiterverwendung des Wirtschaftsgutes unter entsprechend geänderten Verhältnissen bis zum Ende des Berichtigungszeitraums zu unterstellen (§ 15a Abs. 9 UStG). Daher ist in diesen Fällen die Korrektur des Vorsteuerabzugs bereits im Zeitpunkt der Veräußerung oder Entnahme insgesamt für den restlichen Berichtigungszeitraum vorzunehmen (§ 44 Abs. 4 Satz 3 UStDV); die Korrektur ist bereits bei der Berechnung der Steuer für den entsprechenden Voranmeldungszeitraum durchzuführen.[2] Hierbei sind die Berichtigung für das Kalenderjahr der Veräußerung oder unentgeltlichen Wertabgabe und die Berichtigung für die nachfolgenden Kalenderjahre des Berichtigungszeitraums gleichzeitig vorzunehmen. In den Fällen des § 44 Abs. 3 UStDV sind außerdem die Berichtigungen für die vorausgegangenen Kalenderjahre des Berichtigungszeitraums durchzuführen.

447 Ein sog. Totalschaden, bei dem der Unternehmer keinen Verwertungserlös erzielt, bzw. ein Diebstahl eines Fahrzeugs während des 5-jährigen Berichtigungszeitraums stellt keine Änderung der für den Vorsteuerabzug maßgebenden Verhältnisse dar und führt nicht zu einer Vorsteuerberichtigung nach § 15a UStG.[3] Verkürzt sich der Berichtigungszeitraum deswegen, weil ein nicht nur einmalig zur Ausführung von Umsätzen dienendes Wirtschaftsgut wegen Unbrauchbarkeit vorzeitig nicht mehr zur Ausführung von Umsätzen verwendbar ist, kann für die vorausgegangenen Kalenderjahre des Berichtigungszeitraums eine Neuberechnung des jeweiligen Berichtigungsbetrags notwendig werden. Die Unterschiedsbeträge, die sich in einem solchen Fall ergeben, können aus Vereinfachungsgründen bei der Steuerfestsetzung für das letzte Jahr des verkürzten Berichtigungszeitraums berücksichtigt werden, so dass eine Korrektur der bestandskräftigen Steuerfestsetzungen nach § 164 Abs. 2 AO bzw. § 175 Abs. 1 Nr. 2 AO nicht erfolgen muss.[4]

1 BStBl 2000 I S. 819.
2 BFH v. 15. 3. 1994, UR 1994 S. 406.
3 BMF-Schreiben v. 29. 5. 2000, BStBl 2000 I S. 819.
4 BMF-Schreiben v. 6. 12. 2005, BStBl 2005 I S. 1068.

b) Nicht steuerbare Entnahme von sog. Bestandteilen

Die Entnahme eines Gegenstandes aus dem Unternehmen stellt nur dann einen steuerbaren Vorgang nach § 3 Abs. 1b Nr. 1 UStG dar, wenn dem Unternehmer für den Erwerb oder die Herstellung des Gegenstandes zumindest teilweise ein Vorsteuerabzug zustand (§ 3 Abs. 1b Satz 2 UStG). Sind diese Voraussetzungen nicht erfüllt (z. B. beim Kauf eines Gegenstandes von einer Privatperson oder bei Kauf eines Gegenstandes durch einen Unternehmer mit ausschließlich steuerfreien Umsätzen nach § 4 Nr. 8 bis 27 UStG oder bei Einlage eines Gegenstandes in das Unternehmen), unterliegt die spätere Entnahme nicht der Umsatzsteuer, für eine Korrektur der Vorsteuer ergibt sich mangels Vorsteuerabzug kein Bedarf. 448

War aber der Unternehmer zwar für den Gegenstand selbst nicht zum Vorsteuerabzug berechtigt, wohl aber für später darin eingegangenen Bestandteile, unterliegt die spätere Entnahme dieser Bestandteile nur dann als fiktive Lieferung nach § 3 Abs. 1b UStG der Umsatzsteuer, wenn die Bestandteile wertmäßig noch nicht untergegangen sind (vgl. dazu ausführlich Rdn. 435 ff.). Insoweit wäre ggf. § 15a Abs. 8 UStG zu prüfen. Hat der Einbau eines Bestandteils in ein Wirtschaftsgut nicht zu einer dauerhaften Werterhöhung, sondern lediglich zur Werterhaltung des Wirtschaftsgutes beigetragen, ist die Entnahme nach § 3 Abs. 1b Satz 2 UStG nicht steuerbar und löst somit die Vorsteuerkorrektur nach § 15a Abs. 3 Satz 3 UStG aus. 449

BEISPIEL: Der Unternehmer legt sein privates Fahrzeug bei Eröffnung seines Betriebes ins Betriebs- und Unternehmensvermögen ein. Nach einem Jahr entnimmt er das Fahrzeug wieder. Aus den laufenden Kosten hat er den Vorsteuerabzug in Anspruch genommen.

Die Entnahme des Fahrzeugs ist nicht steuerbar, weil er weder für den Gegenstand noch für später darin eingegangene Bestandteile den Vorsteuerabzug in Anspruch genommen hat (§ 3 Abs. 1b Satz 2 UStG). Davon zu trennen ist der Vorsteuerabzug aus den laufenden Kosten, den er zu Recht und zutreffend in Anspruch genommen hat. Dies hat jedoch keinen Einfluss auf die Entnahme des Gegenstandes selbst.

Abwandlung: U hat das Auto im Laufe des Jahres für 2.000 € zzgl. 380 € USt lackieren lassen.

Für die Eingangsleistung „Lackierung" ist U ebenfalls zum Vorsteuerabzug berechtigt (§ 15 Abs. 1 Satz 1 Nr. 1 UStG). Gleichwohl hat er wiederum keine steuerbare Entnahme i. S. des § 3 Abs. 1b Nr. 1 UStG ausgeführt, weil die Lackierung des Fahrzeugs nach der Rechtsprechung des Bundesfinanzhofs eine werterhaltende Maßnahme darstellt und nicht etwa den Wert der Entnahme erhöht. Aufgrund der Regelung in § 15a Abs. 3 UStG führt jedoch die nicht steuerbare Entnahme zu einer anteiligen Berichtigung des Vorsteuerabzugs aus den Lackierarbeiten. Insoweit ist jedoch § 44 Abs. 1 UStDV sinngemäß anzuwenden (Abschn. 218 Abs. 2 UStR). Damit unterbleibt de facto die Vorsteuerkorrektur aufgrund dieser Bagatellregelung.

450 Geht in ein Wirtschaftsgut nachträglich ein anderer Gegenstand ein, der seine körperliche und wirtschaftliche Eigenart verliert (z. B. Einbau eines Schiebedachs oder einer Klimaanlage in einen Pkw oder Austausch der Fenster in einem Gebäude), gelten im Falle der Änderung der Verhältnisse die Regelungen in § 15a Abs. 1 und Abs. 2 UStG entsprechend (§ 15a Abs. 3 Satz 1 UStG). Sie lösen jeweils einen eigenständigen Berichtigungszeitraum aus. Hierbei ist jedoch zu unterscheiden:

- Ist für nachträglich in ein Wirtschaftsgut eingegangene Bestandteile, für die der Unternehmer vorsteuerabzugsberechtigt war, im Zeitpunkt der Entnahme noch eine Werterhöhung vorhanden, ist die Entnahme dieses Bestandteils zum aktuellen Wert (vgl. § 10 Abs. 4 Nr. 1 UStG) steuerbar (vgl. § 3 Abs. 1b Satz 2 UStG). Zu einer solchen dauerhaften Werterhöhung führt z. B. der Einbau eines stärkeren Motors oder eines Katalysators zur Modernisierung eines Fahrzeugs. Bloße Reparaturen oder der Austausch von Verschleißteilen (z. B. Scheibenwischer, Batterien, Bremsbelege) führen nicht zu einer dauerhaften Werterhöhung, sondern dienen der Werterhaltung. Führt die Entnahme zu einem steuerbaren Vorgang nach § 3 Abs. 1b UStG, ist für § 15a Abs. 3 UStG kein Raum, ggf. ist aber § 15a Abs. 8 UStG zu prüfen.
- Ist dagegen im Zeitpunkt der Entnahme keine Werterhöhung mehr vorhanden, ist die Entnahme nicht steuerbar, da kein Bestandteil mehr vorhanden ist. Sind Bestandteile mit Vorsteuerabzug untergegangen, kommt jedoch innerhalb des Berichtigungszeitraums (der für diese Bestandteile selbständig zu bestimmen ist) insoweit eine Korrektur der Vorsteuer nach § 15a Abs. 3 Satz 2 UStG in Betracht.[1]

BEISPIEL: Ein Unternehmer erwirbt am 01. 07. 01 aus privater Hand einen gebrauchten Pkw für 10.000 € und ordnet ihn zulässigerweise seinem Unternehmen zu. Am 1. 3. 02 lässt er nachträglich eine Klimaanlage einbauen (Entgelt: 2.500 €). Am 1. 3. 03 entnimmt der Unternehmer den Pkw in sein Privatvermögen (Aufschlag gemäß „Schwacke-Liste" auf den Marktwert des Pkw im Zeitpunkt der Entnahme für die Klimaanlage 1.500 €).

Der Vorsteuerabzug für den nachträglichen Einbau der Klimaanlage (475 €) steht U zu (§ 15 Abs. 1 Satz 1 Nr. 1 UStG). Mit dem Einbau der Klimaanlage in den Pkw hat diese ihre körperliche und wirtschaftliche Eigenart endgültig verloren und zu einer dauerhaften, auch im Zeitpunkt der Entnahme nicht vollständig verbrauchten Werterhöhung des Wirtschaftsguts geführt. Die Klimaanlage ist daher als Bestandteil i. S. des § 3 Abs. 1b Nr. 1 UStG anzusehen. Die Entnahme der Klimaanlage (im Zusammenhang mit der Entnahme des Pkw) unterliegt daher nach § 3 Abs. 1b Satz 1 Nr. 1 i. V. mit Satz 2 UStG mit einer Bemessungsgrundlage nach § 10 Abs. 4 Satz 1 Nr. 1 UStG i. H. v.

1 Vgl. EuGH v. 17. 5. 2001, DStRE 2001 S. 715; BFH v. 18. 10. 2001, BStBl 2002 II S. 551; v. 20. 12. 2001, BStBl 2002 II S. 557; v. 31. 1. 2002, BStBl 2003 II S. 813 und v. 28. 2. 2002, BStBl 2003 II S. 815.

1.500 € der Umsatzsteuer, die USt beträgt 285 €. Da die Entnahme der Klimaanlage steuerbar (und steuerpflichtig) ist, kommt eine Prüfung der Vorsteuerberichtigung nach § 15a Abs. 3 UStG nicht in Betracht (§ 15a Abs. 3 Satz 3 UStG).

Abwandlung: Nach der Schwacke-Liste hat der Wert der Klimaanlage den aktuellen Wert des Fahrzeugs im Zeitpunkt der Entnahme nicht erhöht.

Der Vorsteuerabzug für den nachträglichen Einbau der Klimaanlage steht U zu (§ 15 Abs. 1 Satz 1 Nr. 1 UStG). Die Klimaanlage stellt ein Wirtschaftsgut dar, das nachträglich in ein anderes Wirtschaftsgut eingebaut wird und dadurch seine Eigenständigkeit verliert. Da aber die Klimaanlage keine Auswirkung auf den Entnahmewert hat, ist die Entnahme der Klimaanlage nicht steuerbar nach § 3 Abs. 1b Satz 2 UStG. Nunmehr bestimmt § 15a Abs. 3 Satz 2 UStG, dass genau dieser Fall zu einer Vorsteuerberichtigung führt. Der Berichtigungsbetrag beträgt grundsätzlich $^3/_5$ von 475 € = 285 €. Der Berichtigungszeitraum wird durch den Einbau des Bestandteils ausgelöst, beträgt 5 Jahre und ist im Zeitpunkt der Entnahme erst 2 Jahre abgelaufen. Die Vorsteuerberichtigung entfällt jedoch aufgrund der Bagatellgrenze in § 44 Abs. 1 UStDV von 1.000 €.

Bestandteile sind alle nicht selbständig nutzbaren Gegenstände, die mit dem Wirtschaftsgut in einem einheitlichen Nutzungs- und Funktionszusammenhang stehen (Abschn. 24b Abs. 2 UStR). Es kommt nicht darauf an, dass der Bestandteil zu einer Werterhöhung dieses Wirtschaftsguts geführt hat. Kein Bestandteil ist ein eingebauter Gegenstand, der abtrennbar ist, seine körperliche oder wirtschaftliche Eigenart behält und damit ein selbständiger – entnahmefähiger – Gegenstand bleibt. Maßnahmen, die auf nachträgliche Anschaffungs- oder Herstellungskosten entfallen und bei denen es sich um Bestandteile handelt, unterliegen vorrangig der Regelung des § 15a Abs. 6 UStG. 451

Aus **Vereinfachungsgründen** wird von der Verwaltung keine dauerhafte Werterhöhung eines Wirtschaftsgutes und damit keine Anschaffung eines entnahmefähigen Bestandteils angenommen, wenn die Aufwendungen für den Einbau von Bestandteilen 20 % der Anschaffungskosten des Wirtschaftsgutes oder einen Betrag von 1.000 € nicht übersteigen. In diesen Fällen kann auf eine Besteuerung der Bestandteile bei der Entnahme des Wirtschaftsgutes i. S. des § 3 Abs. 1b Nr. 1 UStG verzichtet werden (Abschn. 24b Abs. 4 UStR). Werden an einem Wirtschaftsgut mehrere Bestandteile in einem zeitlichen oder sachlichen Zusammenhang eingebaut, handelt es sich nicht um eine Maßnahme, auf die in der Summe die Bagatellregelung angewendet werden soll. Es ist vielmehr für jede einzelne Maßnahme die Vereinfachungsregelung zu prüfen. Ist eine derartige Entnahme nach der Vereinfachungsregelung nicht steuerbar, kommt folglich eine Vorsteuerkorrektur nach § 15a Abs. 3 Satz 2 UStG in Betracht. Insoweit dürfte aber § 44 Abs. 1 UStDV sinngemäß zur Anwendung kommen, so dass im Ergebnis keine umsatzsteuerliche Belastung entsteht. 452

453 Für den untergegangenen Bestandteil gilt ein eigenständiger Berichtigungszeitraum, dessen Dauer sich danach bestimmt, in welches Wirtschaftsgut nach § 15a Abs. 1 UStG der Bestandteil eingeht (Abschn. 217b Abs. 3 Satz 2 UStR).

c) Vereinfachungsregelungen

454 Um unnötigen Verwaltungsaufwand zu vermeiden, wurden einige Vereinfachungsregelungen bei der Vorsteuerberichtigung nach § 15a UStG geschaffen:

- Übersteigt der Vorsteuerbetrag eines Berichtigungsobjektes nicht den Betrag von **1.000 €,** wird auf eine spätere Berichtigung **insgesamt** verzichtet (§ 44 Abs. 1 UStDV); diese Regelung gilt für den gesamten Berichtigungszeitraum.
- Ist die auf das Berichtigungsobjekt entfallende Vorsteuer größer als 1.000 €, so unterbleibt eine Berichtigung für das einzelne Kalenderjahr, für das sich die Verhältnisse gegenüber dem ursprünglichen Vorsteuerabzug um weniger als **zehn Prozentpunkte** geändert haben, es sei denn, dass der Berichtigungsbetrag für dieses Kalenderjahr **1.000 €** übersteigt (§ 44 Abs. 2 UStDV).
- Beträgt die auf die Anschaffungs- oder Herstellungskosten bzw. Bezugskosten eines Berichtigungsobjektes entfallende Vorsteuer nicht mehr als **2.500 €,** so erfolgt eine Berichtigung für alle in Betracht kommenden Jahre einheitlich im letzten Jahr des Berichtigungszeitraum (§ 44 Abs. 3 UStDV). Dabei sind alle Änderungen, die sich für die einzelnen Jahre des Berichtigungszeitraums ergeben, zu berücksichtigen. Bei Anwendung dieser Vorschrift ist ggf. auch § 44 Abs. 2 UStDV zu beachten, so dass einzelne Berichtigungsjahre nicht korrigiert werden.

455 Die Betragsgrenzen sind dabei jeweils auf den einzelnen Gegenstand oder die bezogene sonstige Leistung abzustellen. Bei der Bestimmung der 1.000 €-Grenze ist von den gesamten Vorsteuerbeträgen auszugehen, die auf die Anschaffung- oder Herstellung bzw. den Bezug des einzelnen Berichtigungsobjekts entfallen.

456 Durch diese Wertgrenzen in § 44 UStDV führen insbesondere Berichtigungsobjekte i. S. des § 15a Abs. 3 UStG (untergegangene Bestandteile und Erhaltungsaufwendungen) nur dann zu einer Vorsteuerkorrektur, wenn der Nettowert der Aufwendungen mehr als 5.250 € beträgt (§ 44 Abs. 1 UStDV). Aufwendungen für kleinere Reparaturen, Inspektionen, Reifenwechsel und dergleichen berühren den Anwendungsbereich des § 15a UStG somit überhaupt nicht.

BEISPIEL: U erwirbt Ende 01 einen Pkw von einer Privatperson für 40.000 €. In 02 lässt in einer Vertragswerkstatt kleinere Reparaturen und eine Inspektion ausführen, der daraus geltend gemachte Vorsteuerabzug beträgt insgesamt 200 €. Nach einem Unfall wird am 1.7.02 der Motor ausgetauscht (Anteil der Gesamtrechnung 5.000 € zzgl. 950 € USt) und das Fahrzeug neu lackiert (Anteil der Gesamtrechnung 4.000 € zzgl. 760 € USt). Auch insoweit wurde von U der Vorsteuerabzug berücksichtigt, ebenso der

Vorsteuerabzug aus den laufenden Kosten (Benzin). Am 2.1.03 entnimmt U das Fahrzeug.

Aus der Anschaffung des Fahrzeugs in 01 steht U kein Vorsteuerabzug zu. Der Vorsteuerabzug in 02 aus den laufenden Kosten und aus den Reparaturkosten wurde dagegen zutreffend berücksichtigt, insgesamt 1.910 €.

Der Einbau des Austauschmotors stellt einen Bestandteil i. S. des § 3 Abs. 1b Nr. 1 UStG dar, der mit Einbau seine Eigenständigkeit verloren hat. Gleiches gilt für die Lackierung als sonstige Leistung. Die kleineren Reparaturen und die Inspektion können ohnehin keine eigenständige werterhöhende Wirkung auf die spätere Entnahme haben. Die Entnahme am 2.1.03 ist nach der Rechtsprechung nicht steuerbar, wenn sich aufgrund der genannten Maßnahmen keine eigenständige Werterhöhung für die Entnahme ergibt, wovon man bei derartigen Maßnahmen wohl ausgehen kann. Sowohl der Vorsteuerabzug aus dem Einbau des Austauschmotors als auch die Vorsteuer aus der Lackierung führen damit nicht zu einer steuerbaren Entnahme i. S. des § 3 Abs. 1b Nr. 1 UStG.

Es ist aber eine Vorsteuerberichtigung nach § 15a Abs. 3 UStG vorzunehmen. Die nicht besteuerte Entnahme des Pkw stellt eine Verwendungsänderung i. S. des § 15a Abs. 3 Satz 2 UStG dar. Der Berichtigungszeitraum läuft vom 1.7.02 bis zum 30.6.07. Damit stehen insgesamt 1.710 € Vorsteuerabzugsvolumen zur Disposition. Zu berichtigen sind in 7/02 nach § 44 Abs. 4 Satz 3 UStDV 4,5 von 5 Jahren = 1.539 €. Die Reparatur aufgrund des Unfalls stellt eine einheitliche Maßnahme dar (Grundsatz der Einheitlichkeit der Leistung), für die U wohl auch keine getrennten Abrechnungen erhält. § 44 Abs. 1 UStDV kommt daher aufgrund des Überschreitens der Wertgrenze nicht in Betracht. Hat U das Fahrzeug bei einem Unternehmer reparieren und bei einem anderen Unternehmer lackieren lassen und erhält er folglich zwei verschiedene Rechnungen, sind diese Beträge seit dem 1.1.2007 gleichwohl zusammenzufassen (§ 15a Abs. 3 Satz 2 UStG). Für die Veranlagungszeiträume 2005 und 2006 galt diese Regelung noch nicht (§ 15a Abs. 3 Satz 2 UStG wurde erst durch das Gesetz zum Abbau bürokratischer Hemmnisse zum 1.1.2007 eingefügt), § 44 Abs. 1 UStDV war in diesen Jahren für jede einzelne Maßnahme anzuwenden, so dass eine Korrektur nach § 15a UStG aufgrund der Unfallkosten unterblieb.

Nimmt man nun noch die – rechtlich u. E. nicht haltbare – Auffassung der Finanzverwaltung unter Beachtung der sog. Bagatellgrenze von 1.000 € (Abschn. 24b Abs. 4 UStR) hinzu, ergibt sich eine andere Lösung. Da die Bagatellgrenze überschritten ist, stellen die Maßnahmen „Bestandteile" i. S. des § 3 Abs. 1b Nr. 1 UStG dar, die Entnahme ist somit steuerbar. Die Bemessungsgrundlage der Entnahme ist jedoch auf den Wert der nachträglich eingebauten Bestandteile Austauschmotor bzw. die Lackierung beschränkt. Nimmt man im Zeitpunkt der Entnahme eine noch vorhandene Werterhöhung an, führt die Entnahme zu einer umsatzsteuerlichen Belastung in Höhe dieses Wertes. Im Regelfall beträgt die Werterhöhung nach der Rechtsprechung des Bundesfinanzhofs zum Zeitpunkt der Entnahme jedoch 0 €, da gerade derartige Aufwendungen nicht zu einer eigenständigen Werterhöhung führen, sondern der Werterhaltung dienen. Dann wäre die Entnahme nach dem Willen der Finanzverwaltung steuerbar, ohne eine Bemessungsgrundlage i. S. des § 10 Abs. 4 Nr. 2 UStG auszulösen. Dieser Fall wäre aber wiederum kein Anwendungsfall des § 15a Abs. 3 Satz 3UStG, da die Entnahme ja eben gerade steuerbar war. Ob das denn nun so gewollt war?

d) Sonderfälle

457 Die **Gesamtrechtsnachfolge** löst als solche keine Korrektur nach § 15a UStG aus. Der Übergang des Vermögens vom Erblasser auf den (oder die) Erben ist mangels Leistungsaustausch nicht steuerbar i. S. des § 1 Abs. 1 Nr. 1 UStG. Der Erbe wendet keine Gegenleistung auf, er erwirbt kraft Gesetzes. Somit liegt in Erbfällen allein durch den Vermögensübergang kein Fall des § 15a UStG vor. Der Berichtigungszeitraum i. S. des § 15a UStG geht zudem nur dann auf den Erben über (Abschn. 215 Abs. 2 Satz 5 UStR), sofern der Erbe die Unternehmereigenschaft durch eigene Tätigkeit begründet.[1] Tut er dies nicht, kann er die auf ihn durch Gesamtrechtsnachfolge übergegangenen Gegenstände des Unternehmens, für die der Erblasser den Vorsteuerabzug in Anspruch genommen hat, unbelastet seinem Privatvermögen zuführen oder veräußern. Eine Gesamtrechtsnachfolge liegt zudem vor bei der **Anwachsung** beim Ausscheiden eines Gesellschafters aus einer zweigliedrigen Personengesellschaft (§ 738 BGB, § 142 HGB).

458 Diese Grundsätze gelten im Ergebnis auch bei der **Geschäftsveräußerung** im Ganzen, da der Gesetzgeber den Übergang des Berichtigungszeitraums gesetzlich normiert hat (§ 1 Abs. 1a Satz 3, § 15a Abs. 10 UStG).

459 Auch bei der **Organschaft** sind diese Grundsätze zu beachten, der Organträger tritt an die Stelle der nicht mehr selbständigen Organgesellschaft (§ 2 Abs. 2 Nr. 2 UStG). Die Vorsteuerberichtigung nach § 15a UStG findet auch dann statt, wenn eine Gesellschaft mit steuerpflichtigen Umsätzen für ein Wirtschaftsgut den vollen Vorsteuerabzug erhalten hat und später aufgrund der Vorschrift des § 2 Abs. 2 Nr. 2 UStG ihre Selbständigkeit zugunsten eines **Organträgers** mit nach § 15 Abs. 2 Nr. 1 UStG steuerfreien Umsätzen verliert und ihr Unternehmen deshalb in dem Gesamtunternehmen des Organträgers (mit steuerpflichtigen und steuerfreien Umsätzen) aufgeht.[2]

460 Die Berichtigung der Vorsteuer nach § 15a UStG wird in einigen Fällen durch die **Steuerbefreiung** aus systematischen Gründen nach § 4 Nr. 28 UStG (für **Hilfsumsätze des Anlagevermögens)** vermieden. Ohne diese Steuerbefreiung insbesondere der Hilfsumsätze des Anlagevermögens müsste beim Erwerb der anteilige Vorsteuerabzug für diese Wirtschaftsgüter gewährt werden und ggf. eine Korrektur nach § 15a UStG erfolgen, wenn der Gegenstand anschließend steuerpflichtig veräußert wird.

1 OFD Frankfurt v. 22.10.1996, UR 1997 S. 72.
2 BFH v. 12.5.2003, BStBl 2003 II S. 784.

5. Lieferung neuer Fahrzeuge im Europäischen Binnenmarkt

a) Allgemeines

Seit dem 1.1.1993 werden ggf. auch Privatpersonen in das Umsatzsteuersystem einbezogen, sofern sie neue Fahrzeuge in einem anderen EU-Mitgliedstaat erwerben oder an einen Abnehmer aus einem anderen EU-Mitgliedstaat veräußern. Diese Regelungen wurden auf Wunsch der meisten Mitgliedstaaten eingeführt, um bei der Lieferung neuer Fahrzeuge eine **Versteuerung im Bestimmungsland** sicherzustellen, um so bis zur Angleichung der Mehrwertsteuersätze Wettbewerbsverzerrungen zu vermeiden. Obwohl man bei dieser Regelung wohl in erster Linie an Pkw gedacht hat, wurden auch bestimmte Luft- und Wasserfahrzeuge in die Neuregelung einbezogen. Wegen der Erfassung im Bestimmungsland findet auch die Differenzbesteuerung auf die innergemeinschaftliche Lieferung neuer Fahrzeuge keine Anwendung (§ 25a Abs. 7 Nr. 1b UStG), die bei der Erwerbsbesteuerung für atypische Unternehmer geltenden Einschränkungen (Erwerbsschwelle oder Option) gelten nicht beim Erwerb neuer Fahrzeuge (§ 1a Abs. 5 UStG). Die Regelungen zu den neuen Fahrzeugen führen zu einer konsequenten Versteuerung des Erwerbs des Fahrzeugs im Land der erstmaligen Zulassung (Bestimmungsland), ganz gleich, von welcher Person das Fahrzeug erworben wurde. 461

b) Innergemeinschaftliche Lieferung von Fahrzeugen durch einen Unternehmer

Die Lieferung eines Fahrzeugs durch einen Unternehmer unterliegt den allgemeinen Bestimmungen des Umsatzsteuergesetzes (§ 1 Abs. 1 Nr. 1 UStG). Liefert ein Unternehmer ein gebrauchtes Fahrzeug an einen anderen Unternehmer aus dem übrigen Gemeinschaftsgebiet, ist die Lieferung steuerfrei (§ 6a Abs. 1 Nr. 2 UStG). Ist der Abnehmer Privatperson, ist die Lieferung grundsätzlich steuerpflichtig, es sei denn, es handelt sich unter den Voraussetzungen des § 1b Abs. 3 UStG um ein „neues" Fahrzeug (nicht älter als sechs Monate und nicht mehr als 6.000 km gelaufen), denn für die Steuerfreiheit kommt es insoweit nicht darauf an, ob der Abnehmer Unternehmer ist oder nicht (vgl. § 6a Abs. 1 Nr. 2c UStG). Der Lieferer hat jedoch gleichwohl darauf zu achten, ob der Abnehmer unter Angabe seiner Umsatzsteuer-Identifikationsnummer erwirbt oder nicht, denn sofern der ausländische Abnehmer ohne Umsatzsteuer-Identifikationsnummer einkauft, hat der Lieferer besondere Verpflichtungen bei der Ausstellung der Rechnung zu beachten (§ 14a Abs. 4 UStG). Insbesondere muss anhand der Rechnung erkennbar sein, dass es sich um ein neues Fahrzeug handelt. Eine Erklärung in der Zusammenfassenden Meldung entfällt in 462 diesen Fällen. Verwendet der Abnehmer dagegen seine Umsatzsteuer-Identifikationsnummer, so wird diese Lieferung wie jede andere innergemeinschaftliche Lieferung behandelt, der Vorgang ist in der Zusammenfassenden Meldung anzugeben. Die Regelung betrifft in erster Linie Fahrzeuge des Umlaufvermögens, aber z. B. auch sog. Tageszulassungen und Vorführwagen (vgl. auch § 1a Abs. 3 UStG).

c) Privatperson als Fahrzeuglieferer

463 Ein Fahrzeuglieferer, der nicht Unternehmer ist, wird insoweit wie ein Unternehmer behandelt, wenn er im Inland ein neues Fahrzeug liefert und dieses Fahrzeug im Rahmen dieser Lieferung in das übrige Gemeinschaftsgebiet gelangt (§ 2a UStG). § 2a UStG beinhaltet somit die **Fiktion eines Unternehmers** und betrifft jeden Nichtunternehmer bzw. Unternehmer, der außerhalb seines Unternehmens neue Fahrzeuge liefert, also Fahrzeuge des Privatvermögens. Die Vorschrift steht im Zusammenhang mit der umfassenden Erwerbsbesteuerung neuer Fahrzeuge im Bestimmungsland (§ 1b UStG). Sie hat die Aufgabe, die Belastung mit deutscher Umsatzsteuer bei der Weiterlieferung neuer Fahrzeuge rückgängig zu machen, um eine Doppelbesteuerung zu vermeiden. Dies geschieht durch die Gewährung eines **nachträglichen Vorsteuerabzugs** für den gelegentlichen Fahrzeuglieferer (§ 15 Abs. 4a UStG). Diese Vorschriften gelten auch für den Kleinunternehmer (§ 19 Abs. 4 UStG). Der Kleinunternehmer wird durch diese Regelung so behandelt, wie jede andere Person, die ein neues Fahrzeug in einen anderen Mitgliedstaat liefert, z. B. hinsichtlich der Vergütung der Vorsteuer aus der Anschaffung des Fahrzeugs (§ 15 Abs. 4a UStG).

BEISPIEL: Ein deutscher Privatmann erwirbt am 1. 4. ein neues Fahrzeug bei seinem Händler für 40.000 € zzgl. 19 % USt und verkauft dieses bereits am 20. 6. wieder an einen privaten Abnehmer aus Dänemark für 36.000 €. Zu diesem Zeitpunkt hat das Fahrzeug 7.000 km gelaufen.

Der Deutsche verkauft ein neues Fahrzeug (vgl. § 1b Abs. 2 UStG) an einen Abnehmer aus dem übrigen Gemeinschaftsgebiet und wird daher insoweit wie ein Unternehmer behandelt (§ 2a UStG). Das Fahrzeug gilt als neu, da es nicht älter ist als 6 Monate (§ 1b Abs. 3 UStG). E erbringt eine Lieferung (§ 3 Abs. 1 UStG), die im Inland steuerbar (§ 3 Abs. 6 Satz 1 i. V. mit § 1 Abs. 1 Nr. 1 UStG), aber als innergemeinschaftliche Lieferung steuerfrei ist (§ 4 Nr. 1b i. V. mit § 6a Abs. 1 Nr. 2c UStG). Der Lieferer hat daher eine entsprechende Rechnung über eine umsatzsteuerfreie innergemeinschaftliche Lieferung zu erteilen (§ 14a Abs. 3 Satz 1 i. V. mit § 14 Abs. 4 Nr. 8 UStG). Daher ist auch vom Privatmann eine USt-Voranmeldung und eine USt-Jahreserklärung abzugeben (§ 18 Abs. 4a UStG). Der Abnehmer hat die Anschaffung des Fahrzeugs als innergemeinschaftlichen Erwerb zu versteuern, auch als Privatmann. Der dänische Käufer muss daher 25 % von 36.000 € an sein zuständiges Finanzamt in Dänemark anmelden und abführen. Um diese Doppelbelastung zu vermeiden, kann wiederum der Deutsche die bei der Anschaffung gezahlte Umsatzsteuer bei seinem Finanzamt als Vorsteuer geltend machen, wobei allerdings nicht 7.600 €, sondern nur 6.840 € (19 % von 36.000 €) zu vergüten sind (§ 15 Abs. 4a UStG), und zwar für den Voranmeldungszeitraum Juni. Der Vorsteuerabzug kann erst in dem Zeitpunkt in Anspruch genommen werden, in dem das Fahrzeug weiterveräußert wird (§ 15 Abs. 4a Nr. 3 UStG). Diese Vorschriften gelten auch für den Kleinunternehmer (§ 19 Abs. 4 UStG), der damit so behandelt wird wie jede andere Person, die ein neues Fahrzeug in einen anderen Mitgliedstaat liefert.

Bei der innergemeinschaftlichen Lieferung neuer Fahrzeuge gelten die Vorschriften über das **Ausstellen einer Rechnung** mit dem Hinweis auf die Steuerfreiheit (§ 14 Abs. 4 Nr. 8 i.V. mit § 14a Abs. 3 Satz 1 und 3 UStG) und die Aufbewahrungsfristen (§ 14b UStG) entsprechend auch für den Fahrzeuglieferer i.S. des § 2a UStG (§ 14b Abs. 1 Satz 4 UStG). Bei der Lieferung neuer Fahrzeuge an Privatpersonen und für die Besteuerung gleichgestellter Personen (§ 1b Abs. 1 UStG) müssen die Rechnungen bestimmte Angaben enthalten (§ 14a Abs. 4 i.V. mit § 1b Abs. 2 und 3 UStG). Hierdurch können Erwerber und Finanzbehörden feststellen, ob ein Fahrzeug neu ist und der Erwerbsbesteuerung unterliegt. Bei Nichtbeachtung der Aufbewahrungspflichten kann ein Bußgeld festgesetzt werden (§ 26a UStG). Darüber hinaus ist zu beachten, dass der Fahrzeuglieferer die Voraussetzungen für die Steuerbefreiung seiner Lieferung **nachzuweisen** hat (§ 6a Abs. 3 UStG). Dabei gelten auch für den „privaten" Fahrzeuglieferer grundsätzlich die Belegnachweise des § 17a UStDV. Darüber hinaus fordert die Finanzverwaltung den Nachweis der Erwerbsbesteuerung in einem anderen Mitgliedsland oder den Nachweis, dass das Fahrzeug in einem anderen Mitgliedstaat amtlich zum Straßenverkehr zugelassen worden ist.[1] 464

Für einen gelegentlichen Fahrzeuglieferer i.S. des § 2a UStG, der nicht Unternehmer i.S. des § 2 UStG ist, wurde eine Regelung hinsichtlich des **Vorsteuerabzugs** eingeführt (§ 15 Abs. 4a UStG). Dieser Fahrzeuglieferer erhält nunmehr aus dem Kauf des neuen Fahrzeugs nachträglich einen Vorsteuerabzug, um eine Doppelbelastung des neuen Fahrzeugs mit Umsatzsteuer zu vermeiden, da der Erwerb des neuen Fahrzeugs im Bestimmungsland der Erwerbsbesteuerung unterliegt. Der Vorsteuerabzug wird jedoch auf die Umsatzsteuer aus dem Kauf des Fahrzeugs begrenzt (§ 15 Abs. 4a Nr. 1 UStG), ein weiterer Vorsteuerabzug, z.B. aus Nebenkosten, wird ausgeschlossen. Wird das Fahrzeug unter seinen Anschaffungskosten weiterveräußert, so ist der Vorsteuerabzug zudem auf den Teil begrenzt, der (bei unterstellter Steuerpflicht) für die Lieferung des Fahrzeugs als Umsatzsteuer geschuldet würde (§ 15 Abs. 4a Nr. 2 UStG). Der Vorsteuerabzug kann erst in dem **Zeitpunkt** in Anspruch genommen werden, in 465

1 Verfügung der OFD Frankfurt v. 8.11.1993, UR 1994 S. 482.

dem das Fahrzeug weiterveräußert wird (§ 15 Abs. 4a Nr. 3 UStG). Die Regelungen über den Vorsteuerabzug gelten auch für Kleinunternehmer, da diese für die Frage der Lieferung neuer Fahrzeuge im Ergebnis wie Privatpersonen behandelt werden.

466 Die Regelungen über die Abgabe von Steuererklärungen gelten auch für die Fahrzeuglieferer nach § 2a UStG, so dass ggf. auch Privatpersonen eine **Umsatzsteuer-Voranmeldung und** eine **Umsatzsteuer-Jahreserklärung** abzugeben haben, sofern Vorsteuerbeträge geltend gemacht werden (§ 18 Abs. 4a UStG). Zusammenfassende Meldungen haben diese Personen nicht abzugeben (§ 18a Abs. 1 Satz 1 UStG), womit diese Umsätze nicht durch das übliche Kontrollsystem und durch den Informationsaustausch erfasst werden. Zur Sicherung des Steueraufkommens sowie zum Schutz der inländischen Wirtschaft vor Wettbewerbsnachteilen hat der Gesetzgeber den Bundesfinanzminister ermächtigt, Einzelheiten eines **Meldeverfahrens** bei Lieferung neuer Fahrzeuge an Personen ohne Umsatzsteuer-Identifikationsnummer durch Verordnung zu regeln (§ 18c UStG), wovon das Bundesfinanzministerium bislang keinen Gebrauch gemacht hat.

STICHWORTVERZEICHNIS

Die Ziffern verweisen auf die Randnummern.